KB131742

# 새로운 정신분석 강의

# 새로운 정신분석 강의

지크문트 프로이트 임홍빈·홍혜경 옮김

## 일러두기

1. 열린책들의 『프로이트 전집』 2020년 신판은 기존의 『프로이트 전집』(전15권, 제2판, 2003)을 다시 한 번 교열 대조하여 펴낸 것이다. 일부 작품은 전체를 재번역했다. 권별 구성은 제2판과 동일하다.

2. 번역 대본은 독일 피셔 출판사 S. Fischer Verlag 간행의 『지크문트 프로이트 전집 Sigmund Freud Gesammelte Werke』과 현재까지 발간된 프로이트 전집 가운데 가장 충실하고 권위 있는 전집으로 알려진 제임스 스트레이치 James Strachey 편집의 『표준판 프로이트 전집 The Standard Edition of the Complete Psychological Works of Sigmund Freud』을 사용했다. 그러나 각 권별 수록 내용은 프로이트 저술의 발간 연대기순을 따른 피셔판 『전집』이나 주제별 편집과 연대기적 편집을 절충한 『표준판 전집』보다는, 『표준판 전집』을 토대로 주제별로 다시 엮어 발간된 『펭귄판』을 참고했다.

3. 본 전집에는 프로이트의 주요 저술들이 모두 수록되어 있다. 다만, (1) 〈정신분석〉이란 용어가 채 구상되기 이전의 신경학에 관한 글과 초기의 저술, (2) 정신분석 치료 전문가들을 위한 치료 기법에 관한 글, (3) 개인 서신, (4) 서평이나 다른 저작물에 실린 서문 등은 제외했다. (이들 미수록 저작 중 일부는 열린책들에서 2005년 두 권의 별권으로 발행되었다.)

4. 논문이나 저서에 이어 ( ) 속에 표시한 연도는 각 저술의 최초 발간 시기를 나타내며, 집필 연도와 발간 연도가 다를 경우에는 [ ] 속에 집필 연도를 병기했다.

5. 주석의 경우, 프로이트 자신이 붙인 원주는 각주 뒤에 〈 —원주〉라고 표시했으며, 옮긴이주는 별도 표시 없이 각주 처리했다.

6. 본문 중에 용어의 원어가 필요할 때는 독일어를 병기했다.

이 책은 실로 꿰매어 제본하는 정통적인 사철 방식으로 만들어졌습니다.
사철 방식으로 제본된 책은 오랫동안 보관해도 손상되지 않습니다.

# 서문

　『정신분석 강의』는 모든 학부 학생이 뒤섞인 청중 앞에서 1915년에서 1916년, 1916년에서 1917년에 걸친 겨울 학기 동안 빈의 정신 의학 병원 내의 강의실에서 행해졌다. 전반부 강의들은 사전에 준비된 강의안 없이 진행되었으나 강의가 끝난 직후에 바로 강의안으로 작성되었다. 후반부 강의들은 학기 사이에 있었던 여름 방학 동안 잘츠부르크에서 작성되었으며, 뒤이어 계속된 겨울 학기 동안 쓰인 문구 그대로 읽은 것들이다. 나는 그 당시에 녹음기에 견줄 만한 기억력을 소유하고 있었다.

　앞서 출간된 『정신분석 강의』와는 달리 『새로운 정신분석 강의』는 한 번도 청중 앞에서 발표되지 못했다. 그동안에 나는 강의를 통해서 — 단지 느슨한 관계만을 맺어 왔던 — 단지 대학에 대한 소속감을 표시해야만 하는 의무로부터 벗어날 만큼 나이가 들었다. 그리고 외과 수술을 받은 뒤로는 강연자로 나서는 일이 불가능해졌다. 그러므로 내가 강의실에서 강의를 하는 듯한 형태를 취한 것은 순전히 나의 상상에 불과하지만, 이렇게 한 이유는 연구에 깊이 몰두하는 과정에서 잊기 쉬운 독자들을 배려할 수 있도록 도와주기 때문이다.

　이 새 강의들은 결코 어떠한 경우에도 이전의 강의들을 대신할

5

수 없다. 이 책은 자신만의 고유한 독자층이 형성되기를 기대해도 좋을 만큼 독립적이지도 않다. 새 강의들은 전에 강의한 내용들의 속편이자 보완으로, 이전 것들과의 연관성 속에서 다음 세 부분으로 구성되어 있다. 첫째 부분은 15년 전에 이미 다루었던 주제들을 새롭게 작업한 것들이다. 이는 우리의 통찰력이 보다 깊어지고 관점이 변화함에 따라서 오늘날 달리 서술되어야 하는 것들로서, 결국 비판적 수정이라고 볼 수 있다. 다른 두 부분은 새롭게 확장된 내용들로서, 처음 강의가 행해질 무렵에는 정신분석의 분야에 전혀 등장하지 않았던 문제들이거나, 그 당시에는 별도의 주제로 취급하기에는 증거가 너무 부족했던 문제들을 다루고 있다. 그러므로 새로운 개개의 강의들 속에 이 세 부분이 지니는 다양한 성격이 통합적으로 반영된 것은 피할 수도 없었으며, 또 이는 유감스럽게 여길 문제도 아니다.

이 새로운 강의는 『정신분석 강의』의 일련 번호를 계승함으로써 이 두 강의가 의존 관계에 놓여 있다는 사실을 표현했다. 이 책의 첫 번째 강의는 스물아홉 번째 강의로 표기되어 있다. 다시 한번 말하자면, 이 강의가 전문적인 분석가들도 새롭게 느낄 만한 내용을 담고 있는 것은 아니다. 이 강의들은 저 수많은 교양인을 대상으로 한다. 이들은 새롭게 태어난 젊은 학문의 특성과 이 학문의 새로운 내용들에 대해서 호의적이지만 조심스러운 관심을 보인다고 할 수 있다. 역시 이번에도 나는 정신분석학이 단순하고 완전하며, 또 완결된 상태에 놓여 있다는 거짓된 인상을 주지 않으려고 의도했다. 나는 정신분석학의 주제들이 지니는 문제점들을 은폐하지도 않았으며, 허술한 부분이나 불확실한 성격들을 부인하지도 않았다. 학문적 작업의 그 어떤 다른 영역에서도 여기서만큼 스스로의 주장에 대한 냉철한 겸손이 요구되는 데는 없을 것이다. 그 같은 태도는 도처에서 자명한 것으로 받아들여지며, 청중 또한 그 밖에 다른 무엇을 기대하지 않는다. 천문학의 우주에 대한 지식이 불투명하고 불확실한 상태로 제시될 수밖에 없는 한계들을 보여 줄 때, 이 같은 천문학의 서술에 접한 그 어떤 독자도 실망하거나 학문에 대해 자신이 더 우월하다고 느끼지 않을 것이다. 오직 심리학의 경우는 상황이 다르다. 여기서는 인간이 학문적인 탐구에 기질적으로 적합하지 않다는 사실이 명백하게 드러난다. 마치 심리학에서는 사람들이 지식의 진보를 요구하는 것이 아니라, 모종의 다른 만족을 구하는 듯이 보인다. 사람들은 심리학이 해결하지 못한 문제를 대하거나 심리학이 스스로의 불확실성을 고백할 때마다 비난한다.

정신의 활동에 관한 학문을 사랑하는 사람은 이 불확실하고 완성되지 않은 내용들을 그대로 수용해야만 할 것이다.

1932년 여름, 빈에서
프로이트

# 차례

# 새로운 정신분석 강의

Neue Folge der Vorlesungen zur Einfürung in die Psychoan-alyse(1933[1932])

이『새로운 정신분석 강의』는 프로이트가 1932년 초 정신분석 출판사의 재정난 타개를 도와주려는 의도에서 쓴 글이다. 프로이트 자신이 밝히고 있듯이, 이 강의는 실제로 강의를 한 것은 아니었으며, 형식상 앞서 발간된『정신분석 강의』에 이어 그 내용을 보충하는 형식이었다. 그러나 정신의 구조, 불안, 본능의 이론, 여성성에 관한 생각 등에 대한 새로운 이론과 시각, 텔레파시, 교육, 종교, 공산주의 등에 대한 다양한 관심, 그리고 초자아, 죽음의 본능에 대한 최종적인 견해 등을 살펴볼 수 있어 앞선『정신분석 강의』와는 성격상 다르며, 일반 독자들이 쉽게 접할 수 있으면서도 주목해서 읽을 만한 내용들이라고 할 수 있다.

# 꿈-이론의 수정

신사 숙녀 여러분, 15년 이상의 긴 휴식 끝에 내가 여러분과 다시 자리를 함께한 까닭은 그 기간 동안 정신분석 이론에 일어났던 새로운 발전 혹은 개선점에 대해 함께 토론하기 위해서이며, 한 가지 이상의 관점에서 볼 때 우리가 우선 꿈-이론*Traumlehre*의 현 위치에 주목해야 한다는 사실은 정당하고 또한 적절합니다. 이 이론은 정신분석학의 역사에서 매우 특이한 위치를 차지하고 있습니다. 그것은 전환점인 셈입니다. 꿈-이론과 더불어 분석학은 심리 치료적인 방법에서부터 심층 심리학으로 발전되었습니다. 꿈-이론은 그로부터 새로운 학문의 가장 특징적이고도 가장 독특한 것으로서의 위치를 지켜 왔습니다. 우리의 여타 학문적 영역에는 그에 대응할 만한 그 무엇이 존재하지 않습니다. 그것은 민간 신앙과 신비주의로부터 개척되어 나온 새로운 영역이라고 할 수 있습니다. 꿈-이론이 제기할 수밖에 없었던 주장들의 생소함은 꿈-이론을 암호처럼 보이게 만들었고, 그것을 응용하는 자체만으로도 누가 정신분석학의 신봉자가 될 수 있고 또 누구는 끝끝내 그것을 이해할 수 없는 사람이 될 것인가를 결정지었습니다. 나 자신에 관해 말한다면, 그것은 신경 질환의 인식되지 않은 사실들이 나의 미숙한 판단을 혼란시키곤 하던 어려운 시기에 나를 붙들어 주던 지주였다고 할 수 있습니다. 나의 흔들리는 인식의 정확성에 대해 자주 의심이 들기는 했지만, 꿈꾸는 사람의 무의미하고 복잡한 꿈을 명확하게 이해할 수 있는 정신적인 과정으로 번역해 내는 데 가까스로 성공할 수 있었을 때, 문제를 제대로 추적하고 있다는 나의 자신감은 그때마다 새로워졌습니다.

그러므로 이러한 꿈-이론의 경우에, 한편으로 그 기간 동안 어떠한 변화가 정신분석학에 일어났고, 또 다른 한편으로 현재의 사상계로부터 인정과 이해를 획득하기까지 어떠한 발전 과정을 거쳤는지를 추적하는 것은 우리에게 특별한 관심의 대상이 될 수밖에 없습니다. 그러나 여러분이 양방향에서 모두 실망하게 되리라는 것을 지금 곧 밝혀 드립니다.

1913년 이래로 우리 영역에서 이루어진 가장 결정적인 작업들이 수록되어 있는 『국제 정신분석(의학)지 *Internationale Zeitschrift für (ärztliche) Psychoanalyse*』들을 훑어봅시다. 초기의 책들에서는 〈꿈의 해석에 관하여〉라는 자주 반복되는 한 제목을 발견하게 될 것입니다. 이 제목 아래 꿈-이론의 여러 가지 관점에 관한 수많은 논문이 발표되었습니다. 그러나 계속 짚어 나갈수록 그러한 논문들이 드물어지고, 결국 이 제목은 완전히 사라져 버린다는 것을 발견하게 됩니다. 분석가들은 마치 꿈에 관해서는 이제 더 이상 아무것도 말할 것이 없다는 듯이, 또는 꿈-이론의 모든 주제들이 끝나 버렸고 완결되기나 한 것처럼 행동하고 있습니다. 그러나 국외자들, 우리가 지핀 불 위에서 자기들의 수프 냄비를 데우고 있는 심리학자들과 심리 치료사들 — 우리의 작업에 대해 진실로 고마워하지도 않으면서 — 또 과학의 놀라운 결과들을 전유해 버리는 습성이 있는 소위 교육받은 사람들과 학자들, 그리고 일반 대중에 의해서 꿈-이론의 얼마나 많은 부분이 받아들여지고 있는가를 물어보십시오. 그에 대한 대답은 만족스럽지 못합니다. 그중 어떤 것들은 우리가 전혀 주장한 바 없는 것들인데도, 일반적으로 몇몇 개의 판에 박힌 상투어는 매우 잘 알려져 있습니다. 예를 들어 모든 꿈들은 성적인 성격을 띤다는 주장들이 그런 것들입니다. 그러나 외현적(外顯的) 꿈-내용과 잠재적(潛在的) 꿈-사고 사이의 근본적인 차이와 같은 중요한 사실이나, 불안에서 비롯하는 꿈은 꿈의 소원 성취 기능과 모순되지 않는다는 통찰, 꿈꾸는 사람의 꿈과 관련된 연상 작용들에 대해서 알지 못하는 한 꿈을 해석하는 것은 불가능하다는 사실, 그리고 무엇보다도 꿈의 가장 중요한 부분은 꿈-작업 Traum-Arbeit이라는 것을 인식해야 한다는 사실 등은, 30년 전의 그때와 마찬가지로 사람들의 일반적 의식에는 아직도 생소한 듯이 보입니다. 나에게는 이렇게 말할 충분한 이유가 있습니다. 왜냐하면 나는 그 기간 동안 수많은 편지를 받았는데, 그 편지의 주인공들은 해석해 달라고 하면서 자신들의 꿈을 자세하게 적어 보내거나 꿈의 성격에 관한 정보들에 대해 묻고 있었습니다. 그들은 자신들이 『꿈의 해석 Die Traumdeutung』을 읽었노라고 주장하고 있지만, 모든 문장들에서 우리의 꿈-이론에 대한 몰이해를 드러내고 있었습니다. 그러나 이것도 우리가 꿈에 대해서 알고 있는 것에 대해 또 한 번 큰 연관성 속에서 자세히 설명하려는 것을 막지는 못할 것입니다. 여러분은 우리가 지난번 강의의 많은 부분을 이제까지 설명되지 못했던 심리적 현상들의 이해에 어떻게 도달하게 되었던가를 설명하는 데 바쳤던 것을 기억하고 계실 것입니다.[1]

---

1 『정신분석 강의』(프로이트 전집 1, 열린책들) 중 다섯 번째 강의부터 열다섯 번째 강의까지 참조.

분석 치료에서, 예를 들어 어떤 환자가 자신의 꿈 중 하나를 얘기한다고 할 때, 우리는 그가 분석적 치료에 참가하면서 우리에게 전달해 주도록 되어 있는 사항들 중의 하나를 말한 것으로 간주합니다. 그것은 물론 부적절한 수단에 의한 의사 전달 방법입니다. 왜냐하면 꿈이란 그것 자체로 사회적인 발언도 아니고, 또 상호 이해의 방법도 아니기 때문입니다. 꿈꾸는 사람이 우리에게 무엇을 얘기하고자 하는 것인지 우리가 알 수 없는 것처럼, 얘기하고 있는 그 사람도 우리 자신보다 더 잘 알고 있지 못합니다. 이제 우리는 빠른 결단을 내려야만 합니다. 꿈이란 분석적인 치료에 동조하지 않는 의사들이 주장하고 있는 바대로 꿈꾸는 사람들이 잠을 잘 못 잤음을 의미하는 것일 뿐이며, 그의 두뇌의 모든 부분이 휴식의 평온한 상태에 도달하지는 못했다는 것, 또 두뇌의 어느 부분이 알려지지 않은 어떤 자극의 영향으로 계속적으로 활동하고자 하는 것이며, 활동한다고는 해도 매우 불완전한 방법으로 그렇게 할 수밖에 없다는 것을 의미할 수도 있습니다. 만일 사실이 정말 그렇다면, 우리는 심리학적으로 볼 때 이렇게 무가치한 야행성 소란의 결과에 더 이상 몰두하지 않는 편이 타당할 것입니다. 그러한 탐구로부터 우리가 어떻게 우리의 목적에 맞는 유용한 그 무엇을 얻어 낼 수 있다고 기대할 수 있겠습니까? 그러나 다른 한편으로는 우리가 처음부터 달리 결정했음을 알 수 있을 것입니다. 우리는 ── 매우 자의적이라고 할지는 몰라도 ── 비록 이렇게 난해한 꿈일지라도 분석 행위 안에서 그것이 다른 의사 전달 행위와 똑같이 유용하게 사용할 수 있는 매우 쓸모와 의미가 있고, 또 가치 있는 심리적 행동임에 틀림없을 것이라는 가설을 세웠고, 그에 대한 전제 조건을 만들었습니다. 우리가 옳았는지 어떤지는 이러한 우리의 시도가 성공하느냐에 따라서 결정될 것입니다. 우리가 꿈을 이러한 종류의 가치 있는 표현 행위로 바꾸는 데 성공할 때 새로운 어떤 것을 배울 수 있고, 다른 경우에는 우리에게 소통 불가능한 것으로 남아 있었을 그러한 종류의 의사소통 방법을 하나 더 획득할 수 있다는 전망이 가능해집니다.

그런데 이제 우리 앞에 우리 작업의 어려움과 우리 주제의 수수께끼 같은 성격이 문제점으로 떠오릅니다. 우리는 꿈을 정상적인 의사 전달 행위로 변화시킬 수 있는 실마리를 어떻게 설정할 것이며, 환자의 발언들 중 환자 자신에게뿐만 아니라 우리 자신에게도 이해할 수 없는 형태를 띤 부분을 어떻게 설명하겠다는 것입니까?

신사 숙녀 여러분, 여러분은 내가 이번에는 발생론적인 방법이 아니라 독단적인 방법으로 그 문제를 설명하려 하고 있음을 깨달으셨을 것입니다. 우리가 맨 처음 해야 할 일은, 두 개의 새로운 개념과 명칭을 소개함으로써 꿈 문제에 대한 우리의 새로운 입장을 확립하는 것입니다. 우리가 보통 꿈이라고 불러 왔던 것들을 이제 꿈-텍스트 혹은 외현적 꿈이라고 이름 붙이고, 꿈 뒤에 감추어진 것이라고 추정하면서 우리가 찾아내려고 하는 것을 잠재적 꿈-사고로 명명합시다. 이제 우리는 우리의 두 가지 과제를 다음과 같은 방법으로 표현할 수 있을 것입니다. 우리는 〈외현적〉 꿈을 〈잠재적〉 꿈으로 변화시켜야만 하고, 또 후자가 어떻게 꿈꾸는 사람의 정신 활동 속에서 전자로 바뀌는가를 밝혀내야만 합니다. 첫 번째 것은 실천적인 과제입니다. 그것은 꿈-해석에 해당되는 것이고 기술을 요구합니다. 두 번째 것은 이론적인 과제로서 우리가 가정하고 있는 꿈-작업의 과정을 설명할 수 있어야만 하며, 오직 이론일 수밖에 없습니다. 꿈-해석의 기술이나 꿈-작업의 이론 모두 처음부터 새롭게 만들어 나가야 합니다.

먼저 어느 것부터 시작할까요? 꿈-해석의 기술로부터 시작해야만 한다는 것이 나의 생각입니다. 그것이 보다 더 유연할 것이며 여러분에게 보다 생생한 인상을 심어 줄 것입니다.

자, 환자는 우리가 해석해야만 하는 꿈 하나를 묘사했습니다. 우리는 반성의 힘을 사용하지 않은 채 그대로 조용히 듣기만 했습니다. 다음엔 무엇을 해야 할까요? 우리는 우리가 들은 것, 말하자면 외현적 꿈에 대해서는 가능한 한 고려하지 않겠다고 결심합니다. 말할 것도 없이 이 외현적 꿈은 우리 자신이 그에 대해 완전히 무심할 수는 없는 모든 종류의 특징들을 보여 주고 있습니다. 그것은 시 문학 작품처럼 일관성 있고 유연하게 구성되어 있을 수 있습니다. 또는 일종의 착란 상태처럼 난해하고 혼란스러울 수도 있습니다. 불합리한 요소를 가질 수도 있고, 농담이나 확연하게 총명한 추론을 포함할 수도 있습니다. 그것은 꿈꾸는 사람에게 명백하고 잘 정의된 듯이 보일 수도 있고, 흐릿하고 불분명하게 보일 수도 있습니다. 꿈속의 형상들은 지각의 감각적인 힘을 온전히 소유할 수도 있고, 분명치 않은 입김처럼 몽롱할 수도 있습니다. 이러한 특징들의 놀라운 다양함이 똑같은 꿈속에서 함께 나타나기도 하고, 여러 군데 분산되어 나타나기도 합니다. 끝으로 꿈은 무심한 듯한 정서적 양상을 보일 수도 있고, 또 아주 강한 유쾌한 감정이나 고통스러운 감정이 수반될 수도 있습니다. 여러분은 우리가 이러한 외현적 꿈의 끝도 없는 다양성을 별로 중요하지 않게 여기고 있다고 착각해서는 안 됩니다. 나중에 다시 이 문제로 돌아오게 될 것이며, 그중에서 많은 것들은 우리의 해석을 위해 유용한 것들로 밝혀지게 될 것입니다. 그러나 지금으로서는 그것을 잠깐 제쳐 두고 꿈-해석으로 인도하게 될 중요한 길을 열어야 하겠습니다. 이것은 다시 말하자면 꿈꾸는 이에게 외현적 꿈의 인상으로부터 자유로워지기를 요구하며, 그의 관심을 꿈 전체로부터 그 내용의 각 부분으로 향하게 하고, 이러한 부분과 관련해서 그에게 떠오르는 것들을 우리에게 차례차례 말해 주고, 그의 눈을 꿈의 각 부분으로 집중시켰을 때 그의 마음속에 어떤 연상 작용이 일어나는지 전달해 주기를 요구해야 함을 의미합니다.

그것은 정말 특별한 기술입니다. 그렇지 않습니까? 그것은 대화를 나누거나 발언을 이끌어 내는 일반적인 방법이 아닙니다. 물론 여러분은 이러한 과정 뒤에 지금까지 언급되지 않은 숨겨진 가정이 자리하고 있다는 것을 짐작하실 것입니다. 그러나 그냥 앞으로 나아갑시다. 어떤 순서로 환자가 그의 꿈의 단편들을 설명하도록 해야 할까요? 우리에게는 여러 가지 많은 방법이 열려 있습니다. 우리는 단순히 그 꿈이 묘사되는 대로 연대기적 순서를 따라갈 수도 있습니다. 그것은 아마도 가장 엄밀하고 전통적인 방법일 것입니다. 혹은 꿈꾼 이에게 그의 꿈속에 있는 그 전날의 잔류물들을 찾아보라고 할 수도 있습니다. 왜냐하면 거의 모든 꿈속에는 그 전날의 기억 흔적이나 꿈꾼 날의 어떤 사건에 대한 암시 — 때때로 몇 개가 될 수도 있지만 — 들이 혼합되어 있음을 우리는 경험을 통해서 알고 있기 때문입니다. 이러한 연결 고리들을 따라가다 보면, 우리는 종종 아주 급작스럽게 아득히 먼 꿈속 세계로부터 환자의 실생활로 통하는 다리를 발견하게 됩니다. 아니면 그 분명함과 감성적인 생생함 때문에 환자가 잊어버리지 못하고 있는 꿈-내용의 중요한 요소들을 가지고 시작할 수도 있습니다. 이 방법으로 하면 그것과 연관된 연상 작용을 이끌어 내기가 그에게 매우 용이하다는 것 또한 알게 되었습니다.

우리가 그중 어떤 방법으로 찾고 있는 연상 작용에 가까이 다가 가게 되든지 거기에는 아무런 차이가 없습니다.

그렇게 해서 우리는 이 연상된 내용들을 얻게 되었습니다. 그 것들은 여러 가지 내용, 그 전날, 즉 〈꿈꾸는 날〉의 기억들과 지나 간 오래전의 기억들, 곰곰이 생각했던 것들, 반대하거나 찬성했 던 논의점들, 고백과 의심 등 수많은 것으로 이루어져 있습니다. 환자는 그중 몇 가지 내용을 스스로 표현해 내기도 하지만, 어떤 다른 내용들과 관련해서는 스스로를 드러내 보이지 않으려고 잠 시 동안 멈칫거리기도 합니다. 그 대다수는 꿈의 어느 한 요소와 밀접한 관련을 보이기도 하는데, 그것은 실제로 바로 그러한 요 소로부터 튀어나온 것이기 때문에 놀랄 일이 못 됩니다. 그러나 환자는 〈그것은 그 꿈과는 전혀 상관없을 거예요. 그냥 머릿속에 떠올랐기 때문에 말해 본 것뿐이죠〉라고 그 상태를 설명하곤 합 니다.

물밀듯 떠오르는 이러한 여러 가지 생각을 듣고 있노라면, 그 것들이 그저 출발점의 역할로서 중요하기보다는 오히려 그 꿈의 내용과 더욱 많은 관련이 있다는 것을 알아차리게 됩니다. 그것 들은 꿈의 모든 부분부분에 놀랍도록 선명한 빛을 던져 주고 사 이사이의 틈을 메워 주며, 그것들의 이상한 병렬 형태를 이해할 수 있는 것으로 만들어 줍니다. 결과적으로 우리는 연상 내용들 과 꿈의 내용 사이의 관계를 알아내게 됩니다. 꿈은 우리가 아직 꿰뚫어 보지 못하고 있는 규칙에 따라 조합을 이룬 연상들의 요 약된 추출물처럼 보이기도 합니다. 그 요소들은 다수의 사람 가 운데서 투표에 의해 선출된 대표자들과 같은 것입니다. 우리의 테크닉이 꿈을 통해서 대체된 것을 발견해 내고, 그것의 심리적 가치가 어디에 놓여 있는가를 알아낼 수 있도록 해주었다는 사실은 의심의 여지가 없습니다. 또한 우리가 발견해 낸 것은 더 이상 우리를 당황케 하는 유별성도, 이상스러움도, 혼란스러움도 드러내지 않습니다.

그러나 오해는 하지 맙시다. 꿈의 연상 내용이 곧 잠재적 꿈-사고는 아닙니다. 그것들은 마치 양수 속에 있는 것처럼, 연상 내용에 포함되어 있지만 그 속에 완전히 다 포함되어 있지는 않습니다. 한편으로 연상 내용들은 잠재적 꿈-사고의 형상화를 위해 우리가 요구하는 것보다 훨씬 더 많은 것을 만들어 냅니다. 말하자면 환자의 지능이 꿈-사고로 가까이 다가가기 위해서 만들어 냈을 법한 세세한 이야기들, 이행구(移行句)들, 연결 고리들이 그것입니다. 다른 한편으로 연상은 그것이 꿈-사고 그 자체에 이르기 바로 전에 갑자기 정지되어 버리고, 그저 암시적으로 그것을 건드리기만 하면 그때서야 비로소 다가오기도 합니다. 이제는 우리 자신이 역할을 해야 할 때입니다. 우리는 암시들을 완전하게 형상화하고, 필연적인 결론을 이끌어 내며, 환자가 그의 연상 작용에서 그저 건드리기만 했을 뿐인 것을 표현해야 합니다. 그것은 마치 우리가, 꿈꾸는 사람이 우리의 처분에 맡긴 재료들에 대해서 우리의 기지와 자의적인 상상력과 어울리도록 만드는 것처럼 들릴 수도 있습니다. 그리하여 그것을 잘못 사용한 나머지, 그로부터 도저히 끄집어낼 수 없는 엉뚱한 해석에 이르기도 하는 것처럼 생각될 수 있습니다. 실제로 어떤 추상적 서술을 통해서 우리가 접근하는 방식의 타당성을 증명해 보인다는 것은 결코 쉬운 일이 아닙니다. 그러나 여러분이 스스로 꿈-해석을 시도해 보거나 우리의 여러 문헌에서 훌륭하게 묘사된 어느 한 범례에 몰두하게 되면, 어떻게 하여 불가피하게 그러한 해석 작업이 전개될 수밖에 없는지 확신할 수 있을 것입니다.

꿈-해석에서 우리는 일반적으로, 또 우선적으로 꿈꾸는 이의 연상 작용에 의존하게 되는데, 꿈-내용의 어떤 요소에 대해서는 완전히 독립적으로 행동하기도 합니다. 주된 이유는 그렇게 해야만 하기 때문이고, 또 대체로 그렇게 하지 않으면 환자에게 연상 내용이 떠오르지 않기 때문입니다. 우리는 초기에서부터 이러한 일들이 항상 똑같은 내용들과 연관되어 일어난다는 사실에 주목했습니다. 이 요소들의 숫자는 그렇게 많지 않습니다. 그리고 오랜 경험은 우리로 하여금 그것들이 어떤 다른 것의 〈상징〉으로 취급되어야 하고, 그런 식으로 해석되어야 한다는 것을 깨닫게 해주었습니다. 꿈의 다른 요소들과 비교해 볼 때 거기에 확실한 의미를 부여할 수도 있겠습니다. 그러나 그것은 꼭 간단명료할 필요는 없는 것이고, 또 그 범위는 우리에게는 익숙하지 않은 어떤 특별한 법칙에 따라 결정됩니다. 이러한 상징들을 어떻게 번역해야 할지 우리는 잘 알고 있고, 꿈꾸는 이는 그것을 사용하면서도 잘 모르고 있기 때문에, 그가 여전히 어떤 수수께끼 앞에 서 있는 것처럼 혼란스러워하는 사이에도, 심지어 꿈-해석의 어려운 작업을 시도하기도 전에 그 꿈의 내용을 듣자마자 우리에게 그 꿈의 의미가 즉각적으로 선명하게 다가오는 경우가 있을 것입니다. 앞선 초기의 강의들에서 상징체계와 그것에 대한 지식, 또 그것이 일으키는 특별한 문제들에 대해서 이미 아주 많은 것을 얘기했기 때문에, 오늘은 그와 같은 과정을 다시 거칠 필요는 없다고 생각합니다.[2]

우리의 꿈-해석의 방법은 바로 이런 것입니다. 바로 그다음에 따라오는 적절한 질문은, 이러한 방법으로 모든 꿈들을 해석할 수 있느냐 하는 것입니다. 그에 대한 대답은 〈아니요〉입니다. 모

2 『정신분석 강의』 중 열 번째 강의 참조.

든 것을 다 그렇게 할 수는 없습니다. 그러나 우리 절차의 유용성과 정당성에 대해서 절대적으로 자신감을 가져도 좋을 정도로 많은 꿈들이 해석될 수 있습니다. 그런데 왜 전부 다 그렇게 할 수는 없습니까? 이 질문에 대한 최근의 대답은 우리에게 꿈-형성의 심리적 조건과 관계있는 아주 중요한 것을 가르쳐 줄 것입니다. 그것은 왜냐하면 꿈-해석 작업이 경미한 정도에서부터 도저히 극복할 수 없는 정도에 이르기까지 — 어쨌든 우리의 힘이 미치는 정도이기는 하지만 — 다양하게 변화하는 심리적 저항에 직면해서 수행되기 때문입니다. 해석 과정 중 이러한 저항이 표명된다는 사실은 간과하기 어려운 것입니다. 많은 경우에 연상은 별다른 주저 없이 주어지는데, 그들 중 첫 번째 혹은 두 번째 것은 이미 우리에게 해석을 제공해 줍니다. 다른 경우에는 어떤 연상을 언급하기 전에 환자가 쉬고 머뭇거리는 수도 있습니다. 그럴 때는 그 꿈의 이해를 위해 유용한 어떤 것을 얻어 내기까지, 상담가는 환자의 머릿속에 떠오르는 일련의 긴 생각들을 끈기 있게 들어 주어야만 합니다. 연상 작용의 고리가 길고 우회하는 정도가 심할수록 그 저항감은 더욱 강한 것이라고 확실하게 간주할 수 있겠습니다. 꿈을 잊어버리는 경우에도 같은 영향을 감지할 수 있습니다. 환자의 모든 노력에도 불구하고 꿈에서 어느 하나도 제대로 기억해 낼 수 없는 경우가 종종 있습니다. 그러나 우리가 분석 작업의 어느 한순간에 환자의 분석에 대한 관계를 줄곧 교란하고 있었던 어려움을 제거하고 나면, 그때 잊혔던 꿈은 환자의 마음속에 매우 급작스럽게 떠오르게 됩니다. 두 개의 다른 관찰 경우를 여기에서 언급할 수 있겠습니다. 꿈의 어느 한 조각이 실종되는 경우가 종종 있는데, 그것은 결국 그 후에 첨가되곤 합니다. 이러한 경우는 그 어떤 특정한 부분을 잊어버리고자 하는 시도로 간주되어야만 합니다. 우리의 경험에 의하면, 이것이야말로 가장 가치 있는 꿈의 중요 부분이라는 것을 알 수 있었습니다. 강한 저항감이 다른 부분에서보다 이 부분에서 더욱 세게 작용하고 있음을 가정할 수 있습니다. 그리고 더 나아가서, 때때로 어떤 환자가 잠에서 깬 그 즉시 그것을 기록하면서 자신의 꿈을 잊어버리지 않기 위해서 노력하는 경우를 봅니다. 그러나 그렇게 하는 것은 부질없는 일이라고 말할 수밖에 없습니다. 왜냐하면 그가 꿈의 내용을 지켜 내기 위하여 몸부림쳤던 저항감은, 그 자체로서 연상으로 전이되어 그 외현적 꿈을 해석 불가능한 것으로 만들어 버리기 때문입니다. 그러한 경우에 저항감의 계속적인 증가가 그 연상을 송두리째 억압하고, 마침내는 그 꿈의 해석을 완전히 좌절시킨다고 하더라도 그리 놀랄 필요는 없습니다.

이 모든 것으로부터 우리는 꿈-해석 작업 중에 우리에게 인식되었던 저항감이 꿈의 형성에 어느 정도의 역할을 하고 있으리라는 결론을 이끌어 낼 수 있습니다. 저항감이 낮은 압력 밑에서 형성된 꿈과 저항감이 매우 큰 꿈을 구별할 수도 있습니다. 그러나 이런 압력마저도 같은 꿈 안에서 장소마다 역시 변할 수 있습니다. 그것은 가장 아름다운 꿈의 일관성을 뒤엎어 버리는 그 괴리들, 모호함들, 혼란들의 원인인 것입니다.

그런데 무엇이 저항을 일으키고 무엇에 대하여 저항한다는 것입니까? 네, 저항이란 어떤 갈등에 대한 확실한 표시라고 볼 수 있습니다. 무언가를 표현하고자 애쓰는 힘이 있고, 또 그 표현을 가로막기 위해 투쟁하는 다른 힘이 있음에 틀림없습니다. 그렇다면 외현적 꿈이 어떤 모습으로 나타나든, 모든 것은 이러한 맞서고 있는 두 힘의 투쟁이 압축되는 쪽으로 결정날 것입니다. 한 지점에서는 그 힘들 중 하나가 말하고자 하는 것을 나타낼 수 있게 되는 반면, 다른 지점에서는 반대의 힘이 그 의도된 의사 전달의 가능성을 제거해 버리거나 그에 대한 아무런 흔적도 찾을 수 없는 것으로 대체시키는 데 성공하게 됩니다. 가장 빈번한 꿈-형성 과정의 특징적인 형태로는, 갈등이 타협으로 변하여 표현하고자 하는 힘이 실제로 그것이 말하고 싶어 하는 것을 말하게 하기는 하지만, 말하고 싶어 하는 바로 그 방법이 아닌 순화되고 왜곡되어 인식할 수 없는 형태로 만들어 버리는 경우입니다. 그러므로 꿈이 꿈-사고를 충실하지 않은 형태로 재현할 때, 그리고 이 둘 사이의 괴리를 극복하기 위해서 해석 작업이 필요하다면, 이것이야말로 우리가 꿈-해석 과정에서 저항감을 인지하여 그 존재를 추론해 낸 적대적인, 금지하고 억제하는 심리적 힘이 성공한 결과라고 할 수 있습니다. 우리가 꿈을 그와 유사한 다른 심리적 형태와 관련이 없는 어떤 고립된 현상으로 간주하는 한, 이 심리 장치를 꿈-검열관으로 부르는 것이 타당할 것입니다.

여러분은 이 검열 체계가 꿈-생활에만 특정한 장치가 아니라는 사실을 이미 잘 알고 계실 것입니다. 여러분은 두 개의 심리 심급의 갈등이 — 부정확하지만 〈억압된 무의식〉과 〈의식〉으로 부르자면 — 우리의 정신생활을 지배하고, 꿈-검열의 표시라고 볼 수 있는 꿈-해석에 대한 저항은 바로 이러한 두 개의 심리 심급을 따로 떼어 놓으려는 억압적 저항*Verdrängungswiderstand*이라는 것을 알고 계십니다. 어떤 특정한 조건하에서는 그와 같은 갈등으로부터 꿈과 마찬가지로 타협의 산물인 다른 심리적 형태가 진행됩니다. 그러므로 『신경 질환 입문』에 이미 언급되어 있는, 그러한 타협의 형성에 필요한 조건들과 관련하여 알려져 있는 그 모든 논의점을 여러분에게 다시 설명할 필요는 없을 것입니다. 꿈이란 병리적인 산물이며, 히스테리 증상, 강박 관념, 망상들을 포괄하는 일련의 병리적 현상들 중 꿈이 첫 번째로 등장한다는 것, 그리고 다른 병리적 증상들과 꿈이 구별되는 이유는 그 순간성과 정상적인 생활이라고 볼 수 있는 상황 속에서 일어난다는 사실 등에 있다는 것을 여러분은 이미 알고 있습니다. 그렇다면 아리스토텔레스가 이미 말한 바와 같이, 꿈-생활은 우리의 영혼이 수면 상태 중에 활동하는 방식이라는 것을 잊어서는 안 됩니다. 수면 상태는 현실적인 외부 세계로부터의 외면이며, 그럼으로써 정신 이상으로 발전될 수 있는 조건이 주어지는 것이라고 말할 수 있겠습니다. 심각한 정신 이상에 대한 아무리 면밀한 연구라 할지라도 이러한 병적 상태에 전형적이라 할 만한 특징들을 발견해 내지는 못했습니다. 그렇지만 정신 이상에서는 현실로부터의 기피가 두 가지 형태로 촉발되곤 합니다. 억압된 무의식*Unbewußt-Verdrängte*이 아주 강해져서 현실에 매달려 있는 의식을 압도해 버리거나, 현실이 참을 수 없을 정도로 고통스러워지면서 위협을 받고 있는 자아가 절망적인 몸짓으로 무의식적인 충동에 몸을 던져 버리는 경우가 그것입니다. 별다른 해가 없는 꿈-정신 이상은 의식적으로 의도된, 잠깐 동안의 현실 세계로부터의 도피라고 볼 수 있습니다. 그것은 외부 세계로의 관계가 다시 이루어지는 순간에 중지됩니다. 잠자는 이가 이렇게 고립되어 있는 동안에 그의 심리적 에너지의 분포에 있어서 하나의 변화가 일어납니다. 다른 때엔 무의식을 억압하기 위해서 사용되던 억압적인 힘의 일정 부분이 절약됩니다. 왜냐하면 무의식이 자신의 상대적인 자유를 이용해서 어떤 활동을 하려고 하면, 운동으로 표현되기 위한 길은 차단되고 단지 망상적인 즐거움을 위한 해롭지 않은 배출구만이 열려지기 때문입니다. 이제는 어떤 꿈이 만들어질 수 있는 조건은 충족됩니다. 그러나 꿈-검열관의 존재는 잠자는 동안에도 억압적 저항의 상당 부분이 남아 있다는 사실을 보여 줍니다.

여기서 꿈이 어떤 기능을 갖고 있는가, 또 그것이 어떤 유용한 일을 떠맡을 수 있는가 하는 물음에 대답할 수 있는 길이 열립니다. 수면 상태가 불러일으키고자 하는 자극 없는 평온함은 세 가지 측면에서 위협을 당하는데, 상대적으로 우연적인 경우는 수면 도중에 일어나는 외부 자극과 수그러들지 않는 낮 동안의 관심에 의한 것이고, 피할 수 없는 경우는 겉으로 표출할 수 있는 기회만을 호시탐탐 노리고 있는 충족되지 않은 억압된 충동에 의한 것입니다. 밤 동안에 억압이 저하됨에 따라 외적 혹은 내적 긴장이 무의식적인 충동 진원지 중 어느 하나에 이르는 어떤 연결점에 닿자마자 매번 꿈의 평온이 방해받는 위험이 상존할 수 있습니다. 꿈-과정은 그러한 복합적 작용의 산물을 무해한 망상적인 체험으로 합류하게 하고, 그럼으로써 잠의 지속을 보장합니다. 꿈이 때때로 잠자는 사람을 불안 상태에서 깨우기도 한다는 사실은 이러한 기능에 대한 반론이 될 수 없습니다. 그것은 어쩌면 파수꾼이 상황을 아주 위험하게 판단한 나머지 그것을 제어하기 힘들다고 생각했다는 신호일 수 있습니다. 잠자는 도중 깨어나는 것을 막으려고 〈하지만 이건 꿈일 뿐이야〉 하며 달래는 듯한, 편안한 생각을 느끼는 경우가 드물지 않음을 우리는 알고 있습니다.

신사 숙녀 여러분, 여기까지가 제가 꿈-해석과 관련하여 여러분에게 말하고 싶었던 것들입니다. 꿈-해석의 과제는 다름 아닌, 외현적 꿈으로부터 잠재적 꿈-사고로 인도하는 것입니다. 이것이 달성되면 실제적인 분석에서 꿈에 대한 대부분의 관심은 소진되어 버린 것이나 마찬가지입니다. 분석자는 꿈의 형태로 얻어진 정보를 다른 것과 접속시키고 그렇게 해서 분석은 또 진행됩니다.

꿈-과정에 조금 더 오래 머물고 싶은 마음은 있지만 잠재적 꿈-사고가 외현적 꿈으로 변화되는 그 과정을 자세히 연구해야겠다는 생각이 자꾸 떠오릅니다. 우리는 그것을 꿈-작업이라고 부릅니다. 여러분은 지나간 강의들[3]에서 제가 이 부분에 대해 매우 자세하게 설명했음을 기억하실 것입니다. 그러므로 오늘의 포괄적인 논의에서는 아주 간략한 요약 정도로 그쳐도 좋을 것 같습니다.

꿈-작업의 과정은 무언가 아주 새롭고 생소한 것으로서, 이와 같은 것은 이전에 전혀 알려진 바 없었습니다. 이 작업은 무의식 조직 속에서 일어나는 과정에 대해 처음으로 눈을 뜨게 해주었고, 그것은 우리가 우리의 의식적인 사고에 관해 알고 있는 것과는 전혀 다른 무엇이라는 것과, 후자에게는 이것이 전혀 들은 바 없는, 오류에 가득 찬 것으로 인식될 수밖에 없음을 가르쳐 주었습니다. 이러한 발견의 의미는 신경 질환적 증상 형성에 잠재적 꿈-사고를 외현적 꿈으로 변화시키는 동일한 메커니즘이 — 〈사고 과정〉이라고 말하기는 어렵지만 — 작용하고 있다는 사실을 발견함으로써 더욱 중요해졌습니다.

계속적인 논의에서 도식적인 설명 방식을 피할 수는 없을 것 같습니다. 우리가 어떤 특정한 경우에, 꿈-해석을 완전히 끝내고 나면 그러한 생각이 외현적 꿈으로 대체됐음을 알 수 있는 잠재적인 모든 생각들, 다소간 정서적으로 채색된 생각들을 환히 꿰뚫어 볼 수 있게 됐다고 가정해 봅시다. 그때 그 가운데 어떤 차이가 문득 떠오르게 되고, 이 상이점은 우리를 멀리까지 인도해 갈 것입니다. 이러한 꿈-사고의 거의 모든 생각은 꿈꾸는 이에 의해 인식되고 확인됩니다. 자신이 이번에 혹은 저번에 그렇게 생각했

3 『정신분석 강의』 중 열한 번째 강의.

었노라고, 아니면 그렇게 생각했을지도 모른다고 그는 인정합니다. 오직 어느 한 가지의 가정에 대해서만 그는 저항합니다. 그것은 낯설고 심지어 역겹기까지 하다는 것입니다. 어떤 경우에는 그가 있는 힘을 다해 격렬하게 그것을 부정하기도 합니다. 이제 우리에게 한 가지가 분명해집니다. 그 다른 생각들은 의식의, 정확히 말해서 전의식적 사고 *das vorbewußte Denken*의 부분들입니다. 그것들은 깨어 있는 생활 속에서도 생각될 수 있는 것이고, 아마 실제로 낮 동안에 형성된 것일 수도 있습니다. 그러나 이렇게 부정되는 생각은, 더 정확히 말해서 이러한 충동은 밤의 자식입니다. 그것은 꿈꾸는 이의 무의식에 속하고, 그 때문에 그에 의해 부정되고 파기되는 것입니다. 그것은 어떠한 방법으로든지 표출되기 위하여 밤 동안에 억압이 이완되는 것을 기다려야만 했습니다. 그러나 이러한 표현은 어찌 됐든 약화되고 왜곡되고 변장된 형태로 나타나는데, 꿈-해석의 작업이 없이는 그것을 발견해 낼 수도 없었을 것입니다. 이 무의식적 충동이 순박한 변장을 하고 검열의 장애를 슬쩍 넘어가는 기회를 잡을 때 여타의 명백한 꿈-사고와의 연결이 가능해집니다. 다른 방법으로 전의식의 꿈-사고가 그와 같은 연결을 찾아내는 것은 수면 중에도 정신생활을 점유하는 힘 덕분입니다. 이러한 무의식적인 충동이 꿈의 원래적인 창조자이고 꿈의 형성을 위한 심리적 에너지를 산출한다는 사실에는 의심의 여지가 없습니다. 다른 모든 본능적 충동처럼 그것 역시 그 자신의 만족만을 추구할 뿐이며, 꿈-해석에서 우리의 경험은 이것이야말로 모든 꿈의 참뜻이라는 것을 보여 주고 있습니다. 모든 꿈은 어떤 본능적 소원이 충족된 것으로 표현되어야 합니다. 밤 동안에 일어나는 정신 활동의 현실과의 차단과, 그것으로 인해 가능해진 원시적인 메커니즘으로의 퇴행은 이러한 원하는 바의 충동 만족을 환각적인 방식으로 실제 현실처럼 체험하도록 도와줍니다. 그러한 퇴행의 결과로 꿈속에서의 표상들은 시각적인 그림으로 변형되고, 잠재적 꿈-사고는 극적으로 묘사됩니다.

꿈-작업의 이러한 부분으로부터 우리는 가장 눈에 띄는 특이한 성질에 대한 얼마간의 정보를 얻게 됩니다. 나는 꿈-형성의 과정을 반복해서 얘기하고자 합니다. 시작은 외부 세계로부터의 의도적인 외면이라 할 수 있는 잠자고 싶어 하는 소망입니다. 그로부터 심리적 과정에서 두 가지 결과가 나타나는데, 첫 번째로 보다 더 오래되고 원시적인 작업 방식이 그 안에서 일어날 수 있는 가능성, 즉 퇴행입니다. 두 번째로 무의식을 압박하고 있는 억압-저항의 감소입니다. 후자의 계기는 꿈-형성을 위한 가능성으로 귀결되고, 그것은 흥분된 내적 혹은 외적 자극과 동기에 의해 촉발됩니다. 그렇게 하여 생겨난 꿈은 이미 하나의 타협이라고 할 수 있습니다. 그것은 이중적 기능을 갖고 있는데, 한편으로는 자아를 향한 것으로 수면을 방해하는 자극을 없애 버림으로써 잠자고 싶어 하는 소원을 만족시키고, 다른 한편으로는 억압된 본능 충동에 이러한 상황에서 가능한 환각적인 소원 성취라는 형태로 만족을 허락합니다. 잠자고 있는 자아에 의해 허용된 이 모든 꿈-형성의 과정은 그러나 억압적인 힘의 나머지에 의해서 수행되는 검열이라는 조건하에 놓여 있습니다. 이 과정을 보다 더 단순하게 설명하기란 불가능합니다. 그것은 더 이상 간단하지가 않습니다. 그러나 꿈-작업의 묘사에 있어서는 더 나아갈 수 있습니다.

다시 한번 잠재적 꿈-사고로 돌아가 봅시다. 그것의 가장 강한 요소는 억압된 본능 충동입니다. 그것은 우연히 거기에 있게 된 자극과 연관됨으로써, 또 비록 순화되고 변장된 형태이기는 하지만 낮의 잔류물과의 결합을 통해서 표출되는 것입니다. 다른 모든 본능 충동처럼 이것 역시 행위를 통해 만족을 얻고자 합니다. 그러나 운동으로 연결되기 위한 길은 수면 상태의 생리적인 신체 상태에 의해 차단됩니다. 그것은 지각으로 향하는 방향과 반대로 나아가도록 강제된 환각적인 만족으로 그칠 수밖에 없습니다. 그러므로 잠재적 꿈-사고는 감각적 표상과 시각적 장면의 집합으로 변질됩니다. 이 과정에서 우리에게는 그처럼 새롭고 의아하게 보이는 어떤 일이 그들에게 일어납니다. 섬세한 사고 관계들이 표현되는 언어적인 모든 장치, 예를 들어 접속사들과 전치사들, 또 변화의 변칙, 동사 변화 같은 것들이 생략됩니다. 왜냐하면 이들을 묘사할 방법이 없기 때문입니다. 문법도 없는 원시적인 언어처럼 사고의 원재료만이 표현되고 추상적인 것은 그 근거에 놓여 있는 구체적인 것으로 환원됩니다. 그러고도 남는 것들은 손쉽게 관련성 없는 것으로 인식됩니다. 어떤 대상이나 과정에 대한 서술이 의식적인 사고에는 낯선 것이 되어 버린 상징들을 통해서 상당량 수행될 때, 그것은 정신적 구조의 시원적 단계로 퇴행해야 할 필요성과 검열의 요구 사항에 부합되는 것입니다.

그러나 그보다 더욱 중요한 것은 꿈-사고에 포함되는 요소들에게 일어나는 다른 변화들입니다. 그 어떤 공통점이라도 있을 경우 그러한 요소들은 새로운 단위들로 〈압축〉됩니다. 사고가 영상으로 변환될 때, 마치 어떤 힘이 존재해서 재료들을 압축과 응집으로 내몰기라도 하는 것처럼, 이처럼 압축과 응집을 가능케 하는 것들이 확실히 선호됩니다. 이러한 압축의 결과로 외현적 꿈에서 한 가지 요소는 잠재적 꿈-사고의 수많은 요소에 대응될 수 있습니다. 또한 반대로, 꿈-사고의 한 가지 요소는 꿈속의 수많은 요소로 표현됩니다.

전위*Verschiebung* 혹은 강세 전이*Akzentübertragung*는 보다 더 특

별한 의미가 있는 또 다른 과정으로, 그것들은 의식적 사고에서는 단지 사고의 오류나 농담의 수단으로만 알려져 있을 뿐입니다. 꿈-사고의 표상들이 똑같은 가치를 갖고 있는 것은 아닙니다. 그것들은 서로 상이한 정도의 감정들로 채워져 있으며, 그에 따라 중요성의 정도가 제각기 달리 판단되며 관심을 둘 것인가 아닌가 평가됩니다. 꿈-작업에서는 이러한 표상들이 그에 달라붙어 있는 감정들로부터 분리됩니다. 감정은 그 자체로서 해결되고 다른 것으로 전위되거나 그대로 보존되거나 변화를 겪게 되며, 전혀 꿈속에 나타나지 않을 수도 있습니다. 감정이 제거되어 버린 표상들의 중요성은 꿈속에서 꿈-형상들의 감각적인 강도로 다시 나타나기도 하지만, 중요한 요소들의 이러한 강세가 무심한 다른 것으로 바뀌어서 꿈-사고에서는 그저 부수적인 역할을 하는 것이 꿈속에서는 중요 관심사로 전면에 나서는 반면, 꿈-사고에 본질적으로 중요한 것이 꿈속에서는 부수적이고 별로 또렷하지 않은 모습으로 비칩니다. 꿈꾸는 이에게 꿈을 그렇게 낯설고 이해할 수 없는 것으로 만드는 데 공헌한 것은 꿈-작업의 다름 아닌 바로 이 부분입니다. 전위는 꿈-사고가 검열의 영향력 아래서 굴복할 수밖에 없는 꿈-왜곡의 가장 중요한 수단입니다.

꿈-사고에 대한 이러한 작용이 끝나면 꿈은 거의 다 만들어진 것이나 다름없습니다. 꿈이 인지 대상으로 의식 앞에 떠오른 후에, 이른바 이차 가공die sekundäre Bearbeitung으로 알려진 또 하나의 요소가 등장합니다. 우리는 이제까지 해왔던 방식대로 우리의 지각 내용을 다루고, 설명에서 누락된 부분을 메우고, 여러 요소 간의 연관성을 부여하는 일련의 과정에서 종종 거칠다고 할 수밖에 없는 오해들에 직면하게 됩니다. 그러나 이러한 합리화 작업은 기껏해야 꿈을 그의 실제 내용에는 들어맞지 않게 아주 근사한 외관을 가진 것으로 보이게 하거나 아예 중지시킬 수도 있으며, 혹은 매우 조심스러운 정도로만 표출할 수 있는데, 그때 꿈은 모든 틈과 균열을 드러낼 수밖에 없습니다. 다른 한편으로, 꿈-작업 역시 항상 똑같은 힘을 갖고 기능할 수는 없다는 것을 잊어서는 안 됩니다. 그 활동이 꿈-사고의 어느 한 부분으로만 제한된 나머지 다른 것들은 변하지 않은 채로 꿈속에 나타나기도 합니다. 그러므로 이러한 것들은 사람들이 마치 꿈속에서 가장 정교하고 복잡한 지적 활동을 수행하고, 머리를 굴리고, 농담을 하고, 결정을 하며, 문제를 해결하는 것 같은 인상을 줍니다. 그러나 이 모든 것은 우리의 정상적인 정신 활동의 결과로서 꿈꾸기 전의 낮에 혹은 밤 동안에 형성되었을 수도 있으며, 꿈-활동과는 아무런 관련이 없고 꿈의 특징적인 요소들도 나타나지 않습니다. 그러므로 다시 한번 꿈-사고 내부의 무의식적인 본능 충동과 낮의 잔류물 사이에 존재하는 차이점을 강조하는 것은 불필요한 일이 아닙니다. 후자가 우리들 정신 행위의 전체적인 다양성을 나타내는 반면에, 전자는 꿈-형성의 본래적인 동인으로서 규칙적으로 소원 성취를 향해 나아갑니다.

이 모든 것을 여러분에게 이미 15년 전에 말할 수도 있었을 것입니다. 그렇습니다. 아마도 나는 그때도 실제로 그렇게 말했다고 믿습니다. 이제는 그동안에 첨가된 수정과 새로운 인식들 중에 어떤 것이 추가되었는가를 함께 조사해 봅시다. 나는 이미 실상 말할 것이 그리 많지 않다는 것을 여러분이 알게 될까 봐 두렵다고 말한 적이 있습니다. 여러분은 제가 왜 여러분에게 똑같은 것을 두 번씩이나 들으라고 말해야만 했는지 이해하지 못할 것입니다. 그러나 그사이에는 15년이란 긴 세월이 가로놓여 있습니다.

그러므로 이런 식으로 하는 것만이 여러분과 다시금 관계를 회복하기에 가장 쉬운 방법이리라고 생각했습니다. 그리고 그것들은 매우 기본적인 것들로서 정신분석학을 이해하는 데 결정적으로 중요한 것이고, 그러므로 그것을 두 번 듣는다는 것도 흔쾌히 할 수 있는 일이며, 15년이 지난 후에도 그대로 남아 있다는 것은 그것 자체로서 알 가치가 있는 일이라는 것을 의미합니다.

여러분은 이즈음의 여러 문헌에서 제가 여러분에게 실험적으로 보여 주었던 수많은 증거와 상론(詳論)들을 발견하실 것입니다. 나 역시도 거기에서 이미 오래전에 알려진 사항들 중 몇 가지를 보충할 수 있겠습니다. 주로 꿈의 상징 체계와 그 밖의 꿈의 서술 방법들이 관계됩니다. 아주 최근에 한 미국 대학의 의학자들이, 정신분석학이 어떠한 실험 증거도 내놓지 못하고 있다는 이유로 정신분석학에 학문의 성격을 부여하는 것에 반대했다는 소식을 들으셨을 줄 압니다. 그렇다면 그들은 천문학에도 역시 똑같은 반론을 제기해야만 할 것입니다. 천체를 가지고 실험을 한다는 것은 참으로 어려운 일입니다. 사람들은 그저 관찰에 의존할 수밖에 없습니다. 어쨌든, 빈의 연구자들이 우리의 꿈-상징 체계를 실험적으로 증명하기 시작했다고 합니다. 슈뢰터Schrötter라는 의사는 1912년에 깊은 최면에 빠진 사람에 대한 실험에서 그에게 성적인 행위에 관한 꿈을 꾸라는 명령을 내린 결과, 그렇게 도발된 꿈속에서의 성적인 재료는 우리에게 잘 알려진 상징으로 나타난다는 사실을 발견했습니다.[4] 예를 들면 어떤 여인에게 자신의 여자 친구와 성행위하는 꿈을 꾸라고 했습니다. 그녀의 꿈속에서 그 여자 친구는 〈여자만 됩니다〉라는 딱지를 붙인 여행 가방을 들고 나타났습니다. 1924년에 이른바 코르사코프병을 앓고

4  K. Schrötter, "Experimentelle Träume"(1912).

있는 환자들과 함께 행한 베틀하임Betlheim과 하르트만Hartmann
의 실험은 더욱 인상 깊습니다.[5] 그들은 환자들에게 거친 성적인
내용이 포함된 이야기를 들려주었고, 들은 것을 다시 반복해 보
라는 요구를 하고 거기서 나타나는 왜곡 현상을 관찰했습니다.
그러자 다시금 우리에게 잘 알려진 성 기관과 성행위에 관한 상
징들이 전면에 나타났습니다. 무엇보다도 계단이라는 상징이 그
것인데, 그에 대해서 저자들은 의식적인 왜곡 소망에 도달하지
못한 것이라고 자신 있게 주장했습니다.

질베러H. Silberer는 매우 흥미로운 연속 실험에서,[6] 꿈을 꾸고
있는 상태에서 꿈-작업을 방해할 수 있음을 보여 주었습니다. 그
리고 추상적인 생각이 어떻게 시각적인 그림으로 변환되는지도
보여 주었습니다. 그가 피곤하고 잠에 취한 상태에서 정신적인
일을 수행하려고 자신을 강제하면, 그에게서 그 생각은 사라져
버리고 그 자리에 어떤 시각적 영상이 나타나는데, 그것은 틀림
없이 그것의 대체물이라는 것입니다.

아주 간단한 예를 들어 봅시다. 질베러는 다음과 같이 보고했
습니다. 〈나는 어떤 논문을 써 나가는 중에 좀 매끄럽지 못한 부
분을 발견하고 더 잘 써보려고 생각하고 있습니다.〉 영상: 〈나는
내가 어떤 나뭇조각을 대패질하고 있는 것을 봅니다.〉 이 실험에
서는 작업의 대상이 되는 생각이 아니라 그렇게 노력하는 자신의
주체적인 상태가 영상의 내용이 되어 버리는 일이 종종 일어났습
니다. 즉 대상 대신에 상태가 영상의 내용이 되는 것입니다. 질베
러는 이를 〈기능적 현상〉이라고 기술하고 있습니다. 한 가지 예가

5  S. Betlheim & H. Hartmann, "Über Fehlreaktionen des Gedächtnisses bei
der Korsakoffschen Psychose"(1924).

6  H. Silberer, "Bericht über eine Methode, gewisse symbolische Halluzina-
tions-Erscheinungen hervorzurufen und zu beobachten"(1909).

그것이 무엇을 뜻하는 것인지 여러분에게 곧 보여 줄 것입니다. 저자는 어떤 문제점에 관한 두 철학자의 입장을 함께 비교해 보려고 노력합니다. 그러나 졸린 상태에서 한 사람의 견해는 계속해서 자꾸 달아나 버립니다. 그러자 결국 그는 책상 위에 구부리고 앉아서 그를 처음에는 주의해 보지 않다가 언짢은 모습으로 거부하는 듯이 바라보고 있는, 무뚝뚝한 비서에 관한 정보를 요구하고 있는 자신의 영상을 보게 됩니다. 아마도 이것은, 그렇게 강요된 영상이 자주 자기 관찰의 결과를 표현하고 있다는 실험 조건으로부터 설명될 수 있을 것입니다.

조금 더 상징에 머물러 봅시다. 그중에는 우리가 그것을 인식했다고 믿으면서도 그 상징이 어떻게 그러한 의미를 갖는지 설명할 수 없어서 우리를 거북하게 만드는 것들이 있습니다. 그러한 경우에 어딘가 다른 곳, 언어학, 설화, 신화, 제의 등에서 확인해 보는 것은 매우 환영할 만한 것입니다. 이러한 형태의 보기로는 〈외투의 상징〉이 있습니다. 우리는 여인의 꿈속에서 외투란 남자를 의미하는 것이라고 말해 왔습니다.[7] 1920년 라이크Th. Reik가 보고한 것[8]을 여러분이 듣는다면 어떤 강한 인상을 받지 않을 수 없을 것입니다. 〈베두인족의 매우 오래된 혼례 의식에서는 신랑이 신부에게 《아바》라고 불리는 매우 특이한 외투를 덮어 주면서 《이제부터 나 이외에는 어느 누구도 너를 덮어 줄 수 없으리라》는 의식에 따른 말을 하게 되어 있다〉.[9] 그 밖에도 많은 새로운 상징을 찾아냈지만, 그중에서 여러분에게 적어도 두 개의 예를 들어

---

7  『정신분석 강의』에도 이 상징에 관한 언급이 있으나, 여성의 꿈과 관련되어 그 의미가 설명되어 있지는 않다.

8  T. Reik, "Völkerpsychologische Parallelen zum Traumsymbol des Mantels"(1920).

9  R. Eisler, *Weltenmantel und Himmelszelt*(1910).

보겠습니다. 1922년 아브라함Abraham의 보고에 의하면,[10] 꿈속에서 거미는 어머니의 상징이지만, 그것은 우리가 두려워하는 〈음경을 가진〉 어머니의 상징입니다. 그러므로 거미에 대한 불안은 어머니와의 근친상간에 대한 두려움과 여성의 성기에 대한 공포를 나타낸다는 것입니다. 여러분은 어쩌면 메두사 머리의 신화적 형상이 거세 공포라는 같은 모티프로 환원된다는 사실을 아실 것입니다. 제가 얘기하고자 하는 또 하나는 다리의 상징입니다. 페렌치Ferenczi가 1921년에서 1922년 사이에 이에 대해 설명한 바 있습니다.[11] 그것은 부모들의 성행위에서 서로를 연결시키는 것은 원래 남성의 성기라는 사실을 상징하고 있습니다. 그러나 그 첫 번째 의미에서 또 다른 의미가 파생됩니다. 인간이 양수에서 세상으로 나오기까지의 과정이야 어찌 됐든 남성 성기에 감사해야 할 것이라면, 다리는 다른 세계(아직 세상에 태어나기 전의 상태, 어머니의 자궁)에서 이 세계(생명)로 통과하는 것이며, 또 사람들이 죽음을 어머니의 자궁(물) 속으로의 회귀로 상상할 때 다리는 죽음으로 이르는 것이라는 의미까지도 갖게 되는 것입니다. 그러므로 처음의 의미에서 계속 나가다 보면 그것은 결국 통과, 이행, 상태의 변화 등을 의미하게 됩니다. 그러므로 남자이기를 바라는 소망을 극복하지 못한 어느 여인이 다른 쪽 강변에 도달하기에는 너무 짧은 다리에 대한 꿈을 자주 꾼다는 것은 이상한 일이 아닙니다.

꿈의 외현적 내용에는 동화나 설화, 신화와 같이 잘 알려진 모티프를 생각나게 해주는 형상들과 상황들이 매우 자주 등장합니

---

10   K. Abraham, "Die Spinne als Traumsymbol"(1922).

11   S. Ferenczi, "Die Symbolik der Brücke"(1921) and "Die Brückensymbolik und die Don Juan-Legende"(1922).

다. 따라서 그러한 꿈의 해석은 이러한 동기를 만들어 낸 원래의
관심사에 빛을 비추어 줍니다. 그러나 이때 우리가 잊지 말아야
할 것은, 시간의 경과에 따라 이 재료들에 가해진 의미의 변화일
것입니다. 우리의 해석 작업은 이른바 종종 넓은 의미에서 성적
인 것이라고 부를 수밖에 없는 원래의 재료를 밝혀내는 것인데,
그것은 그 후 계속적인 작업을 거치면서 각양각색의 사용 가치를
발견하게 됩니다. 우리의 이와 같은 환원 작업은 정신분석학의
이론을 받아들이지 않는 쪽 연구가들에게는, 마치 우리가 그에
기초한 후속적인 연구 업적을 모두 부정해 버리거나 평가 절하
하려고 의도하는 것처럼 여겨지면서 몹시 분노를 일으키게 하는
것 같습니다. 그와 같은 견해가 새로운 지식을 주고 흥미롭다는
점에는 이의가 없습니다. 조형 미술의 어떤 모티프를 끌어내는
것에도 똑같은 것이 적용됩니다. 예를 들어 아이슬러J. Eisler는
환자의 꿈의 지시에 따라 프락시텔레스Praxiteles[12]의 헤르메스
Hermes[13] 신상에 묘사되어 있는, 작은 사내아이와 놀고 있는 청년
을 분석적으로 해석했습니다.[14] 마지막으로 나는 신화적인 주제
들이 얼마나 자주 꿈-해석을 통해서 그에 대한 설명을 얻게 되는
지를 언급하지 않을 수 없습니다. 예를 들어 미로 이야기는 항문
에서 태어난다는 의미로 해석되고, 비뚤비뚤한 길은 장기(臟器)
로, 아리아드네의 실[15]은 탯줄로 해석될 수 있습니다.

　꿈-해석의 서술 방법은 아주 매력적이고 결코 소진되지 않을

---

　12　Praxiteles. 기원전 4세기경의 그리스 조각가.

　13　그리스 신화의 상업, 웅변, 과학의 신(로마 신화에서는 메르쿠르Merkur에 해
당됨). 또 신의 말을 인간들에게 전달하는 사자의 역할도 담당한다.

　14　M. J. Eisler, "Beiträge zur Traumdeutung: I. Das Hermesmotif im Traume,
II. Das Labyrinth"(1919).

　15　아리아드네가 영웅 테세우스Theseus를 미궁에서 구출할 때 사용한 실.

주제로서 더욱 상세한 연구를 통해 우리에게 더 친숙하게 되었습니다. 그중에서 몇 개만 예를 들어 보겠습니다. 예를 들어 꿈은 빈도의 상관관계를 비슷한 것들의 복제화를 통해서 묘사합니다. 어느 어린 소녀의 기이한 꿈 이야기를 들어 봅시다. 그녀는 한 커다란 홀로 걸어 들어가면서 그 홀 안에 어떤 사람이 의자 위에 앉아 있는 것을 발견합니다. 여섯 번, 여덟 번, 또는 그 이상 이 장면이 반복되는데, 그것은 매번 그녀의 아버지였습니다. 해석상에 떠오른 주변 상황을 고려해 볼 때 이 방은 어머니의 자궁을 나타낸다는 것을 쉽게 알 수 있습니다. 그러므로 그 꿈은 자궁 속의 삶에서 아버지를 만났다고 주장하는, 우리에게 잘 알려진 소녀의 환상과 동일한 뜻을 지닙니다. 만약 아버지가 그녀 어머니의 임신 도중에 어머니의 자궁을 방문했다고 한다면 말입니다. 꿈속에서 그 반대의 경우, 즉 아버지가 그 자신에게 들어오는 내용이라 하더라도 여러분은 현혹되어서는 안 됩니다. 그것은 그것대로 또 자기만의 특수한 의미를 갖는 것입니다. 아버지라는 사람이 중첩되어 나타나는 것은 그 문제되는 과정이 계속 반복된다는 것을 의미할 뿐입니다. 어찌 됐든 우리는 꿈이 시간적인 관계를 공간적인 것으로 변화시킨다고 할 때 무턱대고 그러는 것이 아니라는 사실을 인정해야 합니다. 그것은 단어의 원래 의미로 되돌아가서 오늘날의 우리에게는, 시간에 있어서의 반복을 의미하는 것이 공간의 집적으로부터 유래된 것이었음을 암시할 뿐입니다.16 꿈-작업은 어떤 것이 문제될 때 시간적인 관계를 공간적인 것으로 변화시켜서 그러한 것으로 표현합니다. 사람들이 모여 있는 장면을 꿈꾼다고 할 때, 마치 오페라 망원경을 거꾸로 잡고서 바라볼 때

16  시간적인 의미의 빈도 *Häufigkeit*는 공간적인 의미의 집적 *Häufung*으로부터 파생되었다는 것을 의미함.

처럼 그들이 매우 작고 아주 멀리 떨어져 있는 듯이 보이게 됩니다. 여기에서 공간적으로 거리가 먼 것이나 작게 보이는 것은 모두 같은 의미를 가집니다. 그것은 시간에 있어서의 거리를 의미하며, 아주 오래된 과거의 장면을 뜻하는 것으로 이해되어야만 합니다.

여러분은 제가 이미 이전의 강의에서 예를 들어 설명했던 것을 기억하실 것입니다. 우리는 외현적 꿈의 순수하게 형식적인 특징도 해석을 위해 사용할 수 있다는 것, 그러니까 잠재적 꿈-사고의 내용으로 변환될 수 있다는 것을 배웠습니다. 그러므로 여러분은 어떤 밤의 모든 꿈이 동일한 연관성을 갖고 있음을 알고 있습니다. 그러나 이러한 꿈들이 꿈꾸는 이에게 하나의 연속으로 비쳐지는지 혹은 여러 부분으로 나뉜다면 얼마나 많은 부분으로 나뉘는지 하는 것은 절대로 상관없는 문제가 아닙니다. 이러한 부분의 개수는 그와 똑같은 개수의 잠재적 꿈-사고의 사고 형성 횟수의 평균점과 상응할 뿐만 아니라, 꿈꾸는 이의 정신생활 속에서 결코 어떤 독점적인 표출 기회를 얻지는 못하지만 특수한 꿈 부분에서 지배적인 위치를 차지하기 위해 서로 겨루고 있는 흐름의 개수와도 일치합니다. 조건과 집행의 관계로 이해될 수 있는 아주 짧은 전반부 꿈과 그보다 긴 주요 꿈은 나란히 위치하는데, 그에 관해서 여러분은 옛날의 강의에서 매우 분명한 예를 찾을 수 있을 것입니다. 꿈꾸는 이가 〈어쩐지 슬쩍 밀어 넣어진 듯하게 느껴진다〉고 묘사하는 꿈은 꿈-사고에서 실제로 부문장(副文章)에 해당됩니다. 프란츠 알렉산더Franz Alexander는 한 쌍의 꿈에 대한 그의 연구에서, 하룻밤에 꾼 두 개의 꿈이 꿈-과제의 성취 측면에서 각각의 부분으로 나뉘지만, 합쳐서 보았을 때 자체로서는 수행하지 못하는 두 개의 단계로 이루어진 꿈-성취를 나타낸다고 보고하고 있습니다.[17] 꿈-소망이 어떤 사람에 대한 허락되지 않는 행위를 그 내용으로 하고 있을 때는, 그 대상이 첫 번째 꿈에서 가면을 쓰지 않은 채 그대로 모습을 드러내지만 행위는 그저 수줍게 암시될 뿐입니다. 두 번째 꿈은 아주 다릅니다. 행위는 그대로 드러나고 사람은 알아볼 수 없게 변하거나 다른 무심한 대상으로 대체됩니다. 그것은 정말 교활한 인상을 줍니다. 한 쌍의 꿈에서 두 부분 사이의 또 다른 비슷한 관계가 발견되는데, 거기서 하나는 처벌을, 다른 하나는 죄악적인 소원 성취를 뜻합니다. 그것은 마치 〈처벌을 스스로 감수하면 그 금지된 것을 스스로에게 용납할 수도 있다〉는 것과 마찬가지입니다.

나는 여러분을 이와 같은 세부적 사항이나 분석적 작업에서 꿈-해석의 평가 문제와 관계되는 논의에 더 이상 오래 머무르게 하지 않겠습니다. 꿈의 본질과 의미에 대한 근본 태도에서 어떠한 변화가 일어났는지 듣고 싶어서 여러분은 참을 수 없이 초조해하고 있다고 생각하기 때문입니다. 바로 그것에 관해서는 보고할 것이 그리 많지 않다는 것을 여러분은 이미 알고 계실 것입니다. 이 모든 이론에서 가장 논란이 되는 부분은 아마도 모든 꿈은 소원 성취를 뜻한다고 하는 주장일 것입니다. 걱정하는 꿈도 수없이 많다는 항상 되풀이되는 문외한들의 주장에는 이미 이전의 강의들에서 완전히 충분한 대답을 주었노라고 감히 말하고 싶습니다.[18] 소원-꿈, 불안-꿈, 처벌-꿈으로 나눔으로써 우리의 이론은 그대로 견지되어 왔습니다.

처벌-꿈도 소원의 성취이지만 본능 충동을 성취하기 위한 것

---

17  F. Alexander, "Über Traumpaare und Traumreihen"(1925).
18  『정신분석 강의』 중 열네 번째 강의 참조.

은 아닙니다. 그것은 정신 활동 속에서 비판하고 검열하는, 정신 생활을 처벌하는 기능의 소원 성취라고 볼 수 있습니다. 순수하게 처벌하는 어떤 꿈을 직면하게 됐을 때 처벌-꿈과 완전히 반대되는 소원-꿈을 다시 불러오려고 하는 경미한 사고의 조작이 일어나는데, 외현적 꿈에는 이러한 기피로 인해서 소원-꿈으로 대체되어 나타납니다. 신사 숙녀 여러분, 여러분은 꿈의 연구로 인해 비로소 신경증의 이해가 가능해졌다는 사실을 알고 계실 것입니다. 또한 신경증에 대한 우리의 지식이 나중에는 꿈에 대한 우리의 견해에 영향을 끼쳤다는 사실도 이해되실 것입니다. 앞으로 확인되겠지만, 정신 활동에는 초자아*Über-Ich*라고 부를 수 있는 비판하고 금지하는 특별한 기능을 가진 심리 심급을 상정할 수밖에 없음을 알게 되었습니다. 이제 꿈-검열을 이러한 심급의 활동으로 인식하면서 꿈-형성에 초자아가 관여한 부분을 보다 더 자세하게 주목하지 않을 수 없게 되었습니다.

꿈의 소원 성취 이론에 대하여 두 가지의 심각한 문제점이 제기되는데, 그에 대한 연구가 활발히 진행되고 있기는 하지만 아직도 완전히 만족할 만한 결론에 이르지는 못하고 있습니다.

첫 번째 난점은, 전쟁에서의 경우처럼 외상적(外傷的) 히스테리의 근거에 놓여 있는 것으로 보이는 충격적 체험, 어떤 중대한 심리적 외상*Trauma*을 겪은 사람들은 꿈속에서 매우 규칙적으로 그러한 외상적 상황에 처해진다고 하는 사실에서 제기되고 있습니다. 그것은 꿈의 기능에 관한 우리의 가정과는 전혀 맞지 않는 것입니다. 이처럼 극히 고통스러운 외상적인 체험으로의 회귀를 통해 만족될 수 있는 소원 충동은 어떤 것일까요? 그것을 알아내기란 매우 어렵습니다.

두 번째 사실은 우리의 분석적 작업 속에서 거의 매일 만나게 되는 것입니다. 그것은 다른 것처럼 그렇게 중요한 반론을 의미하는 것은 아닙니다. 여러분이 아시는 것처럼 정신분석의 과제 중하나는 최초의 유년기를 덮어씌우고 있는 망각의 베일을 벗겨 내는 것입니다. 그리고 그 안에 포함되어 있는 유년기적 성생활의 진술들을 의식적인 기억 속으로 떠올리게 하는 것입니다. 아이가 겪은 최초의 성적 체험들이 불안이나 금지, 실망, 그리고 처벌과 같은 고통스러운 기억들과 연관되어 있을 때, 그것들이 억압된다는 것은 이해할 수 있습니다. 그러나 그것이 꿈-생활로 나아갈 수 있는 매우 넓은 통로를 가지고 있고, 그럼으로써 꿈-환상의 그 많은 범례를 만들어 내고, 꿈들이 이러한 유년기적 장면들의 재생과 그에 대한 비유로 가득 차 있음을 이해하기란 쉽지 않습니다. 꿈-작업의 불유쾌성과 소원 성취 경향은 서로 매우 양립하기 어려운 듯이 보입니다. 그러나 어쩌면 이 경우에 그 어려움들을 우리가 너무 과장하고 있는지도 모릅니다. 전 생애를 통하여 꿈-형성을 위한 에너지를 제공하는 모든 꺼지지 않는, 이루어지지 않은 소원 충동에는 이와 같은 어릴 적의 체험이 달라붙어 있으며, 강력한 추진력으로 이처럼 고통스럽게 느껴지는 사건들의 재료를 의식의 표면으로 밀어 올릴 수 있는 힘이 내재되어 있습니다. 또 한편으로 이러한 재료들이 재생되는 형태와 방식에 있어서 불쾌함을 왜곡함으로써 부정하고, 실망을 허용으로 환치시키기 원하는 꿈-작업의 노력은 알아볼 수 없게 되는 것입니다.

　　그러나 외상적인 신경증에서는 사정이 다릅니다. 이 경우에는 그와 달리 꿈이 늘 불안의 발전으로 끝나게 됩니다. 이와 같은 경우에 꿈의 기능이 정지된다는 것을 인정하는 데 주저해서는 안됩니다. 예외가 규칙을 확인해 준다는 속담에 의지하고 싶지도 않습니다. 그것이 진실에 부합되는지 나에게는 매우 의심스러울 뿐입니다. 예외가 규칙을 무효화시키는 것도 아닙니다. 꿈을 꾸는 것과 같은 개개의 심리적인 행위를 연구 목적을 위해서 그 전체 구조로부터 떼어 냈을 때, 그것 자체의 규칙성을 찾아내는 것은 가능할지도 모릅니다. 그러나 그것을 다시 그 구조 안에 끼워넣으면 이러한 결과가 다른 힘들과 충돌함으로써 흐려지고 영향받는다는 사실을 각오하고 받아들여야만 합니다. 〈꿈은 소원 성취다〉라고 우리는 말합니다. 그러나 마지막의 이의를 고려하고싶다면, 여러분은 그래도 〈꿈은 소원 성취의 시도다〉라고 말할 수 있을 것입니다. 심리적인 역동 관계에 대한 충분한 이해를 갖고있는 어떤 누구에게도 무엇인가 달리 말할 수 없습니다. 어떤 특수한 상황에서 꿈은 자신의 의도를 매우 불완전하게 관철시키거나 혹은 무작정 포기해야만 할 때가 있습니다. 외상에 대한 무의식적인 고착은 꿈-기능의 이러한 방해 목록의 가장 위쪽에 놓여 있는 듯이 보입니다. 잠자는 이가 밤에 꿈을 꾸는 동안 일어나는 억압의 이완이 외상적 고착이 갖고 있는 추진력을 활동할 수 있게 해줌으로써, 외상적 사실의 기억 흔적을 소원 성취로 변화시키려는 그 꿈-작업의 기능은 정지됩니다. 이러한 상황에서는 꿈-기능의 작업 부진에 대한 불안 때문에 잠자는 것 자체를 포기하게 되어 불면 상태가 되는 일이 발생합니다. 외상적 신경증의 경우는 극단적인 예일 뿐이지만 유년기적 체험에도 외상적인 성격을 부여해야만 하며, 다른 조건하에서도 보다 경미하기는 하지만 꿈-기능의 장애가 발생한다는 사실에 대해서 그리 놀랄 필요는 없다고 봅니다.[19]

19  마지막 세 단락의 주제는 프로이트가 「쾌락 원칙을 넘어서」(프로이트 전집 11, 열린책들)의 제2장과 제3장에서 처음 제기한 주제이다. 이 책의 서른두 번째 강의에서도 좀 더 진전된 언급을 찾을 수 있다.

# 꿈과 심령학[1]

신사 숙녀 여러분! 우리는 오늘 좁은 길을 따라가게 될 것입니다. 그러나 그것은 우리를 매우 넓은 전망으로 인도해 줄 것입니다.

내가 꿈과 심령학의 관계에 대해서 얘기하리라고 고지했을 때 여러분은 그리 놀라지 않으셨을 줄 믿습니다. 꿈은 종종 신화적 세계로의 통로로 여겨져 왔으며, 오늘날까지도 많은 사람에게는 그 자체가 하나의 심령 현상으로 받아들여지고 있습니다. 그것을 학문적 연구의 대상으로 삼고 있는 우리도, 한 개 혹은 여러 개의 단서가 저 어두운 것들과 꿈을 연결시켜 주고 있다는 사실을 반박하지 않습니다. 신화 혹은 심령학, 이러한 이름들이 의미하고 있는 것은 무엇입니까? 내가 이처럼 경계가 뚜렷하지 않은 영역을 정의하려고 시도해 볼 것이라는 기대는 갖지 말아 주십시오. 일반적이고 분명하지 않은 형태로 이것이 무얼 의미하는지 우리는 대충 알고 있습니다. 그것은 밝고, 엄격한 규칙들로 지배되는 세계, 과학이 우리를 위해 구축해 준 세계의 저편에 있는 그 어떤 세계일 것입니다.

심령학은 저 〈하늘과 땅 사이에는, 그에 대해서 우리의 강단 지

---

1  어니스트 존스Ernest Jones는 프로이트 전기(1957) 제3권 14장에서 심령학에 대한 프로이트의 견해를 포괄적으로 설명하고 있다.

식은 아무것도 꿈꾸게 하지 않는 것들)[2]의 실재(實在)를 주장하고 있습니다. 이제 우리는 강단의 편협성에 집착하려고 하지 않습니다. 우리는 무엇이든 믿을 만하다고 생각되는 것은 믿을 준비가 되어 있습니다.

우리는 이러한 것들을 과학의 다른 재료들과 마찬가지로 취급할 생각입니다. 우선 그러한 과정들이 실제로 증명 가능한 것인지를 확인하고 나서, 그것의 사실성을 더 이상 의심할 수 없을 때에야 비로소 그것의 설명을 위해 노력하고자 합니다. 그러나 이러한 우리의 결정은 지적·심리적·역사적 요소들로 인해 이미 그 첫 단계에서부터 매우 힘들게 내려졌다는 사실을 부정할 수 없습니다. 이것은 우리가 다른 연구들에 접근할 때와는 다른 경우입니다.

제일 먼저 지적인 어려움이 문제입니다! 조금 거칠지만 손쉬운 설명을 해보겠습니다. 지구 내부의 속성에 대한 문제를 다루고 있다고 가정해 봅시다. 잘 알다시피 우리는 그에 대해서 아무것도 확실하게 아는 것이 없습니다. 중금속으로 이루어진, 뜨거운 상태일 것이라고 추측해 볼 뿐입니다. 이제 누군가가 지구 내부는 탄산이 함유된 물, 즉 소다수 같은 것이라고 주장합니다. 우리는, 그것은 거의 불가능한 일이고 우리의 모든 기대에 반하며, 우리로 하여금 금속 가설을 세우게끔 만든 우리 지식의 그 단서를 전혀 고려하지 않은 얘기일 뿐이라고 말할 것입니다. 그러나 전혀 생각할 수 없는 일이라고 할 수도 없습니다. 누군가가 우리에게 소다수 가설을 검증할 수 있는 길을 제시한다면, 우리는 아무 주저 없이 그 길을 따라갈 것입니다. 그러자 또 다른 누군가가 다른 진지한 주장을 합니다. 지구의 핵은 잼과 같은 물질로 이루

2  셰익스피어, 『햄릿』 제1막 5장 참조.

어져 있다는 것입니다! 그에 대해서 우리는 전혀 다르게 행동할 것입니다. 우리는 이렇게 얘기할 것입니다. 잼은 자연 속에 스스로 존재하는 것이 아니다, 그것은 인위적인 요리의 산물이다, 이 물질의 존재는 무엇보다도 과일 나무와 과일의 존재를 전제로 하며 또한 우리는 어떻게 식물과 인간적인 요리 기술을 지구 속으로 옮겨 놓을 수 있는지를 알지 못한다, 등등입니다. 이러한 지적인 논박의 결과로 우리의 관심은 동요를 일으키겠지만, 이것이 지구의 핵이 실제로 잼으로 이루어져 있는지를 조사하기 위한 연구로 이끌지는 못할 것입니다. 그러한 생각을 할 수 있는 이 사람은 도대체 어떠한 사람일까라고 스스로에게 자문해 보고, 기껏해야 그에게 도대체 어디서 그런 것을 알게 되었느냐고 묻게 될 것입니다. 잼 이론을 내세운 이 불행한 사람은 몹시 마음이 상해서, 우리가 소위 학문적인 편견으로 그의 주장을 객관적으로 평가하기를 부정하고 있다고 우리를 비난할 것입니다. 그러나 그것은 그에게 아무 소용이 없는 일입니다. 우리는 편견도 항상 틀린 것은 아니라는 것, 그것이 때때로 옳기도 하며 불필요한 수고를 절약하기 위해서는 합목적적이라는 사실을 느끼게 됩니다. 이것은 다른 여러 개의 근거 있는 판단을 거친 후의 유추 결론 외에 아무것도 아닙니다.

심령학적인 주장들의 많은 부분은 잼 이론과 비슷한 것들로 여겨지며, 그래서 그것을 검증해 보지도 않은 채 처음부터 부정하는 것도 그다지 그릇된 일은 아니라고 믿고 있는 경우가 많습니다. 그러나 그렇게 간단하지는 않습니다. 내가 제시한 것과 같은 비교는 — 다른 모든 유추와 마찬가지로 — 아무것도 증명해 주지 않습니다. 그것이 꼭 들어맞는 것인지에 대한 의문이 남습니다. 또한 경멸스럽게 거부하는 태도도 이미 그의 선택을 결정지었다는 사실을 알게 됩니다. 선입견이란 종종 목적에 부합하고 정당한 것입니다. 그러나 때때로 그것은 잘못된 것이며 해로운 것이기도 합니다. 사람들은 언제 그것이 정당한지, 또 언제 나쁘고 해로운지를 결코 알 수 없습니다. 과학의 역사는 너무 성급한 저주를 경계하는 그런 예들을 수없이 많이 보여 줍니다. 오늘날 우리가 운석이라고 부르는 것들이 예전에는 하늘에서 땅에 떨어진 돌이라고 생각했던 가정이나, 조개 껍질을 포함하고 있는 산의 암석들이 한때는 바다의 바닥을 형성했다는 설은 오랫동안 엉터리 같은 가정으로 여겨져 왔습니다. 무의식의 추론이라는 문제가 대두됐을 때 우리의 정신분석학에 일어났던 상황도 이와 별로 다르지 않았습니다. 우리 분석가들에게는 새로운 가설을 거부하기 위해 지적인 의견들을 고려할 때 조심스러워해야만 하는 충분한 이유가 있습니다. 혐오, 의심, 불안을 뛰어넘지 않고는 어떤 발전도 이루어지지 않는다는 사실을 인식해야만 합니다.

두 번째 요인을 나는 심리학적인 것으로 명명했습니다. 나는 그것으로서 일반적으로 쉽게 믿는 인간의 경향과 기적 신앙의 경향성을 의미하려고 합니다. 처음부터 삶이 우리를 엄격한 규율 속에서 훈육하면, 사고 법칙의 엄격성과 단조로움에 대한 저항감과 현실성 검사의 요구 사항들에 대한 저항감이 우리 안에 일어날 것입니다.[3] 우리를 그 많은 쾌락의 가능성으로부터 억류하고 있는 이성은 우리에게 적이 되어 버립니다. 순간적이나마 그로부터 벗어나는 것, 불합리의 유혹에 몸을 내맡기는 것들이 어떤 쾌락을 가져다주는지 사람들은 알게 됩니다. 초등학교 학생도 말을 엉뚱하게 비틀어 버리면서 흥겨워하고, 학자들도 학문적인 학회

---

3 『정신분석 강의』 중 스물세 번째 강의 참조. 현실성 검사에 대해서는 「꿈-이론과 초심리학」(프로이트 전집 11, 열린책들)의 결말부에서 상세히 논의되고 있다.

활동 후에는 자신들의 일을 희롱하며, 아주 심각한 사람이라 할지라도 농담의 유희를 즐깁니다. 〈이성과 과학, 인간이 가진 최고의 힘〉[4]에 대한 보다 심각한 적대감은 심령학이 내세우는 사실들이 법과 규칙의 침해로 인식되는 한, 그러한 주장에 반대하는 학교에서 교육받은 의사들에게보다는 기적을 일으키는 의사나 자연 치료사에게 우선권을 주기 위한 기회만을 호시탐탐 노리면서, 비판을 마비시키고 감각을 변조하며 정당화될 수 없는 확인과 동의를 강요하는 그런 것들입니다. 인간들의 이러한 경향성을 고려해 본다면, 심령학적인 문헌의 많은 사실들을 평가 절하해도 되는 충분한 이유가 성립되는 셈입니다.

세 번째의 우려를 나는 역사적인 것으로 명명하고 그럼으로써 다음과 같은 사실에 대해 주의를 끌려고 합니다. 즉 심령학의 세계에는 원래 새로운 것은 아무것도 일어나지 않는다는 사실입니다. 우리에게 이미 오랜 과거로부터 알려져 왔고, 또 옛날 문헌들에 기록되었던 것들, 우리가 이미 고삐 풀린 환상의 소산으로 혹은 고의적인 속임수로 평가하고 제쳐 놓았던 것들, 인류가 아직 무지했었고 학문적 정신이 아직도 초등학교 수준에 머물러 있던 때의 산물로 생각했었던 그런 모든 표식들, 기적, 예언과 유령 출현 등이 그 속에 새로이 등장할 뿐이라는 사실입니다. 심령학자들의 주장에 따르면 오늘날도 일어난다고 하는 그런 것들을 우리가 사실로 받아들인다면, 고대로부터의 그러한 기술(記述)들도 믿을 만한 것으로 인정해야만 할 것입니다. 전통이라고 하는 것과 성스러운 민속 의학 책들은 그러한 기적적인 이야기들로 가득하고, 종교들도 신앙의 근거를 그러한 초월적이고 기적적인 사실들에 두고 있으며, 그 속에 초인간적인 힘의 작용에 대한 증거들을 포함

4  괴테, 『파우스트』 제1부 4장 참조.

하고 있다는 사실을 곰곰이 생각해 봅시다. 그렇다면 이러한 심령학적인 관심사들이 원래는 종교적인 것이었으며, 과학적인 사고의 발전으로 말미암아 위협을 느끼게 된 종교에 도움을 주고자 한 것이 심령학적인 운동의 비밀스러운 동기 속에 포함될지도 모른다는 사실을 의심하지 않을 수 없게 됩니다. 그러한 동기의 인식으로 말미암아 우리의 불신이 증대되고, 그러한 심령적인 현상들의 연구에 참여하기 싫어하는 우리의 혐오감도 커져 갈 것입니다.

그렇지만 이러한 혐오감도 이제 극복되어야 합니다. 무엇보다도 심령학자들이 이야기하는 것들이 진실인가 아닌가 하는 사실성이 문제됩니다. 그것은 세심한 관찰을 통해 판단될 수 있습니다. 근본적으로 우리는 심령학자들에게 고마워해야만 합니다. 고대의 기적에 관한 이야기는 우리가 검증할 수 없는 것입니다. 그것을 증명할 수 없다고 한다면, 또한 엄밀한 의미에서 반박할 수 없는 것이라는 사실도 인정해야만 합니다. 그러나 우리가 참여할 수 있는, 현재의 시점에 일어나는 일들에 대하여는 확실한 판단을 내릴 수 있어야만 합니다. 그러한 기적은 오늘날에는 일어나지 않는다는 확신에 이르게 된다면, 그것이 옛날에는 일어났었을지도 모른다는 반론에 대해 두려워할 필요가 없습니다. 다른 설명들은 훨씬 가까이에 있습니다. 의심을 일단 제쳐 놓고 심령적인 현상을 관찰할 준비가 되었습니다.

그러나 불행하게도 우리는, 우리의 갸륵한 의도에 매우 우호적이지 못한 상황과 만나게 됩니다. 우리의 판단이 의존하게 될 그 관찰들은 우리의 지각을 불확실하게 만들고 우리의 주의 능력을 둔화시키며, 어둠 속에서 혹은 빨간빛의 아주 희미한 불빛 속에서 오랫동안 공허하게 기다려야 하는 것과 같은 악조건 속에서 행해질 수밖에 없는 것들입니다. 우리의 의심하는, 즉 비판적인 입장이 이미 기다리고 있는 현상의 발생을 방해할 수도 있다는 이의도 있습니다. 그렇게 만들어진 상황은 우리가 통상 과학적인 연구를 실행하곤 했던 그러한 상황이 실로 왜곡된 모습과 같은 것입니다. 이와 같은 관찰은 이른바 사람이라는 영매(靈媒)를 통해 이루어집니다. 그 사람들이 특수하게 〈민감한〉 능력을 보유하고 있다고 인정되지만, 그렇다고 해서 정신이나 성격에서 어떤 탁월한 특성들을 가진 것으로는 생각되지 않고, 그 옛날 기적을 행한 사람들과 같은 특별한 생각이나 어떤 진지한 의도를 갖춘 것으로도 생각되지 않는 그저 평범한 사람들입니다. 그 반대로 그들은 그들의 비밀스러운 힘을 믿는 사람들에게조차 몹시 믿을 수 없는 사람들로 알려지고, 그들 중의 대다수는 이미 사기꾼으로 판명이 나버리기도 했던 사람들입니다. 그러므로 나머지 연구들에도 똑같은 상황이 기다리고 있다고 생각할 수밖에 없습니다. 그들이 수행하는 바는 과감한 어린애 장난이나 요술쟁이의 수법과 같은 것이라는 인상을 줍니다. 그와 같은 영매를 통한 연구에서 아직 한 번도 무언가 유용한 것이 나온 적이 없으며, 새로운 힘의 원천으로 통하게 되는 사건도 일어나지 않았습니다. 물론 비어 있는 중절모에서 비둘기가 나오게 하는 요술쟁이의 수법으로부터 어떤 방식의 비둘기 기르는 기술이 발전되어 나오리라고 기대하지는 않았을 것입니다. 어떤 사람이 객관성의 요구를 충족시키겠다는 열정으로 심령학 회의에 참석하지만, 얼마 지나지 않아 곧 피곤해져서 그에게 부과된 요구에 혐오감을 느끼면서 등을 돌리고 아무것도 배우지 못한 채로 이전의 선입견으로 돌아가게 될 때, 나는 그 사람의 입장에 나 자신을 쉽게 이입해 볼 수 있습니다. 사람들은 그 사람의 행위에 대하여 그것은 옳은 행동이 아니며 연구하고자 하는 현상에 대해 그것이 어떤 것이고 어떤 조건하에서 나타나야 하는지를 미리 규정하는 것은 옳지 않다고 비난할 수 있을 것입니다. 그보다는 오히려 오늘날 새로이 영매의 비신뢰성에 대처하기 위한 보호 장치로 사용되고 있는 예방 규칙과 조절 규칙에 가치를 두고, 그것을 지키려고 고집하는 것이 바람직하다고 할 것입니다. 그러나 유감스럽게도 이러한 근대적인 안전 기술들은 손쉽게 심령학적인 관찰에 접근할 수 있는 접근 가능성을 차단하는 계기가 될 뿐입니다. 심령학 연구는 특이하고 어려운 직업 활동으로, 사람들이 자신의 여타 관심과 함께 부차적으로 추진해 나갈 수 있는 것은 아닙니다. 그에 열중한 연구자가 어떤 결정에 이르게 되기까지는 의심이나 그 자신의 추측에 전적으로 맡겨질 수밖에 없는 문제입니다.

이러한 추측들 가운데 가장 개연성이 높은 것으로서 심령학에서 문제가 되는 것은 이제까지 전혀 알려지지 않은 사실들의 실체적 핵심의 구명, 즉 속임수와 환상 작용과 침투해 들어가기가 몹시 힘든 껍질에 에워싸여 있는 그 핵의 구명인 것입니다. 그렇다면 우리는 어떻게 이 핵심에 접근해 갈 수 있겠습니까? 어떤 지점에서 그 문제를 공략할 수 있겠습니까? 여기에서 내가 말하고자 하는 것은 꿈이 우리에게 도움을 줄 수 있다는 것입니다. 꿈은 우리에게 눈짓을 보내면서 그 헝클어진 혼돈으로부터 〈텔레파시〉라는 테마를 끄집어낼 수 있게 해줍니다.

여러분이 아시다시피 텔레파시라는 것은 특정한 시간에 일어난 어떤 사건이 공간적으로 멀리 떨어져 있는 사람의 의식 속으로 동시에 전달되는 사건을 말합니다. 이때 이 텔레파시가 전달되는 경로는 우리에게 잘 알려진 정보 전달의 통로하고는 전혀 상관이 없습니다. 여기에서 군이 말하지 않아도 되는 전제 조건은 이러한 사건이 어느 특정한 사람과 관계된다는 것인데, 이 소식을 받는 사람은 어떤 강한 정서적 유대감을 그와 공유하고 있는 사람이라는 것입니다. 예를 들어 A라는 사람이 어떤 사고를 당하거나 죽는다고 가정할 때, B는 그와 아주 밀접하게 연관된 사람, 즉 어머니, 딸 혹은 연인으로서 거의 동시에 그러한 사실을 시각 또는 청각을 통해 알게 됩니다. 후자의 경우 마치 전화로 연락이 닿은 듯한 느낌인데, 그러나 실제로는 전혀 그런 것이 아니고 어쩐지 무선 전보의 심리적 대응물인 것 같은 느낌이 드는 것입니다. 그러나 이러한 과정이 얼마나 있음 직하지 않은 일인지는 강조할 필요조차 없을 것입니다. 물론 많은 사람이 이러한 보고의 대부분을 그 나름의 훌륭한 이유로 받아들이기를 거부할 것입니다. 그러나 그리 간단하지 않은 문제들이 남아 있습니다. 내가 이제 의도적으로 〈소위〉라는 단어를 제쳐 놓고 마치 텔레파시 현상의 객관적 실체를 믿는 것처럼 이야기를 계속해 나가는 것을 허락해 주시기 바랍니다. 그러나 그것은 내가 아무런 확고한 판단도 내리지 않았다고 얘기하는 것이 아님을 기억해 주십시오.

여러분에게 말할 수 있는 것은 원래 별로 많지 않습니다. 단지 있음 직하지 않은 하나의 사실을 말하려는 것뿐입니다. 꿈이란 근본적으로 텔레파시하고는 별 상관이 없다는 것을 말해 둠으로써, 나는 또 여러분의 기대를 곧바로 제한해 놓으려고 합니다. 텔레파시가 꿈의 본질에 관하여 어떤 빛을 던져 주는 것도 아니고, 꿈이 텔레파시의 존재에 대한 직접적인 증거를 제시해 주는 것도 아닙니다. 텔레파시적 현상은 꿈과 전혀 연관된 것이 없으며 깨어 있는 상태에서도 일어날 수 있는 것입니다. 꿈과 텔레파시 간의 관계를 밝혀내려고 하는 단 하나의 이유는, 수면 상태가 텔레파시적 계시의 수용을 위해 특별히 적절한 것으로 보여진다는 사실 자체에 있습니다. 만일 어떤 사람이 소위 텔레파시적 꿈을 꾸고 나서 혼자서 그것을 분석해 본 결과 텔레파시적 계시가 낮 동안의 다른 잔류물들과 똑같은 역할을 했다는 확신에 이르게 되었다면, 꿈-작업으로 인해 그러한 것으로 변화되고 그 경향에 맞추어 적용될 수 있게 만들어진 것이라고 생각할 수 있을 것입니다.

그러한 텔레파시 꿈의 분석에서 이러한 강의를 위한 출발점으로는 비록 너무 사소하게 보일지라도, 내게는 그것을 선택할 만한 충분한 이유가 있는 매우 재미있는 일이 일어났습니다. 1922년에 이러한 대상에 대한 최초의 보고를 했을 때만 해도 내 수중에는 단 하나의 관찰 사례만이 있었습니다. 그로부터 나는 많은 유사한 사례를 관찰했지만, 아직도 첫 번째 사례를 가장 유용하게 생각하고 있습니다. 왜냐하면 그것이 제일 이해하기 쉽게 묘사될 수 있고 또 당장에 문제의 핵심으로 여러분을 인도할 수 있기 때문입니다.[5]

객관적으로 보기에도 매우 지적이고, 또 그 자신의 주장에 따른다 하더라도 전혀 〈심령적으로 입김을 받은 적이 없는〉 한 남자가, 자신이 생각하기에도 매우 기이한 꿈을 나에게 적어 보냈습니다. 그가 말하기를, 결혼해서 멀리 떨어져 살고 있는 그의 딸 — 12월 중순에 출산 예정인 — 이 첫 번째 아기를 기다리고 있었다고 합니다. 이 딸은 그에게는 매우 가까운 존재인데, 그녀 역시 심정적으로 몹시 그에게 의존하고 있다고 했습니다. 그런데 그는 11월 16일에서 17일에 이르는 밤에 자신의 부인이 쌍둥이를 낳는 꿈을 꾸었습니다. 적당한 설명을 찾을 수 없는 그 외의 많은 여

---

5  이 부분은 「꿈과 텔레파시 Traum und Telepathie」(1922)에서 더 상세하게 기술되어 앞서 출간되었다.

러 가지 사실이 뒤따르고 있지만 여기서는 건너뛰기로 하겠습니다. 그의 꿈속에서 쌍둥이의 어머니가 된 여인은 그의 두 번째 부인으로서 딸의 계모였습니다. 그는 이 부인에게서 자식을 갖기 원치 않았는데, 그 이유는 그가 보기에 그녀는 자녀를 올바로 교육하기에는 부적당했기 때문이었습니다. 더군다나 그는 그 꿈을 꾸기 오래전부터 그녀와 성관계를 갖지 않고 있었습니다. 그가 나에게 편지를 쓰게 된 동기는 꿈-이론의 타당성에 대한 의심 때문이 아니었습니다. 외현적 꿈이 그러한 의심을 충분히 정당화시키더라도 말입니다. 어째서 그 꿈은 그의 소원과는 정반대로 이 여자가 아기를 낳게 한 것일까요? 그의 설명에 의하면, 이러한 바라지 않는 사건이 일어날 수도 있다는 것에 대해 두려워해야 할 아무런 이유가 없어 보였던 것입니다. 이 꿈에 대하여 나에게 편지를 보내기로 마음먹게 된 동기는, 그가 11월 18일 아침 일찍 그의 딸이 쌍둥이를 낳았다는 전보를 받게 된 상황에 있습니다. 그 전보는 하루 전에 보내진 것이었는데 출산은 16일에서 17일에 이르는 밤, 그러니까 그가 자기 부인의 쌍둥이 출산 꿈을 꾼 바로 그때와 거의 같은 시간이었던 것입니다. 그는 나에게 그 꿈과 사건의 일치를 우연으로 보느냐고 물었습니다. 그는 자신의 꿈을 텔레파시로 보는 것을 주저했습니다. 왜냐하면 꿈의 내용과 사건과의 차이가 그에게는 본질적으로 보이는 출산한 사람의 차이, 바로 그것에 있었기 때문입니다. 그러나 그의 말을 들어 보면 그가 정말로 제대로 된 텔레파시적인 꿈을 꾸었다고 하더라도 전혀 놀라지 않았으리라는 것을 알 수 있습니다. 왜냐하면 그는 딸이 그녀의 그 고통스러운 시간 중에 〈특별히 그를 생각했을〉 것이라는 것을 확신하고 있었기 때문입니다.

신사 숙녀 여러분! 여러분이 이 꿈을 곧 해석할 수 있고 내가 왜 여러분에게 그것을 이야기했는지 이해하리라는 것을 나는 확신합니다. 어떤 남자가 있습니다. 그는 그의 두 번째 부인에게 만족하지 못하고 차라리 첫 번째 결혼에서 낳은 자기 딸과 같은 부인을 갖기 원합니다. 무의식에서 이러한 〈같은〉이라는 단어는 물론 생략됩니다. 이제 밤 동안에 그에게 딸이 쌍둥이를 낳았다는 텔레파시적 계시가 전달됩니다. 꿈-작업은 이 소식을 포착하고, 딸을 두 번째 부인의 자리에 옮겨 놓고 싶어 하는 무의식적인 소원이 그것에 작용하도록 허락하여, 소원을 은폐시키고 계시를 왜곡시키는 저 낯선 외현적 꿈을 불러일으킵니다. 그것은 텔레파시적 꿈이라는 사실을 꿈-해석이 비로소 우리에게 가르쳐 주었다는 것을 인정하지 않을 수 없습니다. 정신분석학이 그 외의 방법으로는 알아낼 수 없었을 텔레파시 정황을 발견해 낸 것입니다.

그러나 엉뚱한 방향으로 가지는 마십시오. 이 모든 것에도 불구하고 꿈-해석은 텔레파시적 정황의 객관적인 진실에 대해서 아무것도 밝혀낸 것이 없습니다. 그것은 다른 방법으로 설명될 수 있을지 모릅니다. 그 남자의 잠재적 꿈-사고는 다음과 같은 내용이었을지도 모릅니다. 〈오늘이 바로 출산할 그날이로구나. 내가 생각하기로는 내 딸이 한 달쯤 계산을 잘못한 것 같은데, 내가 마지막으로 그녀를 보았을 때 그녀의 모습은 그때 벌써 쌍둥이를 낳을 것 같았어. 죽은 전 아내는 그렇게도 아이를 좋아했었는데 그녀가 쌍둥이를 보면 얼마나 좋아할까!〉 (마지막 문장은 아직 언급되지 않은 꿈꾼 이의 연상으로부터 인용된 것임.) 이 경우에 꿈의 자극제가 된 것은 텔레파시적 계시가 아니고 꿈꾼 이의 근거가 타당한 추측이었을 테지만, 결과는 그 두 경우에 다 동일한 것입니다. 여러분이 보시다시피 이러한 꿈-해석도 그 텔레파시에 객관적인 실재성을 인정해 줄 것인지 아닌지에 대한 물음에 대해 아무것도 답할 수가 없습니다. 그것은 그 사건의 모든 상황에 따른 자세한 조회를 통해서만 결정될 수 있는데, 이 경우에 있어서는 유감스럽게도 다른 모든 나의 경험들과 마찬가지로 별로 가능하지 않습니다. 그것을 텔레파시로 가정했을 경우 가장 간단히 설명된다는 것을 인정한다고 하더라도 그것으로 충분하지는 않습니다. 가장 간단한 설명이 항상 옳은 것은 아니며 진실은 종종 간단하지 않고, 그렇게 파급 효과가 큰 가정을 내리기 전에 매우 조심스럽게 행동할 필요가 있습니다.

꿈과 텔레파시라는 주제로부터 이제는 떠날 수 있습니다. 나는 여러분에게 더 이상 이 주제에 대해서 말할 것이 없습니다. 그러나 우리에게 텔레파시에 관해서 무언가를 가르쳐 주는 것은 꿈이 아니라 꿈의 해석, 즉 심리학적인 작업입니다. 그러므로 이후에는 꿈에서 완전히 눈을 돌리고 정신분석학의 응용이 다른 것들, 심령적이라 불리는 사실들에 어떤 빛을 비출 수도 있다는 기대에 부응하려고 합니다. 예를 들어 사고 전이 현상은 텔레파시와 매우 유사한 것으로서, 원래 별다른 어려움 없이도 그와 같은 것으로 동일시될 수 있는 것입니다. 어떤 사람 속에 일어나는 정신 과정들 — 표상들, 감정 상태, 의지 충동 — 은 말이나 기호 같은 잘 알려진 의사 전달 방법을 거치지 않고도 공간을 통해서 다른 사람에게 전이될 수 있다고 인정되고 있습니다. 실제로 그와 같은 일이 일어난다면 얼마나 기이하고, 어쩌면 또 실제 현실에서 얼마나 의미 깊은 일인지를 여러분은 아실 것입니다. 그런데 바로 이러한 현실에 대해서 과거의 기적들이 기록에는 아주 조금만 언급되고 있다는 사실 또한 놀라운 일이 아닐 수 없습니다.

환자들에 대한 정신분석적인 치료 중에 나는, 직업적인 예언가의 활동이 사고의 전달에 관해서 전혀 논란의 여지가 없는 관찰들을 하기에 더없이 좋은 기회를 제공할 것이라는 인상을 받았습니다. 카드를 빼들고 필체나 손금 등을 연구하고, 또 점성술적인 계산을 하고, 그러면서 내방자들의 지나간 과거나 현재 운명의 어떤 부분을 알아맞힌 다음, 그들의 미래를 예언하는 등의 그런 일에 몰두하는 사람들은 대체로 평범하고 어쩌면 열등한 사람들인지도 모릅니다. 그들의 상담자들은 대개 이러한 그들의 능력에 매우 만족한 듯이 보이고, 그 예언들이 나중에 들어맞지 않더라도 별로 화내지 않습니다. 나는 그러한 경우를 여러 번 보아 왔고, 그것들을 분석적으로 연구해 볼 수 있었습니다. 그중에서 가장 특이한 경우를 여러분에게 얘기하고자 합니다. 유감스럽게도 이 이야기의 증거 능력은 수많은 침묵으로 인해 침해당하고 있는데, 그것은 의사로서의 비밀 엄수라는 나의 의무 때문에 어쩔 수 없는 것입니다. 그러나 매우 조심하여 어떤 왜곡도 발생하지 않도록 노력했습니다. 자, 이제 내 여자 환자들 중 한 사람이 점쟁이를 만나 경험했던 이야기를 들어 보십시오.

그녀는 자신의 형제자매들 중 제일 맏이였습니다. 그녀는 비상하리만치 강한 아버지와의 유대감 속에서 성장했고, 일찍 결혼하여 결혼 생활에 매우 만족하고 있었습니다. 그녀의 행복에는 단한 가지만이 결핍되어 있었는데, 그것은 아이가 없다는 것이었으며 이 사실은 그녀의 사랑하는 남편이 아버지의 자리를 완전히 차지하고 들어올 수 없게 하는 요인으로 작용하고 있었습니다. 그녀가 수년 동안의 실망 끝에 산부인과적 수술을 결심했을 때 그녀의 남편은 자신에게 문제가 있다는 사실을 털어놓았습니다. 결혼 전의 병으로 인해 아이를 낳을 수 없는 몸이 되었다는 것이었습니다. 그녀는 몹시 실망해서 신경 질환을 앓게 되었습니다. 그녀는 틀림없이 유혹에 빠질지도 모른다는 불안에 시달렸던 것입니다. 그녀의 기분을 달래 줄 목적으로 남편은 파리로 출장 가는 길에 그녀를 동반했습니다. 어느 날 그들은 호텔의 큰 홀에 앉아 있었는데, 호텔 종업원들 사이에 무언가 술렁거림이 일어나고 있다는 사실을 알아차렸습니다. 그녀는 무슨 일이냐고 물어보았고, 〈교수님〉으로 불리는 점쟁이가 와서 어떤 방에서 상담을 하고 있는 중이라는 대답을 들었습니다. 그녀는 자기도 한번 가보고 싶다는 희망을 나타냈으나, 남편은 허락하지 않았습니다. 그러나 남편이 지키지 않는 틈을 타서 그녀는 방에 몰래 숨어들어, 그 점쟁이 앞에 섰습니다. 그녀는 스물일곱 살이었으나 그보다 훨씬 어려 보였고, 결혼 반지를 빼고 있었습니다. 〈교수님〉은 재가 들어차 있는 찻잔 위로 그녀의 손을 얹어 놓으라고 한 다음, 손금을 자세히 들여다보고는 그녀 앞에 펼쳐져 있는 수많은 어려움에 대해서 이야기해 주었습니다. 그러고는 그녀가 결국은 결혼하게 될 것이며, 서른두 살이 되면 아이를 둘 갖게 되리라고 확언하면서 위로해 주었습니다. 그녀가 내게 이 이야기를 들려주었을 때 그녀는 마흔세 살이었고 몹시 병들어 있었으며, 언젠가 아이를 갖게 되리라는 모든 희망을 버리고 있었습니다. 그러므로 예언은 하나도 들어맞지 않았으나 그녀의 말속에는 어떤 고통스러움도 깃들어 있지 않았으며, 오히려 마치 어떤 즐거운 체험을 회상하고 있는 듯한 분명한 만족감이 표현되어 있었습니다. 그녀는 예언 속에서의 이 두 개의 숫자가 무엇을 의미하는지, 또 도대체 무얼 의미할 수 있는지조차에 대해서도 전혀 아무런 예감을 갖고 있지 않다는 것을 확인할 수 있었습니다.

여러분은 그것은 어리석고 이해할 수 없는 이야기일 뿐이라고 말씀하실 것입니다. 그러면서 도대체 내가 왜 여러분에게 그것을 얘기하고 있는지 의아해하실 것입니다. 저도 여러분과 같은 생각입니다. 단 한 가지 ─ 이것이 바로 핵심이라고 할 수 있는데 ─ 이에 대한 분석은 저 예언의 의미에 대한 해석을 가능케 하며, 상세한 문제들을 밝혀내게 되면 실제로 가장 중요한 의미가 될 것입니다. 이 두 개의 숫자는 그 환자의 어머니 생애에서 매우 중요한 자리를 차지하고 있었습니다. 그 어머니는 서른 살이 넘어서 결혼했고, 그녀의 가족들은 그녀가 그토록 성공적으로 인생의 지각을 만회하게 된 것을 매우 중요하게 생각하며 만날 때마다 화제에 올리곤 했습니다. 처음 두 아이들은, 내 환자가 그중에 첫째인데, 가능한 한 가장 적은 간격을 두고 같은 해에 태어났고, 실제로 서른두 살의 나이에 그녀는 두 아이를 갖게 되었습니다. 〈교수님〉이 내 환자에게 말한 것은, 〈안심하십시오, 당신은 아직 젊습니다. 당신은 당신의 어머니와 똑같은 운명을 맞이하게 될 것입니다. 그녀 역시 오랫동안 아이를 기다려야 했지만 서른두 살이 되었을 때 두 아이를 갖게 되었습니다〉라는 것이었습니다. 그런데 어머니와 같은 운명을 갖게 되는 것, 그녀의 자리에 앉게 되는 것, 아버지 옆의 자리를 차지하는 것, 그것이야말로 그녀가 사춘기 때 지녔던 가장 강한 욕망이었던 것입니다. 그 욕망이 이루어지지 않았기 때문에 그녀는 병을 얻기 시작한 것입니다. 예언은 그녀에게 그 운명이 정말로 실현될 것이라고 약속했습니다. 이런 상황에서 그녀가 어떻게 그 점쟁이에게 친근감을 느끼지 않을 수 있겠습니까? 여러분은 우연한 상담가인 〈교수님〉이 그녀의 내밀한 가족사의 자료들을 갖게 되었을 수도 있다는 것을 가능한 일로 생각하십니까? 불가능합니다. 그렇다면 그 두 개의 숫자를 자신의 예언 속에 집어넣어 그 여환자의 강렬하고 비밀스러운 욕망을 표현할 수 있게 해준 그 지식은 어디에서 나온 것입니까? 나는 단지 두 가지 설명만이 가능하다고 생각합니다. 그녀가 내게 말한 그 이야기가 거짓이고 사건이 전혀 다른 모습을 띠었거나, 아니면 사고의 전이가 실재적인 현상으로 존재한다는 것을 인정해야만 합니다. 또 이런 가정도 있을 수 있습니다. 그 환자가 16년이란 긴 세월 후에 문제가 되는 두 개의 숫자를 그녀의 무의식으로부터 끄집어내어 기억 속에 집어넣었다고 생각할 수도 있다는 것입니다. 이렇게 추측할 만한 근거도 없지만 그것을 배제할 수도 없습니다. 그러나 나는 여러분이 사고 전이의 실재를 믿기보다는 바로 전의 그 설명을 더 선호할 것이라고 생각합니다. 그러나 만일 여러분이 후자로 결정한다면, 그러한 심령적인 사건을 모든 인식의 저편에 있는 것, 알 수 없는 것으로 왜곡되어 인식되었던 그곳으로부터 끄집어내어 밝혀낸 것은 바로 분석 작업이라는 사실을 잊지 마십시오.

만일 내 환자의 경우와 같은 것이 단지 하나의 사례에서만 문제될 뿐이라면, 사람들은 어깨를 한번 으쓱하고 나서는 이러한 사실을 지나쳐 버릴 것입니다. 아무도 이와 같이 결정적인 전환을 의미하는 믿음을 개개의 관찰로부터 구축해 나가겠다는 생각을 한 적이 없었습니다. 그러나 그것이 내 경험에서 단 한 번의 경우가 아니라는 나의 확인을 믿어 주십시오. 나는 그러한 예언의 아주 많은 사례를 수집했습니다. 그리고 그 모든 것에서 점쟁이들이 그저 그에게 물어 오는 사람들의 생각과, 특별히 그들의 비밀스러운 소원들을 표현해 냈을 뿐이며, 그러므로 그것이 마치 그 상담받은 사람들의 주체적인 사고 활동이나 환상이나 혹은 꿈이기나 한 것처럼 그 예언들을 분석해도 된다는 인상을 받았습니다. 물론 모든 경우가 똑같이 증거 능력이 있는 것은 아니며, 또 모든 경우에서 보다 합리적인 설명이 있다면 그것을 배제하는 것이 가능하지도 않습니다. 그러나 전체적으로 본다면 실질적인 사고 전이가 가능하다는 쪽으로 기울어지는 사람들의 숫자가 확률적으로 더 많습니다. 대상의 중요성으로 본다면 내가 여러분에게 나의 모든 사례를 열거하는 것이 정당화되겠지만 그렇게 할 필요는 없습니다. 그에 필요한 설명들이 너무 광대하고, 또 그에 따라 필수적으로 의사로서의 비밀 엄수 의무가 손상될 수밖에 없기 때문입니다. 여러분에게 몇 개의 사례를 더 열거하면서 가능한 한 나의 양심에 손상이 가지 않도록 노력하겠습니다.

어느 날 매우 지적인 젊은 청년 하나가 나를 찾아왔습니다. 그는 마지막 의사 시험을 앞두고 있는 학생이었지만 그 시험을 치를 수가 없었습니다. 그가 호소하는 바에 따르면, 그는 모든 관심과 집중력, 심지어는 아는 것을 질서 있고 차분하게 기억해 내는 능력마저 상실했던 것입니다. 이렇게 무기력한 상태에 이르게 된 과정은 곧바로 해명되었습니다. 그는 고통스러운 자기 극복의 과정을 거친 후에 병이 들어 버린 것입니다. 그에게는 누이가 하나 있었는데, 그는 그녀에게 강렬한 사랑의 감정을 느끼고 있었지만 항상 그러한 감정을 억누를 수밖에 없었습니다. 그것은 그녀도 마찬가지였습니다. 〈우리가 서로 결혼할 수 없다니 이 얼마나 안타까운 일인지!〉라고 그들은 서로에게 자주 말하곤 했습니다. 그러다가 흠잡을 데 없는 젊은 사람과 자기 누이가 사랑에 빠지게 되었습니다. 그러나 그녀의 부모는 그 결합을 허용하지 않았습니다. 이러한 곤경에서 그들은 그 청년에게 도움을 청했고, 그는 그것을 거절하지 않았습니다. 그는 가운데서 그들 사이의 연락을 중재했고, 그의 영향에 힘입어 부모도 드디어 결혼에 동의하게 되었습니다. 그들의 약혼 기간 동안 한 가지 우연한 사건이 일어났는데 그 의미는 곧 알아낼 수 있었습니다. 그는 안내인 없이 미래의 매부하고 매우 힘든 등산길에 나섰습니다. 그 둘은 길을 잃고 위험에 처하게 됐는데 거의 살아 돌아오지 못할 뻔했습니다. 누이가 결혼하고 난 직후, 그는 그와 같은 정신적 고갈 상태에 빠지게 된 것입니다.

정신분석학의 영향으로 인해 다시금 일할 수 있게 되자 그는 시험을 치르기 위해 나를 떠났습니다. 그러나 그 일을 성공적으로 마치고 나서 같은 해 가을에 잠시 동안 나에게 다시 왔습니다. 그는 그때 그가 여름이 오기 전에 경험했던 진기한 체험에 대해 이야기해 주었습니다. 그가 살고 있는 대학 도시에 어떤 점쟁이 여인이 있었는데, 그녀는 대단한 성황을 누리고 있었습니다. 영주 가문의 왕자들도 중요한 계획에 앞서서 정기적으로 그녀와 상담하곤 했습니다. 그녀가 일하는 방법은 아주 간단했습니다. 그녀는 어떤 특정한 사람의 생일만을 말하게 하고는 그 밖에는 아무것도, 심지어는 이름조차 알려고 하지 않으면서 점성술 책을 펴서 오랫동안 계산을 한 후에 마지막에 가서 그 사람에 대하여 예언을 하곤 했습니다. 나의 환자는 그의 매부에 관하여 그녀의 신비한 기술을 이용해 보기로 마음먹었습니다. 그는 그녀를 찾아가서 자신의 매부에 관한 자료를 말해 주었습니다. 점쟁이 여인은 계산을 하고 나서 예언을 해주었습니다. 〈이 사람은 올 7월이나 8월에 게나 굴로 인한 식중독으로 죽게 될 것입니다〉라고. 나의 환자는 자신의 이야기를 다음과 같은 말로 마쳤습니다. 〈그것은 정말 굉장했어요!〉

나는 처음부터 매우 언짢은 기분으로 들었습니다. 이 외침을 들고 나서 나는 그 질문을 할 수 있었습니다. 〈이 예언에서 그렇게 굉장한 것이 무엇이지요?〉라고. 〈우리는 지금 늦가을에 와 있습니다. 당신의 매부는 죽지 않았습니다. 당신은 내게 그것을 벌써 얘기한 바 있습니다. 그러니까 그 예언은 들어맞지 않은 것 아닙니까?〉 그는 〈들어맞지 않았지요〉라고 말하면서, 〈그러나 이 다음 이야기가 아주 이상해요〉라는 것이었습니다. 〈나의 매부는 게와 굴을 무척 좋아하는 사람입니다. 그런데 그가 지난여름에, 그러니까 그 점쟁이 여인을 찾아가기 전에 굴 식중독에 걸려서 거의 죽을 뻔했습니다.〉 그러니 내가 뭐라고 말할 수 있었겠습니까? 그처럼 고등 교육을 받은 그가, 어쨌거나 성공적인 분석 치료를 마친 후에도 그 연관성을 제대로 통찰하지 못했다는 사실에 대하여 나는 몹시 화가 날 수밖에 없었습니다. 나 자신은 점성술적인 칠판에서 게 — 혹은 굴 — 식중독의 등장을 알아낼 수 있다고 믿기보다는 차라리 내 환자가 그 경쟁자에 대한 증오의 감정을 아직 극복하지 못했다는 것, 그것을 억누르기 위해 그 당시에 병까지 났었다는 것, 그 점성술가는 단지 그 남자의 기대, 즉 〈그러한 탐식 행위는 포기될 수 없고, 언젠가는 그로 인해 파멸할 것이다〉라는 것을 언급했을 뿐이라고 가정하고 싶습니다. 나는 이 경우에 있어서 어떤 다른 설명 방식도 알지 못한다는 것을 고백합니다. 예외가 있다면, 나의 환자가 나에게 그냥 농담을 했을 뿐일지도 모릅니다. 그러나 그는 그때나 그 후에나 이러한 의심을 살 만한 어떤 근거도 주지 않았으며, 그가 말한 것은 진지한 것이었을 가능성이 큽니다.

다른 경우가 또 있습니다. 괜찮은 지위에 있는 어느 젊은 남자가 어떤 유한 마담과 관계를 맺고 있었는데, 그 관계는 특기할 만한 광기로 점철되어 있었습니다. 때때로 그는 그 여자를 조롱하고 모욕하여 마침내 절망에 빠져 버릴 때까지 그 여자의 마음을 몹시 상하게 하곤 했습니다. 그가 그녀를 그 지경으로까지 몰아가고 나면 마음이 홀가분해져서 그녀와 화해를 하고 그녀에게 선물을 하곤 했습니다. 그러나 그는 이제 그녀로부터 벗어나고 싶어졌습니다. 그 집착은 그에게 끔찍한 것이었고, 그 자신의 명예마저 이 관계로 인해 훼손당하고 있다는 사실을 알고 있었습니다. 그는 아내를 원했고, 가족을 이루고 싶다는 마음을 갖게 되었습니다. 그 자신의 힘으로는 그녀로부터 벗어날 수 없었기 때문에 그는 정신분석의 도움을 구했습니다. 그렇게 조롱하고 모욕을 가한 후, 분석에 임하는 도중 그는 그녀에게 엽서를 보내라고 해서 그것을 받아들고 필체 연구가에게 보여 주었습니다. 그로부터 얻어 낸 정보는, 필체는 극한적인 절망 상태에 있는 사람의 것으로, 그녀는 틀림없이 얼마 후 자살하게 될 것이라는 것이었습니다. 그 일은 일어나지 않았습니다. 그 여자는 살아 있습니다. 그러나 그 분석은 그로 하여금 자신의 사슬로부터 벗어나게 해주었습니다. 그는 그녀를 떠나서 젊은 여자에게 마음을 주었습니다. 그는 그녀가 아주 좋은 아내가 될 수 있으리라고 기대하고 있었습니다. 바로 그 후에 이 여자의 가치에 대해서 의심이 시작되고 있다는 징후를 보여 주는 꿈을 꾸었습니다. 그는 그녀로부터도 필체 하나를 얻어서 같은 사람에게 보여 주었는데, 그녀의 필체로부터 얻은 판단은 자신의 걱정을 확인시켜 주는 것이었습니다. 그는 그녀를 자신의 아내로 만들겠다는 생각을 포기하게 되었습니다.

필체 연구가의 감정서를 인정해 주기 위해서는 특히 그 첫 번째 것에 대해, 그 남자의 숨겨진 역사에 대해서 무언가를 알아야만 합니다. 정열적인 성격이었던 그는 소년 시절에 그보다 연상인 젊은 여인에게 미쳤다고 할 만큼 빠져 버렸습니다. 그녀에게 실연을 당하고 나자 그는 자살을 기도했는데, 아무도 그의 그런 시도에 대해 진실성을 의심할 수는 없었습니다. 천만다행으로 그는 죽음에서 벗어났고, 오랫동안 치료를 받고 나서야 겨우 회복될 수 있었습니다. 그런데 이런 무모한 행동은 그 사랑하는 여인에게 깊은 인상을 심어 주었고, 그녀도 그에게 호의적으로 반응하게 되었습니다. 그는 그녀의 연인이 되었고, 그때부터 그녀와 깊은 관계를 맺고 그녀에게 헌신적으로 봉사했습니다. 20여 년이 지난 후에 그들이 모두 나이를 먹게 되자, 그 남자의 내부에서 그녀로부터 벗어나고자 하는 욕구가 일어났습니다. 그녀로부터 자유롭게 되어 자기 자신의 삶을 꾸리고, 자신을 위한 집과 가족을 구성하고 싶은 욕구가 생겨났던 것입니다. 그리고 동시에 이러한 권태와 함께 오랫동안 억눌러 왔던 그 여인에 대한 복수심이 솟구쳤습니다. 그녀가 그를 거부했기 때문에 그가 한때 죽으려고 했던 것처럼, 그가 그녀를 떠남으로써 그녀가 죽음을 찾게 되는 그러한 보상을 요구했던 것입니다. 그러나 이러한 소망이 그에게 의식되기에는 그의 사랑이 그때까지도 매우 강했고, 그 자신도 그녀를 죽음으로 몰고 갈 정도로 그렇게 못된 짓을 할 만큼 독하지는 않았습니다. 이러한 정서 상태에서 그는 그 유한 마담을 자신의 복수 욕구를 만족시키기 위해 값싼 육체로 고용한 일종의 매 맞는 소년[6]으로 삼았던 것입니다. 그러고는 그가 사랑하는 그 여인에게 바라는 것이 그녀에게서 성공을 거둘지도 모른다는 기대로 유한 마담에게 온갖 고통을 가했던 것입니다. 이 복수가 원래는 처음의 그 여인을 향한 것이라는 사실은, 그가 그녀에게 자

---

6  왕자의 친구로서 왕자를 대신하여 징계받는 소년, 남의 죄를 대신 지는 사람을 말함.

신의 배반을 숨기는 대신에 지속되는 연인 관계 속에서 그 여인을 공모자인 동시에 충고자로 만들었다는 바로 그 상황을 통해서만 간파될 수 있었습니다. 오래전에 주는 사람에서 받는 사람으로 전락해 버린 그 불쌍한 여인은 비밀을 다 털어놓는 그의 신뢰로 인하여, 아마도 그 유한 마담보다 더 그의 잔인성 앞에서 고통받았을지도 모릅니다. 분석 치료를 받아야만 하는 상황으로까지 몰고 갔던, 그가 대리인에게 가하고 있던 광기는 원래 그 옛날의 연인에게로 향한 것이었지만 그녀에게 전이된 것이며, 그가 벗어나고 싶어 하지만 그렇게 하지 못하는 사람은 바로 첫 번째 연인이었습니다. 나는 필체 분석가가 아니며 필체에서 성격을 알아내는 기술을 그리 좋게 평가하지도 않습니다. 이러한 방식으로 글씨 쓴 사람의 미래를 예측할 수 있다는 가능성에 대해서도 회의적입니다. 그러나 이러한 필적 감정학에 대해 어떻게 생각하든지, 그 전문가가 그에게 제시된 그 필체의 주인공이 며칠 후에 자살하게 될 것이라고 말했다는 것은, 다시 말하면 그에게 문의하고 있는 사람의 몹시 강렬한 비밀스러운 소원을 훤히 드러낸 행위라는 사실은 명백합니다. 두 번째 감정도 이와 비슷합니다. 다만 여기에서는 무의식적인 소원이 고려된 것이 아니라 조금씩 싹이 트는 문의자의 의심과 걱정이 필체 분석가의 입을 통해 명료하게 표출됐다는 것이 다를 뿐입니다. 나의 환자는 어찌 됐든 분석 치료의 도움으로 그를 꼼짝 못 하게 사로잡고 있었던 마법의 원 바깥에서 사랑을 선택하는 데 성공했습니다.

신사 숙녀 여러분, 여러분은 꿈-해석과 정신분석이 심령학을 위해 어떤 공헌을 할 수 있는지 방금 들으셨습니다. 꿈-해석과 정신분석의 응용을 통해서 다른 방식으로는 인식할 수 없는 것으로 남아 있을 수밖에 없을 심령적인 사실들이 밝혀졌음을 여러분은 여러 가지 예에서 보셨습니다. 여러분이 틀림없이 많은 관심을 갖고 있을 문제는 이러한 현상의 객관적 실재성을 믿어도 좋은가 하는 것일 테지만, 그것에 대해 정신분석학은 직접적인 대답을 할 수는 없습니다. 그러나 그의 도움으로 밝혀진 자료들은 적어도 긍정적인 쪽으로 대답할 수 있게 합니다. 하지만 그것으로써 여러분의 관심이 여기서 멈추지는 않을 것입니다. 여러분은 정신분석학과 아무런 관계가 없는 그 풍부한 자료들이 어떤 결론에 합당할 것인지 알고 싶어 하실 것입니다. 거기까지 나는 여러분을 따라갈 수가 없습니다. 그것은 더 이상 나의 영역이 아니기 때문입니다. 내가 할 수 있는 단 하나는, 적어도 정신분석학과 한 가지 정도의 관계를 맺고 있는 사례들, 분석 치료 중에 형성되고, 아마도 그 영향을 통해 가능해진 사례들을 여러분에게 전달해 주는 것입니다. 나는 내게 매우 강렬한 인상을 남긴 그러한 사례들을 얘기하고 그것들을 아주 자세하게 다룰 것입니다. 또한 수많은 개개의 사실들에 대해 여러분이 주목하게 할 것입니다. 하지만 관찰을 통해 설득력을 상당히 강화시킬 수 있는 사례들 중 많은 부분을 생략할 수밖에 없을지도 모릅니다. 다음은 그 사태가 분명하게 드러난 것으로서 분석을 통하지 않고서도 전개될 수 있었을 하나의 예입니다. 그러나 이에 대한 논의는 분석적 방법의 도움 없이는 불가능합니다. 그러나 여러분에게 사전에 경고하지 않을 수 없는 것은, 분석적 상황에서는 틀림없이 사고 전이라고 할 수 있는 이 사례도 모든 반박에 대한 증명이 될 수 없고, 심령적 현상의 실재를 주장하는 입장에 무조건적으로 편드는 것을 보장해 주지 않는다는 것입니다.

이제 제 이야기에 귀 기울여 주십시오. 1919년 어느 가을날, 오전 10시 45분경에 런던에서 방금 도착한 데이비드 포사이스[7] 박사가 환자를 진찰하고 있는 나에게 명함을 한 장 내밀었습니다 (런던 대학의 친애하는 동료인 그가 몇 달 동안 정신분석학적인 기술을 사사하기 위해 나를 찾아왔었다는 사실을 내가 이 자리에서 밝힌다고 하더라도, 그가 그것을 나의 의사로서의 비밀 엄수 위반으로 받아들이지 않으리라는 것을 나는 확신합니다). 나는 그에게 인사만을 하고 잠시 후에 만나 보기로 했습니다. 포사이스 박사는 내가 하고 있는 특별한 일에 많은 관심을 보였습니다. 그는 내가 전쟁 때문에 고립된 후에 나를 찾아온 최초의 외국인이었는데, 보다 나은 시절을 예고하는 사람이어야 했습니다. 그후 11시경에 나의 환자 중 한 사람인 P 씨가 찾아왔습니다. 그는 지적이고 호감이 가는 사람으로서 40세에서 50세 정도로 보였는데, 그 당시 여자와 성적인 어려움을 겪고 있었습니다. 그의 경우에는 치료의 성공을 기대할 수가 없어서 나는 그에게 상담을 중단하기를 권했지만 그는 계속적인 상담을 원하고 있었는데, 그것은 아마도 그가 성품이 좋은 그의 아버지의 모습을 나에게 투사함으로써 나에게서 안락함을 느꼈기 때문일 것입니다. 그때는 돈이 너무 없었기 때문에 돈은 아무 문제도 되지 않았습니다. 그와 같이 보내는 시간들은 나에게도 자극과 휴식이 되었기 때문에, 의료적인 경영 규칙의 엄격함을 제쳐 놓고 약속한 일정 기간까지 분석 작업을 계속하기로 했던 것입니다.

이날 P 씨는 여자들과 성관계를 가지려고 했던 그전의 이야기로 돌아가서 다시금 그 아름답고 매력적이고 불쌍한 소녀를 떠올

---

7  David Forsyth(1877~1941). 런던 채링 크로스 종합 병원Charing Cross Hospital의 진찰 의사로, 1913년 창립된 런던 정신분석학회 창립 회원이었다.

렸습니다. 그로 하여금 어떤 시도조차도 감행할 수 없게 만들었던, 그녀가 처녀라는 사실만 아니었다면 그와의 관계가 성공적으로 진행될 수도 있었을 것입니다. 그는 그녀에 대한 이야기를 자주 했습니다. 그러나 그날 처음으로 그의 장애의 실질적인 원인에 대해서 아무것도 모르는 그녀가 그를 조심 씨*Herr von Vorsicht*로 부르곤 했다는 사실을 털어놓았습니다. 이 말을 들은 나는 너무도 기이한 느낌이 들어서 손에 들고 있던 포사이스 박사의 명함을 그에게 보여 주었습니다.

이것이 그 상황에 대한 진실의 모든 것입니다. 그것들이 여러분에게는 보잘것없게 보일지라도 계속해서 잘 들어 보십시오. 그 뒤에는 무언가 더 많은 것이 숨겨져 있습니다.

P 씨는 소년 시절의 얼마 동안을 영국에서 보낸 적이 있었으므로 영국 책들에 대해 지속적인 관심을 가지고 있었습니다. 그는 상당한 양의 영국 책들을 소유하고 있었고, 그중에서 몇 권의 책을 나에게 빌려 주곤 했습니다. 내가 그때까지 별로 읽어 본 적이 없는 베넷*Bennett*이나 골즈워디*Galsworthy* 같은 저자에 대해서 알게 된 것은 순전히 그의 덕분입니다. 어느 날 그가 나에게 『재력가*The Man of Property*』라는 제목이 붙은 소설책 한 권을 빌려 주었는데, 주인공은 저자가 생각해 낸 포사이트라는 이름의 가족이었습니다. 골즈워디는 스스로 만들어 낸 이 창조물에 매우 집착하여 그 후의 소설들에도 이 가족들을 연달아 등장시켰으며, 드디어 『포사이트가(家) 이야기*The Forsyte Saga*』라는 제목으로 그와 연관된 창작물들을 함께 묶어 출판했습니다. 내가 말한 그 일이 일어나기 바로 전에 P 씨는 이 시리즈 중 새 책 한 권을 내게 갖고 왔습니다. 포사이트라는 이름과 저자가 그 소설 속에서 구체화시키려고 했던 모든 전형적인 것들은 P 씨와의 대담 속에서도 하나의

역할을 했습니다. 그 이름은 두 사람 간의 규칙적인 대화 속에서 아주 쉽게 형성될 수 있는 비밀 언어의 한 부분이 되어 버렸습니다. 소설 속에 등장하는 포사이트라는 이름과 나의 방문객의 이름 포사이스는 별 차이가 없었고, 독일식 발음으로 하면 전혀 구별되지 않는 것이었습니다. 우리가 똑같이 발음하게 되는 그 의미심장한 영어 단어는 *foresight*로 번역될 수도 있습니다. 그것은 〈예견*Voraussicht*〉도 되고 〈조심*Vorsicht*〉이라는 뜻도 됩니다. P 씨는 자신의 개인적인 관계 속에서 실제로 같은 이름을 끄집어낸 것인데, 그것은 같은 시간에 그가 모르고 있을 사건으로 인하여 나와 관계가 되는 이름이었던 것입니다.

전망이 조금 나아 보이지 않습니까? 내 말은 우리가 그처럼 기이한 현상에서 P 씨가 그 시간에 가져다준 다른 두 개의 연상 작용을 분석적으로 밝혀낸다면 앞으로 보다 강한 인상을 받게 되고, 심지어 그러한 일이 일어나게 된 조건과 관련된 어떤 통찰을 얻게 되리란 것입니다.

첫 번째로, 전주의 어느 날 나는 11시에 오기로 되어 있던 P 씨를 기다리다가 그가 결국 오지 않자 안톤 폰 프로인트Anton von Freund[8] 박사를 방문하기 위해 그가 살고 있는 여인숙으로 가려고 외출을 했습니다. 나는 P 씨가 그 여인숙이 세놓고 있는 그 집의 다른 층에 살고 있다는 사실을 알았을 때 소스라치게 놀랐습니다. 그 일과 관련해서 나는 후에 P 씨에게 그가 살고 있는 집을 방문한 적이 있었노라고 말했습니다. 나는 그때 틀림없이 내가 방문한 그 사람의 이름을 말해 주지 않았던 것을 기억합니다. 그러자 그는 조심 씨(그 소녀가 부르곤 했던 자기 이름)를 언급한 바로 직후에 〈국립 대학[9]에서 영어 강좌를 맡고 있는 프로인트 오토레

8 헝가리 출신의 유명한 정신분석학자.

고 Freud-Ottorego가 혹시 당신 딸이 아닌가요?〉라고 나에게 물어 오는 것이었습니다. 우리의 그 오랜 교류 동안 처음으로 그는 내 이름을 잘못 발음했는데, 그것은 관청이나 기관, 또는 편집자들이 항상 그러곤 하던 방식 그대로였습니다. 그는 프로이트라고 발음하는 대신 프로인트라고 발음했던 것입니다.

두 번째로, 상담의 마지막 순간에 그는 자신이 불안에 가득 차서 깨어 일어날 수밖에 없었던 어떤 꿈에 대해 얘기하면서 〈그것은 정말 악몽이었어요〉라고 말했습니다. 그는 덧붙이기를, 최근에 그에 해당하는 영어 단어를 잊었으며, 그것을 물어 온 사람에게 〈악몽 Alptraum〉에 해당하는 영어 단어를 *a mare's nest* 라고 가르쳐 주었다는 것입니다. 그것은 물론 말도 안 되는 소리입니다. *a mare's nest* 는 믿을 수 없는 황당무계한 이야기라는 뜻이니까요. 악몽을 영어로 하면 *nightmare*가 됩니다. 이 생각은 그 이전의 것과 함께 〈영어〉라는 요소 외에 아무런 공통점이 없습니다. 그러나 그것은 나에게 한 달 전의 어떤 작은 일을 생각나게 해주었습니다. 다른 방문자, 즉 한동안 보지 못했던 절친한 친구 어니스트 존스 박사가 런던에서 예기치 않게 나를 찾아왔을 때 P 씨는 내 방에 앉아 있었습니다. 나는 그에게 내가 P 씨와 상담을 마칠 때까지 다른 방에 가 있으라는 눈짓을 보냈습니다. 그러나 P 씨는 즉시 대기실에 걸려 있는 사진으로 그를 알아보고는 자신을 그에게 소개시켜 달라고 했습니다. 존스는 말하자면 악몽에 관한 단행본[10]을 집필한 사람이었습니다. 나는 그 사실을 P 씨가 알고 있었는지에 관해서는 모릅니다. 그는 어쨌거나 정신분석과 관련된

---

9  성인 교육을 담당했던 〈국립 대학〉을 말함.

10  E. Jones, *Der Alptraum in seiner Beziehung zu gewissen Formen des mittelalterlichen Aberglaubens*(1912).

책을 읽는 것을 싫어하는 사람이었으니까요.

나는 우선 P 씨의 생각과 그의 동기와의 연관에 대해서 어떤 분석적 이해가 가능한지를 여러분 앞에서 조사해 보겠습니다. P 씨는 포사이트라는 이름과 포사이스라는 이름에 대해 나와 같은 느낌을 가졌습니다. 그것은 그에게 있어서는 같은 것이나 다름없었고, 내가 이 이름과 친숙해진 것은 무엇보다도 그의 덕택이었던 것입니다. 가장 특이한 일은 그 이름이 런던의 의사가 도착했다는 새로운 사건을 통해서 나에게 새로운 의미로 중요하게 받아들여졌던 바로 그 직후, 그가 이 이름을 분석 과정에 즉시 등장시켰다는 것입니다. 그러나 또 그 사실 자체 못지않게 중요한 것은 이 이름이 그의 분석 시간에 어떻게 등장하게 되었는가 하는 방식에 있습니다. 그는 이를테면 〈제가 빌려 드렸던 그 소설책에서 포사이트라는 이름이 떠올랐습니다〉라고 말한 것이 아니고, 그 근원에 대한 아무런 의식적 관계도 느끼지 못한 채 자기 자신의 체험과 얽혀 들게 만들면서 그것을 전면에 등장하게 했는데, 그것은 이미 일어났었어야 할 일이었지만 그때까지 일어나지 않았던 일에 관한 것이었습니다. 그러면서 그가 말했습니다. 〈저도 역시 포사이스입니다. 그녀가 나를 그렇게 부르고 있으니까요.〉 이 같은 발설에는 명백한 질투심과 가슴 아픈 자기 비하가 서로 뒤섞여 표현되고 있으며 이는 오인할 수가 없는 것입니다. 그 말을 다음과 같이 완성시킨다고 해도 크게 빗나가는 것은 아닐 것입니다. 〈당신의 생각이 오로지 새로 도착한 사람에게만 집중되고 있는 것은 나를 속상하게 합니다. 저한테로 다시 돌아오십시오. 나도 역시 포사이스입니다. 원래대로 한다면 그 소녀가 말한 대로 그저 조심 씨이지만요.〉 그러자 그의 생각은 〈영어〉라는 요소의 연상을 실마리로 붙잡고는 두 개의 그전 사건으로 돌아갔는데, 그것도 역시 똑같은 질투심을 불러일으켰음에 틀림없습니다. 〈며칠 전에 당신은 우리 집으로 어떤 사람을 방문했지요. 그런데 그것 은 나한테 오신 것이 아니고 프로인트 씨한테 오신 것이었어요.〉 이 생각은 그로 하여금 프로이트라는 이름을 프로인트로 잘못 발 음하게 했습니다. 강의 목록에 있는 프로이트 오토레고라는 이름 은 영어 강사로서, 그 분명한 연상 작용을 중재하고 있었기 때문 에 그렇게 잘못 발음되는 것을 감수할 수밖에 없었을 것입니다. 그리고 이 기억은 또 몇 주 전의 다른 방문객을 연상하게 했는데, 그에 대하여 P 씨는 똑같은 질투심을 느꼈습니다. 왜냐하면 존스 박사는 악몽에 관한 논문을 쓸 정도로 그에 관하여 정통하고 있는 반면, 자신은 기껏해야 그런 꿈을 꿀 수밖에 없는 사람으로서 그 의 상대가 되지 않는다고 생각했기 때문입니다. 또한 *a mare's nest* 에 대한 뜻을 잘못 말했던 사실은 그와 같은 연관성 속에서 〈나는 사실 영국 사람이 아닙니다. 마찬가지로 또한 포사이스가 아닙니 다〉라고 말하고 싶었던 것에 불과합니다.

그의 질투심을 적절치 못한 것이라거나 이해할 수 없는 것이라 고 말할 수는 없습니다. 그는 다른 학생이나 환자가 빈에 도착하 게 되면 그것으로 그의 분석 치료가 끝나게 되고, 그럼으로써 우 리의 관계도 끝이라는 사실에 마음의 준비가 되어 있었고, 실제 로 바로 그 후에 그렇게 되었습니다. 우리가 이제까지 수행해 온 것은, 같은 시간에 화제로 떠올려지고 같은 모티프에 의해 공급 된 생각인 세 개의 사건에 대한 분석적 작업이며 해명입니다. 그 것은 또 이러한 착상이 사고 전이의 과정 없이 생겨날 수 있는 것 인지 아닌지에 대한 문제와는 별 상관이 없습니다. 마지막의 것 은 세 개의 연상 각각에 해당되며 그럼으로써 또 각각의 세 질문 으로 나뉩니다. P 씨는 포사이스 박사가 나에게 처음으로 찾아왔었다는 사실을 알 수 있었을까요? 그는 내가 그가 살고 있는 집으로 방문한 그 남자의 이름이 무엇이었는지를 알았을까요? 또 그는 존스 박사가 악몽에 대한 논문을 써냈다는 것을 알고 있었을까요? 아니면 이것들은 그저 그의 연상들이 드러내는 사실들에 대해 내가 알고 있는 것들에 불과할까요? 이러한 세 개의 질문에 대한 대답에 나의 관찰 사례들로부터 사고 전이가 가능하다는 결론을 이끌어 낼 수 있는 것인지의 여부가 달려 있습니다.

처음 질문은 잠깐 동안만 제쳐 둡시다. 나머지 두 개는 비교적 쉽게 다룰 수 있는 것들입니다. 여인숙으로의 방문 건은 처음 보기에도 특히 믿을 만한 인상을 줍니다. 나는 내가 그의 집으로 누군가를 찾아갔었다는 것을 농담조로 말했을 때 어떤 이름도 언급하지 않았다는 것을 확신합니다. 나는 또 P 씨가 여인숙에서 그 이름을 물어보았으리라고도 생각하지 않습니다. 그러한 사람의 존재 자체를 아예 몰랐을 것이라고 나는 믿습니다. 그러나 이 경우의 증거력은 우연성의 요인 때문에 근본적으로 침해당할 수밖에 없습니다. 여인숙으로 내가 찾아갔던 그 사람은 이름이 프로인트 씨였을 뿐만 아니라 우리 모두에게도 진실로 친구였습니다.[11] 그는 안톤 프로인트 박사였는데 그의 기부금으로 우리 출판사의 설립이 가능했던 것입니다. 그의 이른 죽음과, 우리의 카를 아브라함이 그 후 몇 년 뒤에 죽음으로써 정신분석학의 발전에 가장 심각한 불상사가 초래되었습니다. 나는 그 당시에 P 씨에게 다음과 같이 말했을 것입니다. 〈나는 당신의 집으로 한 친구*Freund*를 찾아갔었어요〉라고. 바로 이 가능성으로 인해서 그의 두 번째 연상에 대한 심령학적인 관심은 사라집니다.

세 번째 연상의 인상도 곧 시들해져 버립니다. 존스가 악몽에

11  프로인트Freund는 독일어로 〈친구〉라는 뜻이다.

대한 논문을 출판했다는 것을 P 씨가 알았을까요? 왜냐하면 그는 분석적인 책을 결코 읽지 않았기 때문입니다. 네, 그렇습니다. 그는 그것을 알고 있었을 가능성이 있습니다. 그는 우리 출판사에서 발행된 책들을 소유하고 있었는데, 책 표지의 새로 나올 책들을 소개하는 곳에서 그 책의 제목을 볼 수 있었을 것입니다. 그것은 증명할 수 없는 사실이지만 그렇다고 배제할 수도 없습니다. 이런 방법으로는 우리가 어떤 결론에도 도달하지 못할 것입니다. 나는 나의 관찰 사례가 다른 많은 비슷한 경우처럼 그러한 결점 때문에 손상받고 있는 것을 매우 안타깝게 생각합니다. 그것은 너무 늦게 기록되었고, 내가 P 씨를 더 이상 볼 수 없고 그에게 더 이상 물어볼 수 없게 된 그런 시기에 논의되었습니다.

그러므로 다시 그 첫 번째 연상으로 되돌아가 봅시다. 그것은 그럴듯한 사고 전이의 실재 가능성을 그 혼자만으로도 견지하고 있다고 보여집니다. P 씨는 그가 오기 바로 15분 전에 포사이스 박사가 나에게 왔다는 사실을 알았을까요? 그는 어떻게 박사의 존재나 그가 빈에 체류하고 있다는 사실을 알 수 있었을까요? 두 가지를 다 손쉽게 부정해 버리고 싶어 하는 유혹에 물러서면 안됩니다. 나는 부분적으로 그렇다고 대답할 수 있는 하나의 길을 알고 있습니다. 나는 혹시 P 씨에게 영국에서부터 어떤 의사 한 분이 마치 (노아의) 홍수가 끝난 뒤에 첫 번째로 날아든 비둘기처럼 분석 작업의 수련을 하기 위해 오게 될 것이고, 그것은 1919년의 여름이 될 가능성이 높다라고 말했을지도 모릅니다. 포사이스 박사는 빈에 오기 몇 달 전에 편지로 자신의 도착 예정 시간을 나에게 알려 왔습니다. 그 가능성은 매우 적지만 나는 어쩌면 그에게 그의 이름을 말했을지도 모릅니다. 우리 둘에게 떠오를 수 있는 이 이름의 다른 의미 내용의 관점에서 본다면, 그 이름의 언급은 나의 기억 속에 무언가 조금이라도 잔류물을 남겨 둘 수 있는 대화로 연결되었을 것입니다. 그러나 어쨌든 그런 일이 실제로 일어났을지도 모르고, 그럼에도 내가 그 사실을 까맣게 잊어버려서 분석 치료 시간 중에 조심 씨가 등장한 것이 나에게 마치 어떤 기적처럼 생각되었을 것입니다. 자신을 회의주의자라고 자처하는 사람은 때때로 자기 자신의 회의마저도 의심하게 되는 경우가 있는데, 이는 좋은 일입니다. 어쩌면 내게는 심령적 사실이 산출되기를 고대하는 기적에 대한 강한 애호 경향이 있는지도 모릅니다.

기적적인 사태의 한 부분을 설명해 버리고 난 후, 또 다른 것이 기다리고 있는데 그것은 그 모든 것 중 가장 힘든 것일 경우가 많습니다. P 씨가 포사이스 박사라는 사람이 있으며 그가 가을쯤 빈에 오게 되리라는 것을 알았다고 가정해 봅시다. 그렇다면 그 사람이 도착한 그날, 그의 첫 방문이 이루어지고 난 바로 다음에 P 씨의 상담이 이루어졌다는 사실은 어떻게 설명할 수 있을까요? 그것은 우연이라고 말할 수 있을 것입니다. 그것은, 즉 간단하게 설명할 수 없는 것으로 치부하고 마는 행위입니다. 그러나 나는 우연일 수 있는 가능성을 배제하기 위해서, 또 그가 실제로 나를 방문하거나, 내가 방문하는 사람들에 대해 질투를 느끼고 있었다는 사실을 여러분에게 보여 주기 위해서, P 씨의 다른 두 개의 연상 내용을 조사해 보았습니다. 가능성 중의 가장 극단적인 것일지라도 지나쳐 버리지 않기 위해서는 다음과 같은 가정도 해볼 수 있을 것입니다. 즉 P 씨는 나 자신은 완전히 모르고 있지만 나에게서 어떤 특이한 감정의 동요를 감지하고, 그로부터 자신만의 결론을 이끌어 낼 수 있었을지도 모른다는 것입니다. 아니면 영국인이 도착하고 난 뒤 15분 후에 내게로 왔던 P 씨는 그들이 서로 마주쳐 지나갈 수 있는 그 짧은 길 위에서 그를 만났고, 영국인 특유의 외모를 보고 그 사람을 알아봐 끊임없이 질투를 느끼면서 예상하고 있던 사실들에 맞추어 보았을 것입니다. 〈그러니까 저 사람이 포사이스 박사로군. 저 사람이 오는 것으로 나의 분석 치료는 끝나게 될 텐데. 저 사람은 어쩌면 지금 바로 프로이트 박사 한테서 오는 길인지도 몰라.〉 더 이상 이러한 합리적인 추측을 계속하는 것은 불가능합니다. 그것은 다시금 결정할 수 없는 것으로 남게 됩니다. 그러나 내 느낌에 따르자면, 이번에도 저울 접시는 사고 전이 쪽으로 기울고 있다는 것을 고백해야만 하겠습니다. 어쨌든 나는 분석적인 상황에서 그러한 〈심령적〉 사건을 체험하게 된 유일한 사람은 아닐 것입니다. 헬레네 도이치Helene Deutsch 는 1926년에 이와 유사한 사례를 보고하면서,[12] 환자와 분석가 간의 전이 관계에 의해서 그런 사례가 조건 지어져 있음을 연구한 바 있습니다.

여러분은 이 문제에 대한 나의 입장에 대해서 완전히 동의하지 않을 것이며, 동의한다고 하더라도 아주 만족하지는 못하리라는 것을 나는 알고 있습니다. 여러분은 어쩌면 〈평생 동안 충실한 자연 과학자로서 연구해 온 사람이 나이가 들면서 지력이 떨어지고 경건해지며 가볍게 믿으려는 경향을 보이곤 하는데, 이것도 역시 같은 경우로군〉이라고 말할지도 모릅니다. 위대한 사람들 중에서도 몇몇 사람이 이러한 대열에 끼게 된 것을 나도 알고 있습니다. 그러나 나를 그런 부류 속에 넣지는 마십시오. 적어도 내가 경건해졌다는 그 면에 있어서만이라도 나는 전혀 그렇지 않습니다. 또 내가 쉽게 믿어 버리는 성향을 갖게 되지 않았기를 바랍니다.

12  H. Deutsch, "Okkulte Vorgange wahrend der Psychoanalyse"(1926).

여러 사실 간의 고통스러운 충돌을 피해 보려고 평생 동안 허리를 굽혀 노력해 왔던 사람은, 나이가 들어서도 새로운 사실 앞에서 구부리느라 굽은 등을 소유하게 된다는 사실에 있어서만은 어쩔 수 없습니다. 내가 어떤 적당한 신론(神論)을 굳게 가지고 모든 심령적 사실들을 거부하는 데 있어서 엄격하다고 믿는 편이 여러분에게는 더욱 편할지도 모르겠습니다. 나는 여러분의 호의를 기대할 수는 없습니다. 여러분이 단지 사고 전이의 객관적 가능성과 아울러 텔레파시를 좀 더 호의적으로 생각할 수 있도록 이해시키려 할 뿐입니다.

여러분은 내가 여기서 이 문제들을 정신분석학적으로 접근해 갈 수 있는 그런 정도로까지만 다루고 있음을 잊어서는 안 됩니다. 이러한 문제가 10여 년 전에 처음으로 나의 시계에 들어왔을 때, 나 역시도 그것이 우리의 과학적인 세계관을 위협하게 될지도 모른다는 불안을 느꼈던 것이 사실입니다. 그것은 심령학의 어떤 부분들이 사실로 인정될 경우에, 강신술이나 신비주의에도 어쩔 수 없이 자리를 양보해 주어야 할지도 모른다는 불안입니다. 나는 요즘에 와서 조금 다른 생각을 하게 되었습니다. 심령적인 주장들 중의 무엇인가가 사실로 판명될 경우에도, 그것을 받아들이고 다루는 행위를 인정하지 않으려고 한다면 과학에 대해서도 그리 신뢰하고 있지 않음을 증명해 보이는 것이라고 생각합니다. 특히 사고 전이와 관련하여 본다면, 정신적인 것들처럼 파악하기 어려운 것으로까지 과학적인 사고방식을 연장시키는 것이 — 반대자들은 〈기계적〉이라고 말할 테지만 — 유리해진 것처럼 보입니다. 텔레파시의 과정은 어느 한 사람의 영적 활동이 다른 사람의 영적 활동을 자극하는 것에 있다고 하겠습니다. 그 두 개의 영적 활동 사이에 놓여 있는 것은 한쪽 끝에서는 심리적인 것이 다른 것으로 바뀌고, 또 다른 한쪽 끝에서는 그것이 다시 심리적인 것으로 변화되는 물리적인 과정인데, 다른 변환 과정과 비교했을 때 전화기에 대고 말하고 듣는 것과 유사한 것으로 이해하면 보다 명확해집니다. 이러한 심리적 활동의 물리적인 대응치를 알아낼 수만 있다면 어떻게 될까요? 물리적인 것과 그때까지 〈심리적〉이라고 불리는 것들 사이에 무의식을 개입시킴으로써 정신분석학은 텔레파시와 같은 과정들을 가정할 수 있게 해주었습니다. 텔레파시라는 표상에 익숙해지고 나면 그것으로 많은 것을 해낼 수 있을 것입니다. 물론 잠정적으로 환상 작용 속에서만 가능하지만 말입니다. 커다란 곤충들의 무리에서 어떻게 전체의 의지가 형성될 수 있는지 우리는 확실히 알지 못합니다. 아마도 그것은 그러한 직접적인 심리적 전이 과정을 통하여 가능할 것입니다. 이것은 계통 발생적인 진화를 거치면서 감각 기관을 통해 인지되는 기호와 같은 보다 좋은 전달 방법의 도움으로 인해 퇴행되어 버리기는 했지만, 고대로부터 내려오는 인류의 개개 존재들 사이의 의사소통 방법이었으리라는 추측을 가능케 합니다. 그러나 이러한 오래된 방법은 배후에 그대로 남겨져서 어떤 조건하에서는 아직도 발동될 수 있습니다. 가령 매우 정서적으로 흥분 상태에 놓인 대중의 경우가 그러합니다. 모든 것은 아직 불확실하고 풀리지 않은 수수께끼들로 가득합니다. 그러나 그것이 놀라워해야 하는 이유가 될 수는 없습니다.

텔레파시가 실재 현상으로 존재한다면, 그 어려운 입증 가능성에도 불구하고 그것이 매우 자주 일어나는 현상일 것이라는 추측을 할 수 있습니다. 우리가 그것을 어린아이의 정신 활동 속에서 밝혀낼 수 있다면 그것은 우리의 기대를 충족시킬 수 있을 것입니다. 자기들이 그것을 부모에게 말해 준 적이 없었음에도 부모가 자기들의 모든 생각을 알고 있을 거라고 생각하는 아이들의 빈번한 불안 표상을 생각해 보면, 신의 전지전능을 믿는 성인들의 신앙 근거도 이와 비슷한 것이리라고 생각해 볼 수 있습니다. 얼마 전에 매우 신뢰감을 주는 도로시 벌링엄Dorothy Burlingham이라는 여인이 「아동 분석과 어머니Kinderanalyse und Mutter」라는 논문에서 한 가지 사례를 보고하고 있는데,[13] 그것이 증명될 수만 있다면 사고 전이의 실재에 관해 남아 있는 모든 의심을 사라지게 할 수 있을 것입니다. 그녀는 어머니와 아이가 함께 분석에 참가하는, 이제는 더 이상 희귀하다 할 수 없는 상황을 이용해서 다음과 같은 주목할 만한 사건들을 보고하고 있습니다.

어느 날 어머니는 자신의 분석 시간에 그녀의 어린 시절에 매우 중요한 의미를 가지고 있었던 어떤 금화에 대해서 이야기했습니다. 바로 그 후 그녀는 곧장 집으로 돌아왔는데, 그녀의 열 살짜리 어린 아들이 그녀의 방으로 들어오면서 그녀에게 대신 보관해 달라며 금화 한 닢을 내밀었습니다. 그녀는 몹시 놀라면서 그 금화를 어떻게 해서 지니게 되었는지 물었습니다. 그 금화는 아이가 생일날에 받은 것이었습니다. 그러나 그 생일은 벌써 몇 달 전의 일이었고, 그 아이가 바로 그 순간 그 금화를 생각해야 할 하등의 이유도 없었습니다. 어머니는 아이의 분석가에게 그 사건에 대해 이야기했고, 아이가 어떻게 해서 그런 행동을 하게 되었는지 알아봐 달라고 부탁했습니다. 그러나 아이에 대한 분석은 아무런 열쇠도 내놓지 못했습니다. 그 행동은 마치 무슨 이물질처럼 그날 아이의 생활 속으로 침투해 들어왔던 것입니다. 몇 주가 지난 후에 어머니는 지금까지 서술된 자신의 체험을 적어 놓기 위하여(그렇게 하라는 독려를 받고) 책상 앞에 앉아 있었습니다.

13   D. Burlingham, "Kinderanalyse und Mutter"(1932).

그때 아이가 들어오더니 그 금화를 돌려 달라고 했습니다. 자신의 분석 시간에 그것을 보여 주기 위해 가지고 가야 한다는 것이었습니다. 그러나 아이에 대한 분석 결과 이 소원에 대한 어떤 추론도 불가능했습니다. 자, 우리는 다시 우리의 출발점이었던 정신분석학으로 돌아온 것입니다.

## 서른한 번째 강의
# 심리적 인격의 해부[1]

신사 숙녀 여러분, 여러분은 그것이 사람이든 사물이든 간에 그에 대한 여러분 자신의 관계에서 출발점의 의미가 중요하다는 것을 알고 계실 것입니다. 그것은 정신분석학에 있어서도 마찬가지입니다. 정신분석학이 이룩한 발전에서나 그것이 어떻게 수용되고 있는가 하는 측면에서도 정신분석학이 처음 자신의 문제를 영혼 속에 있는 자아와는 낯선 어떤 것, 즉 증후로부터 시작했다는 것은 전혀 상관없는 일이 아닙니다. 증후는 억압된 것으로부터 생겨나고 자아와의 관계에서 억압된 것을 대신합니다. 현실이 외적 외계(外界) — 이런 낯선 표현을 사용하는 것이 용인된다면 — 인 것처럼, 억압된 것은 자아의 외계, 다시 말해 내적 외계입니다. 증후로부터 출발한 그 길은 무의식으로, 본능 생활로, 성생활로 이어져 갑니다. 그리고 그것은 정신분석학으로 하여금 〈인간은 단지 성적 존재인 것만은 아니다. 인간은 더 고상하고 더 높은 충동도 알고 있다〉라는 이의를 들어야만 하는 순간이 되는 것입니다. 이러한 더 높은 충동이 있다는 의식에 고양되어 인간은 불합리한 것을 생각할 수도 있고, 사실을 간과할 수도 있는 권

---

1 이 강의의 많은 부분은 「자아와 이드」(프로이트 전집 11, 열린책들)의 제1, 2, 3, 5장에서 찾을 수 있다.

리를 내세우기도 한다는 것을 덧붙여 말할 수도 있겠습니다.

　여러분은 그보다 더 잘 알고 계십니다. 아주 처음부터 우리는, 인간은 본능 생활의 욕구들에 반대하여 자신 안에서 제기되는 저항과의 갈등 때문에 병이 나게 되는 것이라고 들었습니다. 우리는 이렇게 저항하고 물리치고 억압하는 기제를 한순간도 잊어버린 적이 없습니다. 그것은 우리를 특별한 힘, 즉 자아 충동으로 무장시켜 준다고 믿게 만드는 것으로서 가장 대중적인 심리학의 자아, 그 자체와 일치합니다. 학문적 작업에서 진보한다는 게 얼마나 어려운 것인지 생각해 볼 때, 정신분석학도 동시에 모든 분야를 연구할 수 없고 단숨에 모든 문제에 대해 입장을 밝힐 수 없다는 것은 명백한 사실입니다. 그러나 드디어 사람들은 억압되는 것으로부터 억압하는 것으로 주의를 돌리게 되었고, 여태까지 준비되어 있지 않았지만 여기서도 무언가를 발견할 수 있다는 확신을 가지고, 자명하게 존재하는 것으로 생각되는 이러한 자아 앞에 서게 됐습니다. 그러나 최초의 통로를 발견하는 것은 쉬운 일이 아니었습니다. 바로 이것이 내가 오늘 여러분에게 말하고자 하는 것입니다.

　그러나 나는 지난번에 강의했던 〈심리적 지하 세계*die psychische Unterwelt*로의 입문〉보다 나의 〈자아 심리학〉 묘사가 여러분에게 조금 다른 느낌을 주게 될 것이라는 추측을 하고 있습니다. 왜 꼭 그래야만 하는지, 그것은 확실히 잘 모르겠습니다. 내가 지난번의 강의 때까지도 좀 낯설고 이상하긴 하지만 주로 주어진 사실들에 대해서 말했던 것과 비교해서, 이번에는 여러분이 주로 나의 이론이나 사변적인 것들을 듣게 되리라는 사실에 그 이유가 있을 것입니다. 그러나 그것은 맞지 않습니다. 조금 더 생각해 보면, 우리의 자아 심리학에서 실제 자료를 다루면서 지적인 생각만을 가지고 작업하는 비중은 신경증 심리학에서보다 그렇게 많지는 않다고 주장할 수밖에 없습니다. 또 다른 이유들도 파기할 수밖에 없습니다. 그것은 어쩌면 재료의 특성과 그것을 다루는 데 우리가 익숙하지 않다는 것에 놓여 있는 듯한 느낌입니다. 어쨌든 여러분이 무언가를 판단하게 될 때, 이제까지 했던 것보다 더 머뭇거리고 조심스러워한다고 해도 나는 그리 놀라워하지 않을 것입니다.

우리가 연구를 시작하고 있는 현재의 상황 그 자체가 가야 할 길을 가리켜 주리라고 생각합니다. 우리는 자아, 우리의 가장 고유한 자아를 연구 대상으로 삼으려고 합니다. 그러나 그렇게 할 수 있으리라고 생각합니까? 자아란 정말이지 아주 독특한 주체입니다. 그것이 어떻게 대상이 될 수 있다는 것입니까? 그러나 그렇게 될 수 있다는 사실에는 의심의 여지가 없습니다. 자아는 자기 스스로를 대상으로 만들 수 있고, 다른 대상들처럼 자신을 다룰 수 있고, 자신을 관찰하고, 비판하고, 그 외에 자신을 상대로 무슨 일이든 감행할 수 있습니다. 그때에 자아의 일부는 다른 나머지 부분과 상대하게 됩니다. 그러므로 자아는 나뉠 수 있는 것으로서, 자신의 여러 가지 기능에 따라 분열됩니다. 적어도 일시적으로라도 말입니다. 이렇게 쪼개진 자아는 나중에 다시 통합될 수 있습니다. 이는 전혀 새로운 사실이 아니라 일반적으로 잘 알려져 있는 것을 유난히 강조하는 것에 지나지 않습니다. 한편으로, 특별히 확대하고 거칠게 만드는 과정을 통하여 다른 때 같으면 지나쳐 버릴 정상적인 관계들에 대해 주목하게 만드는 것이 바로 병리학이라는 견해는 우리에게 그리 낯설지 않습니다. 균열이나 틈새가 보이는 곳에는 대체로 분절이 존재합니다. 수정을 바닥에

던지면 그것은 깨져 버립니다. 그러나 아무렇게나 멋대로 깨지는 것이 아니고 자체의 균열 방향에 따르는데, 그 자세한 구획은 눈에 보이지 않지만 원래 수정에 정해져 있는 구조에 따라 조각조각 깨지는 것입니다. 그처럼 균열되고 돌출된 구조는 정신 이상에서도 발견됩니다. 옛날 사람들이 정신 이상으로 판단했던 지독하리만치 심한 두려움도 우리에게는 꼭 예외일 것이라고 단정할 수 없습니다. 그런 사람들은 현실로부터 완전히 등을 돌리고 있습니다. 그러나 바로 그 때문에 자신의 내밀한 심리적인 실재에 관해서 더 잘 알 수 있는 것이고, 또 그렇지 않으면 전혀 다가갈 수 없는 것에 대해서 우리에게 많은 것을 시사해 줄 수 있는 것입니다.

　이러한 환자들의 일부에 대해 우리는 그들이 관찰 망상에 걸려 있다고 말하곤 합니다. 그들은 무방비 상태에서 그들의 가장 내밀한 행동에 이르기까지 알 수 없는 힘에 의해, 아마도 사람들의 관찰 때문에 괴롭힘을 당하고 있으며, 이 사람들이 자기들의 관찰 결과를 다른 사람들에게 알리고 있는 것까지도 환청을 통해 들을 수 있다고 호소하고 있습니다. 〈이제 그가 그것을 말하려 하고 있어. 밖으로 나가기 위해 옷을 갈아입고 있는 중이야〉라고 말한다는 것입니다. 이러한 관찰 망상은 추적 망상과는 다른 것입니다. 그러나 그렇게 아주 동떨어진 것은 아니고 누군가가 자기를 의심하고 있으며, 자기가 어떤 금지된 행동을 하기를 기다리면서 그 순간에 자기를 붙잡으려 하고, 그로 인해 자기가 처벌을 받게 되리라는 망상을 전제하고 있습니다. 그러나 이렇게 정신이 이상한 사람들의 말이 실제로는 맞는 것이며, 우리 안에도 우리 모두를 감시하고 위협하는 심급이 있는데, 그들에게는 단지 그것이 자아로부터 매우 예리하게 분리되어 있고 잘못된 방식으로 외부 현실로 전이된 것이라고 한다면 어떻겠습니까? 여러분도 나처럼 그렇게 생각하실지 잘 모르겠습니다. 이러한 병적 상태에서 받은 강한 인상에 입각해서, 나는 나머지의 자아로부터 관찰하는 심급의 분리가 자아의 구조 속의 규칙적인 행태일 것이라는 생각에 사로잡혔고, 그 후부터 그 생각은 나에게서 떠나가지 않았으며, 이런 특이한 심급의 다른 특성들과 관계들을 연구해야겠다는 생각은 계속되어 왔습니다. 그다음 단계는 바로 이루어졌습니다. 관찰 망상의 내용 그 자체가 이미 관찰 행위는 판결을 내리고 처벌하는 것을 위한 하나의 준비 단계라는 사실을 가리킵니다. 그러므로 이런 심급의 다른 기능은 우리가 양심이라고 부르는 것일 수밖에 없음을 추측해 낼 수 있습니다. 우리가 그처럼 규칙적으로 우리의 자아로부터 분리하고, 바로 앞에서 말한 양심처럼 그에 대해 그렇게 쉽게 맞서게 할 수 있는 것으로서 우리 안에 다른 무언가가 있을 수는 없습니다. 나는 내 안에서 나에게 기쁨을 가져다줄 것에 틀림없는 무언가를 하려는 충동을 느낍니다. 그러나 나는 내 양심이 허락하지 않는다는 이유를 들어 그것을 하지 못하고 맙니다. 혹은 쾌락에 대한 기대가 너무도 큰 나머지 무언가를 하고자 하는 나의 마음을 움직이는데, 그에 대해서 양심의 소리가 이의를 제기하고 그 행동을 하고 난 후 나의 양심은 고통스러울 만큼 괴로운 비난으로 나를 탓하고, 그 행동에 대한 후회를 느끼게 합니다. 내가 나 자신 속에서 구별하기 시작하고 있는 그 특이한 심급은 양심이라고 간단히 말할 수 있을 것입니다. 더욱 조심스럽게 하려면 이러한 심급을 독립적인 것으로 간주하고 인정하는 것이 좋겠습니다. 양심은 그 기능 중의 하나이며, 양심의 심판자적인 활동을 위해 필수 불가결한 전제로서의 자기 관찰은 또 다른 것이라고 할 수 있습니다. 그러나 어떤 것에다가 그 자신만의 이름을 붙여 준다는 것은 그 존재를 인정한다는 것을 의미하므로, 나는 자아 속에 있는 이러한 심급을 이제부터 초자아라고 부르려 합니다.

우리의 자아 심리학이 상용되는 추상적인 표현들을 말 그대로 받아들이고 거칠게 만들며, 또 그것을 개념의 차원을 넘어서 실재하는 사물과 같은 것으로 변형시킴으로써 별로 쓸모가 없는 짓을 한다는 식의 조소 섞인 질문을 제기한다 해도, 나는 그에 대처할 각오가 되어 있습니다. 자아 심리학에서 지금까지 잘 알려져 있는 사실들로부터 피해 나간다는 것은 어려운 일이라고 대답할 수밖에 없습니다. 새로운 사실을 발견하기보다는 새로운 관점과 새로운 분류에 이르는 것에 그칠 수도 있습니다. 그러므로 평가 절하하는 듯한 비판을 견지하면서 사태가 어떻게 전개되어 나가는지 지켜보시기 바랍니다. 병리학의 사실들은 여러분이 대중 심리학에서 헛되이 찾고 있는 그러한 배후 근거를 우리의 노력에 제공해 줍니다. 그래서 저는 연구를 계속해 나갈 겁니다. 특별한 독립성을 유지하면서 그 자신만의 목적을 추구하고, 자아와 독립적으로 에너지를 공급받고 있는 초자아라는 존재에 익숙해지자마자, 우리는 이 심급의 엄격성과 잔인성, 또 자아에 대한 관계들에 있어서 나타나는 변화를 똑똑히 보여 주는 병적 증상을 목격하게 됩니다. 여러분이 심리 치료사가 아니더라도 익히 들어 보았을 우울 상태, 더 정확히 말해서 우울증 발작이 그것입니다. 그 원인과 메커니즘에 대해서 거의 아는 바가 없는 이 병의 가장 눈에 띄는 특징은 초자아가 — 이는 당신이 사실상 양심이라고 부르는 것입니다 — 자아를 다루는 방식에 있습니다. 우울증 환자는 건강할 때에는 다른 사람들처럼 다소간 자신에게 엄격할 수 있지만, 우울증 발작이 일어나면 초자아는 극히 엄격해지며 불쌍한 자아를 모욕하고 굴욕을 주며 학대하기까지 합니다. 그 당시에는 쉽게 넘겨 버렸던 지나간 일에 대해서까지 마치 그동안 비난거리를 잔뜩 모아 놨다가 그것이 너무도 엄청나게 강해져서 드디어 폭발할 지경에까지 이르고, 또 그 비난거리들을 가지고 그를 혹독하게 비판할 수 있게 될 때를 기다리기라도 했다는 듯이 그에게 가장 심한 벌을 기대하게 만들고 온갖 견디기 어려운 비난을 퍼붓습니다. 초자아는 모든 것을 자신에게 위임한 무력한 자아에게 가장 엄격한 도덕적 잣대를 들이대고 도덕성의 가장 높은 가치를 대변합니다. 우리는 한눈에 우리의 도덕적 죄의식이 자아와 초자아 간의 긴장의 표현이라는 것을 간파합니다. 소위 신에 의해서 우리에게 부여되고 우리 안에 그렇게 깊이 뿌리를 내린 도덕성이라는 것이 주기적인 현상이라는 것을 발견하게 된 것은 아주 기이한 경험입니다. 왜냐하면 몇 달 정도의 시간이 흐르면 그 무서웠던 도덕적인 저주는 사라져 버리고 초자아의 비판도 침묵하게 되며, 자아는 다시 복원되어 새로운 발작이 닥칠 때까지 그 모든 인간적 권리를 향유하게 되기 때문입니다. 그렇습니다. 병을 앓고 있는 여러 가지 형태 사이사이에 아주 반대적인 현상이 일어나기도 합니다. 자아는 이제 행복한 도취 상태에 빠져 있습니다. 마치 초자아가 모든 힘을 잃어버리고 자아에 녹아들기라도 한 것처럼 자아가 승리합니다. 그리고 이처럼 자유로워지고 광기를 띠게 된 자아는 아무 주저 없이 자신에게 모든 쾌락의 만족을 허용합니다. 실로 풀리지 않은 수수께끼로 가득 찬 과정이라고 할 수 있습니다.

우리가 초자아의 형성에 대해서, 다시 말해 양심의 발생 과정에 대해 많은 것을 배웠다고 말한다면, 여러분은 나에게서 단지 몇 가지 사례를 보여 주는 것 이상의 더 많은 것을 기대할 것입니다. 〈우리 내부의 양심과 이마 위의 별이 빛나는 하늘〉을 함께 생각한 칸트I. Kant의 언명에 기대서, 경건한 사람들은 이 두 가지를 창조의 가장 위대한 걸작품으로 숭배하려는 시도를 해볼 수도 있을 것입니다. 별이 빛나는 하늘은 분명 굉장한 것입니다. 그러나 양심에 관하여 말한다면, 하느님은 여기에서 불균등하고 부주의한 작업을 하신 것에 불과합니다. 왜냐하면 사람들 가운데 대다수가 그 양심 중 아주 조금만 소유했거나 언급할 만한 가치가 있을 정도로 양심을 지닌 경우는 거의 드물기 때문입니다. 이것은 〈양심이란 하느님이 주신 것이다〉라는 주장에 포함되어 있는 심리적 진실의 조각들을 간과할 수 있다는 뜻은 결코 아닙니다. 그러나 그 말은 해석을 필요로 합니다. 양심이란 것이 〈우리 안에 있는〉 어떤 것이라고 한다면, 그것이 처음부터 그랬다는 뜻은 아닙니다. 그러한 의미로 본다면 성생활에 있어서는 그 반대입니다. 생의 바로 처음부터 그것은 거기 있었지 나중에 더해진 것이 아닙니다. 실제로 작은 어린아이는 비도덕적입니다. 아이는 쾌락을 좇는 자신의 충동에 대한 내부적인 억제력을 소유하고 있지 않습니다. 후에 가서 초자아가 떠맡게 되는 역할은 처음에는 외부적인 힘, 즉 부모의 권위에 의해서 행사됩니다. 사랑의 징표로서 아이에게 무언가를 허락하는 것, 혹은 사랑의 상실을 의미하기도 하고 그 자체로서 두렵기만 한 처벌의 위협 등을 통해서 부모는 아이를 통제합니다. 이러한 실제의 두려움이 그 후에 발생하는 양심의 두려움의 선행자입니다. 이것이 제어하는 한, 초자아니 양심이니 하는 것에 대해 구구하게 말할 필요가 없습니다. 한참이 지난 후에야 비로소 두 번째 상황이 형성되는데, 우리는 그것을 너무나도 쉽게 정상적인 상황으로 인정해 버립니다. 외부적인 억제가 내면화되어서 부모의 역할 대신 초자아가 등장하고, 그것은 부모들이 그전에 아이에게 그랬던 것처럼 똑같이 자아를 관찰하고, 조절하고, 위협합니다.

그런 식으로 힘과 능력, 또 방법에 이르기까지 부모의 심급을 떠맡게 된 초자아는 법적인 후계자일 뿐만 아니라 실질적으로 합법적인 부모의 육친적 후손이라 할 수 있습니다. 그것은 그로부터 아주 직접적으로 진행됩니다. 우리는 곧 어떤 과정을 통해서 그것이 진행되는지 알게 될 것입니다. 우선적으로 우리는 그 두 역할 사이의 차이를 고려해 보아야만 합니다. 초자아는 일방적인 선택을 통해 부모의 강함과 엄격함, 그의 금지하고 처벌하는 기능만을 받아들이는 것 같습니다. 반면에 부모의 사랑이 넘치는 보호 행동은 받아들여지지 않고 계속되지 않습니다. 부모가 실제로 매우 엄한 통제를 해왔을 경우, 아이에게도 엄격한 초자아가 발전한다는 것을 우리는 쉽게 알 수 있습니다. 그러나 경험은 우리의 기대와는 반대로, 부모의 교육 방법이 협박이나 처벌은 가능한 한 피하고 부드럽고 관대했을 경우에도 초자아는 가차 없는 엄격함을 똑같이 획득한다는 것을 가르쳐 주고 있습니다. 초자아 형성에 있어서의 충동의 변화를 다루게 될 때 우리는 다시 이러한 모순점에 관해 논의하게 될 것입니다.

부모와의 관계가 초자아로 변화하는 과정에 대해서 나 자신은 물론 많은 것을 얘기하고 싶지만 말할 것이 별로 없습니다. 부분적으로는 이 과정이 너무 복잡해서 그것을 설명한다는 것이 여러분에게 내가 하고자 하는 이러한 입문 강의의 틀에는 들어맞지 않기 때문이기도 하지만, 다른 한편으로 그것을 훤히 꿰뚫어 보았다고는 우리 자신도 믿을 수 없기 때문입니다. 그러므로 다음과 같은 해석에 만족할 수밖에 없습니다.

이러한 과정의 근본 토대는 소위 말하는 〈동일시〉인데, 그것은 한 자아가 다른 자아에 동화되는 것[2]을 말합니다. 그 결과로 이 처음의 자아는 어떤 면에서는 다른 낯선 자아처럼 행동하면서 그 것을 모방하고 어느 정도는 자신 안에 받아들이게 됩니다. 사람 들은 이 동일시를 입과 관련된 식인 풍속과 비슷한 동화의 과정 으로 비교하기도 했는데, 그것은 그렇게 틀린 것이라고 말할 수 없습니다. 동일시는 다른 사람에 대한 애착의 형태 중 매우 중요 한 형태라고 할 수 있습니다. 아마도 가장 근본적이고 대상 선택 과는 다른 그 무엇일 것입니다. 그 차이점은 다음과 같이 표현할 수도 있겠습니다. 남자아이가 자기 자신을 아버지와 동일시할 때 그는 아버지〈처럼 되기〉를 원합니다. 그러나 그가 아버지를 자신 의 선택의 대상으로 설정할 경우에는 그를 〈소유〉하려고 합니다. 첫 번째 경우에 그의 자아는 아버지라는 전범(典範)에 따라 변화 됩니다. 두 번째 경우에는 그럴 필요가 없습니다. 동일시와 대상 선택은 넓은 범위에서 볼 때 서로 독립적입니다. 그러나 어떤 사 람이 다른 사람과 자신을 동일시하고, 또 예를 들어 자기가 성적 상대로 선택한 사람에 따라 자신의 자아를 변화시키는 경우도 있 긴 합니다. 특히 여자들에게 있어서는 성적 대상을 통해 자아가 영향을 받는 경우가 더 빈번하고, 그것이 바로 여성다움의 특징 이라고도 말하고 있습니다. 그 외에도 매우 시사하는 바가 많은 동일시와 대상 선택의 관계에 관해서는 이미 이전의 강의에서 설 명한 바 있습니다. 그것은 어린아이에게서도, 어른들에게서도, 또 정상적인 사람에게서도, 병든 사람에게서도 쉽게 발견됩니다. 어떤 사람이 자신의 대상을 잃어버리거나 포기하게 됐을 때, 자 신을 대상과 동일시하고 그를 자신의 자아 안에 다시 세워 일으 킴으로써 보상을 받으려 하는 경우가 많습니다. 그럼으로써 여기

2  즉 한 자아가 다른 자아와 닮아 가는 것.

에서는 대상 선택이 동일시와 같은 것이 되고 맙니다.[3] 나 자신도 동일시에 대한 지금까지와 같은 설명 방식이 만족스럽지는 않습니다. 그러나 초자아의 설정은 성공적으로 부모의 기능과 자신을 동일시한 경우로서 묘사될 수도 있다고 여러분이 인정한다면 그것으로 충분합니다. 이러한 견해에서 결정적인 사실은, 자아 안에 이렇게 심사숙고하는 심급을 새로이 창조한 것은 그 내밀한 부분에 이르기까지 오이디푸스 콤플렉스의 운명과 연결되어 있다는 것입니다. 그래서 초자아는 어린 시절에 그렇게도 중요한 의미를 띠고 있는 정서적 유대감의 상속자로 보이게 됩니다. 오이디푸스 콤플렉스가 지나고 나면 아이는 부모를 향해 형성돼 있던 긴밀한 대상 리비도 집중*Objektbesetzung*을 포기해야만 하고, 대상 상실에 대한 보상으로 아마 자아 안에 이미 오래전부터 형성되어 있던 부모와의 동일시를 강화하게 됩니다. 포기된 대상 리비도 집중에 대한 침전물로서의 그러한 동일시는 후에 아이의 생애 속에서 매우 자주 반복되는데, 대체로 그러한 전환이 첫 번째 발생할 때의 감정의 강도*Gefühlswert*와 상응합니다. 그리하여 그 결과로서 자아 속에 특별한 위치가 마련되는 것입니다. 이러한 오이디푸스 콤플렉스의 극복이 불완전하게 이루어질 경우, 초자아는 그 강도와 발전에 있어서 위축된다는 것이 상세한 연구 결과 밝혀졌습니다. 성장 과정을 거치면서 이 초자아는 부모의 역할을 대신하는 사람, 즉 보육자나 교사 혹은 이상적 모범상과 같은 사람의 영향을 받게 됩니다. 그것은 대체적으로 계속해서 원래의 부모 존재로부터 멀어져서 비인격적인 형태를 띠게 됩니다.

---

3  이 문제는 『정신분석 강의』 중 스물여섯 번째 강의에서 짤막하게 거론되었다. 동일시는 「집단 심리학과 자아 분석」(프로이트 전집 12, 열린책들) 제7장의 주제이기도 하다. 초자아의 형성에 대해서는 「자아와 이드」 제3장에서 상세히 논의되었다.

아이가 생애의 여러 시기마다 자신의 부모를 다르게 평가한다는 사실을 잊어서는 안 됩니다. 오이디푸스 콤플렉스가 초자아에게 자리를 넘겨주게 되는 시기에 부모는 대단한 존재로 아이에게 비쳐지나 시간이 지나면서 점점 많은 손실을 겪습니다. 결국에는 나중의 부모와 자신을 동일시하게 되는데, 그것은 성격 형성에서 규칙적으로 중요한 기여를 하지만, 이 경우에 그것은 오직 자아에게만 영향을 주는 것이지 초기의 부모 영상에 의해 규정된 초자아에는 더 이상 영향을 미치지 못합니다.

초자아의 설정은 실제로 구조 관계를 설명해 주는 것일 뿐, 양심으로부터 추상된 것으로서 이를 인격화하는 것은 아니라는 인상을 여러분이 받았기를 바랍니다. 이러한 초자아의 기능 중 또 다른 중요한 기능을 언급해야만 하겠습니다. 그것은 또 자아가 그것에 자신을 재어 보고, 그것을 향해 나아가고, 계속 증가되어 가고 있는 완전화에 대한 그의 요구를 성취하려고 노력하는 자아 이상*Ichideal*의 운반자입니다. 이러한 자아 이상이 옛날의 부모 표상의 침전물이며, 아이가 그 당시에 자기 부모의 모습이라고 생각했던 완전성에 대한 경탄의 표현이라는 데에는 의심의 여지가 없습니다.[4]

나는 여러분이 신경 질환자들의 특징으로 나타나는 열등감에 대해서 자주 들었음을 알고 있습니다. 특히, 소위 문학 속에 그런 유령들이 많이 떠도는 것 같습니다. 열등 콤플렉스라는 단어를 사용하는 작가들은 그것으로 정신분석학의 요구를 다 채워 준 듯이, 또 자신의 서술을 더 높은 심리학적 차원으로까지 끌어올렸

---

4  이 강의에서 프로이트는 〈초자아〉와 〈자아 이상〉을 구별하고 있다(『정신분석 강의』 중 스물여섯 번째 강의에서도 마찬가지이다). 다른 글, 특히 「자아와 이드」의 제3장에서는 두 개념을 동일시하고 있다.

다고 생각합니다. 실제로 열등감이라는 술어는 정신분석학에서 거의 사용되지 않습니다. 그것은 우리에게 그렇게 단순하지 않으며 더구나 어떤 기본적인 것으로 볼 수도 없습니다. 소위 개인 심리학자들의[5] 학파에서 즐겨 주장하는 것처럼, 열등감은 어떤 신체적 부분의 결함을 지각하게 되면서 형성된다는 생각이 우리에게는 근시안적인 오류로 보입니다. 열등감이라는 감정은 강렬한 성애적 뿌리를 갖고 있습니다. 아이는 자신이 사랑받고 있지 못하다고 느낄 때 열등하다는 감정을 느끼는데, 그것은 어른들도 마찬가지입니다. 실제로 열등하다고 판단될 수 있는 단 하나의 신체적 기관은 조그만 음경과 여자아이의 음핵입니다. 그러나 열등감에서 더 큰 비중을 차지하고 있는 것은 초자아에 대한 자아의 관계에서부터 비롯됩니다. 죄책감이 이 두 심급 간의 긴장의 표현인 것처럼 말입니다. 열등감과 죄책감은 서로 매우 구별하기 힘든 것들입니다. 전자를 도덕적인 열등감에 대한 성애적 보상으로 간주한다면 조금 더 분명하게 구별될지도 모릅니다. 우리는 정신분석학의 개념적 차이에 대한 문제에 별로 주의를 기울이지 않았던 것입니다.

열등 콤플렉스가 대중적으로 관심을 끄는 화제가 되었으므로 여기서 잠시 그 문제에 대하여 논의해 보기로 하겠습니다. 아직도 살아 있지만 지금은 저 뒤편으로 물러나 있는, 우리 시대의 아주 중요한 역사적 인물 가운데 한 사람이 출생 중의 손상으로 인해 좀 짧은 사지 하나를 갖고 있었습니다. 출중한 사람들의 전기를 즐겨 집필하던 우리 시대의 한 유명한 작가가 바로 이 사람의 생애를 다루게 되었습니다.[6] 어떤 사람이 전기를 쓰게 될 때 심리

---

5  그들의 견해에 대해서는 이 책의 서른네 번째 강의에서 논의된다.
6  에밀 루트비히Emil Ludwig, 『빌헬름 2세Wilhelm II』(1926) 참조.

적으로 깊이 천착해 들어가고 싶은 욕망을 억누른다는 것이 힘들 거라는 짐작은 할 수 있습니다. 그래서 이 작가는 그 사람의 신체적 결함이 불러올 수밖에 없는 열등감과 관련하여 그 영웅의 전체적인 성격 형성 과정을 구체적으로 형상화해 보겠다는 시도를 하게 되었습니다. 그러나 그는 이 과정에서 아주 작은, 그렇지만 중요하지 않다고는 할 수 없는 사실을 간과하게 되었습니다. 일반적으로 병든 아이나 그 밖의 장애가 있는 아이를 운명으로부터 선사받은 어머니들은 넘쳐날 듯한 사랑으로 이러한 불공평한 냉대를 보상하고자 하는 것이 상례입니다. 그러나 여기에 언급되고 있는 경우, 그의 어머니는 아주 오만한 사람으로서 다르게 행동한 것으로 나타나 있는데, 아이의 결함을 이유로 그에게 사랑을 주지 않았던 것입니다. 작은 아이에서 막강한 힘을 가진 사람으로 변해 버린 그는, 자신의 행위를 통하여 자신의 어머니를 결코 용서할 수 없었다는 것을 보여 주었습니다. 여러분은 어린아이의 정신생활에 미치는 어머니의 사랑의 의미를 고려해 볼 때 이 전기 작가의 열등감 이론을 여러분의 생각 속에서 고치지 않을 수 없을 것입니다.

또다시 초자아로 돌아가 봅시다. 우리가 이 초자아의 속성으로 간주하는 것은 자기 관찰, 양심, 또 이상으로서의 기능 등입니다. 초자아의 생성 과정에 대한 상세한 논의를 통해 우리는 그것이 극히 중요한 생물학적이고 운명적인 심리적 사실들을 전제 조건으로 가질 수밖에 없다는 것을 알아냈는데, 말하자면 인간 존재가 오랫동안 부모에게 의존할 수밖에 없는 상황, 또 오이디푸스 콤플렉스에의 의존성이라는 문제와 그 둘 사이의 상호 긴밀한 연결성의 문제입니다. 초자아는 우리에게 있어서 모든 도덕적 제약의 대표자라고 볼 수 있으며 완전화를 추구해 가는 노력의 변호인이라고 할 수 있습니다. 간단히 말하자면, 인간적 삶에서 보다 고귀한 것이라고 불리는 것 중 심리적으로 우리에게 파악된 것이라고 할 수 있습니다. 그러나 그것 자체 역시 부모나 보육자 혹은 그런 역할을 하는 사람의 영향을 받게 되므로, 그 근원에 주목하게 될 때 의미가 더욱 또렷이 다가올 것입니다. 대개 부모나 그와 유사한 권위를 가진 그 밖의 사람들은 아이의 교육에 있어서 자신의 초자아의 규칙을 따르게 됩니다. 그들의 자아와 초자아가 얼마나 자주 서로 부딪치게 되는지에 관계없이, 아이의 교육에 있어서 그들은 대체로 엄격하고 요구 사항이 많은 것이 일반적입니다. 그들은 자신들이 어린 시절에 겪었던 어려움들은 잊어버리고 만족해하며, 자신들이 어렸을 때 무거운 제한을 가했던 자기의 부모와 자신을 동일시할 수 있다고 느낍니다. 이렇게 해서 아이의 초자아는 부모라는 전범에 따라 형성되는 것이 아니고 부모의 초자아에 따라 형성됩니다. 아이의 초자아는 부모의 초자아와 똑같은 내용으로 채워지며, 이런 식으로 전통과 세대를 넘어 이어져 내려온 모든 시간을 뛰어넘는 가치의 계승자가 됩니다. 그것은 인간들의 사회적 행동, 예를 들어 부주의와 같은 행동을 이해하는 데 매우 귀중한 도움이 되고, 초자아를 고려함으로써 교육하는 데 얼마나 많은 실제적인 암시를 얻게 되는지 알 수 있게 해줍니다. 유물론적인 역사관의 오류는 아마도 바로 이런 중요한 요소를 평가 절하했다는 데 그 원인이 있을 것입니다. 유물론적인 역사관은 인간의 〈이데올로기〉를 그들의 현실적인 경제적 관계의 결과이고 상부 구조일 뿐이라고 간단히 언명함으로써 그 문제를 처리하고 말았습니다. 그것은 진실입니다. 그러나 완전히 옳은 진실은 아닐 것입니다. 인류는 완전히 현재 속에서만 사는 것이 아니라 초자아의 이데올로기 속에는 과거와 각 종족과 민족의 전통들이 계속해서 살아 있으며, 그것들은 현재나 새로운 변화의 영향력에 의해서 서서히 자리를 비켜 줄 뿐이며, 이러한 것들이 초자아에 의해 영향을 받는 한 인간의 삶 속에서 아주 강력하고 경제적 상황으로부터 완전히 독립된 역할을 수행할 수 있습니다.

1921년에 나는 자아와 초자아의 구별을 집단 심리학을 연구하는 데 사용해 보려고 시도했습니다. 나는 하나의 공식에 다다를 수 있었는데, 그것은 심리적인 집단은 자신들의 초자아 속에 똑같은 인격을 받아들인 개인들이 각 개인의 자아 속에 있는 이러한 공통 분모를 근거로 서로를 동일시하게 된 개개 존재의 통일체라는 것입니다.[7] 그것은 말할 것도 없이 지도자가 있는 집단에 한합니다. 우리가 이와 같은 것을 더 잘 적용할 수 있는 가능성을 지니면 지닐수록, 초자아라는 개념의 설정은 우리를 짓누르고 있는 그 모든 속박으로부터 자유롭게 해주며 우리에게 더 이상 낯선 것이 아닙니다. 즉 우리가 영혼의 지하 세계의 분위기에 익숙해져 있다가 정신 장치의 표면, 즉 상층부로 이행할 때 경험하는 속박감으로부터도 해방되는 것입니다. 우리가 이처럼 초자아를 구별한다고 해서 자아 심리학에 대해 단정적인 언급을 했다고는 믿지 않습니다. 그것은 차라리 이제 시작이라고 해야 할 것입니다. 그러나 이 경우에는 시작만이 힘든 것은 아닙니다.

이제 또 하나의 다른 과제가 우리를 기다리고 있는데, 그것은 말하자면 자아의 또 다른 반대쪽에 있는 것입니다. 그것은 매우 오래된 방법인 분석 작업 중의 관찰 과정에서 튀어나온 것입니다. 다른 많은 경우에서처럼 사람들이 그것을 인정하기까지는 오랜

---

7 「집단 심리학과 자아 분석」의 제8장 후반부 참조.

시간이 걸렸습니다. 여러분이 잘 아시다시피, 전체적인 정신분석학 이론은 환자로 하여금 자신의 무의식을 의식하게 만드는 과정에서 환자가 내보이는 저항의 지각 위에 기초하고 있습니다. 이러한 저항의 객관적인 증거는 그의 연상 작용이 중단되거나 혹은 연상 작용들이 다루어지고 있는 주제와는 거리가 멀어질 때입니다. 환자 자신도 그가 어떤 주제에 다가가면 다가갈수록 느끼게 되는 고통스러운 감정을 통하여 그 저항의 실체를 주체적으로 인식하게 됩니다. 그러나 이러한 최후의 표시도 나타나지 않을 때가 있습니다. 그럴 때 우리는 환자에게 그의 행동으로부터 그가 현재 저항에 직면하고 있음을 추론할 수 있다고 말해 줍니다. 그가 대답하기를, 자기는 아무것도 느낄 수가 없고 다만 연상을 떠올리기가 무척 힘들 뿐이라고 할 것입니다. 경험은 우리가 옳다는 것을 입증해 주고 있습니다. 그런데 우리가 들추어내려고 하는 그 억압이 무의식적인 것처럼 저항 역시 무의식적입니다. 오래전에 이미 정신 활동의 어느 부분에서부터 그러한 무의식적 저항이 초래하는지에 대한 물음이 제기되었어야 했습니다. 정신분석학의 초심자들은 〈물론 그것은 무의식의 저항이다〉라는 대답을 즉시 찾아낼 것입니다. 그러나 그것은 애매하고 쓸데없는 대답일 뿐입니다. 만일 그러한 대답이 〈저항은 억압된 것으로부터 나온다〉라는 것을 의미하는 것이라면 〈절대로 그렇지 않다〉라고 대답할 수밖에 없습니다. 억압되는 것에는 오히려 의식의 표면으로 뚫고 올라오려는 강한 충동이 잠재되어 있다고 보아야 합니다. 저항은 실제로 억압을 주도했고, 이제는 그것을 다시 바로잡으려고 하는 자아의 표현으로 볼 수 있습니다. 예전에는 항상 그렇게 생각해 왔습니다. 그러나 우리가 제한을 가하고 거부 작용을 하는 초자아의 존재를 자아 속에 상정하게 됨으로써 억압은 바로 이러한 초자아에 의해서 이루어진다고 말할 수 있게 되었습니다. 초자아가 스스로 그 일을 수행하기도 하고, 초자아에 복종적인 자아가 그 일을 대신하기도 합니다. 분석 작업에서 저항이 환자에게 의식되지 않는 경우가 발생할 때, 그것은 초자아와 자아가 아주 중요한 상황에서 무의식적으로 일을 할 수 있다는 것을 의미하거나 혹은 더욱 중요한 사실이 되겠지만 그 두 심급, 즉 자아와 초자아의 많은 부분이 무의식적 상태에 놓여 있다는 것을 의미할 수도 있습니다. 두 가지의 경우 모두 한편으로는 (초)자아와 의식, 또 한편으로는 억압된 것과 무의식은 절대로 부합할 수 없다는 유쾌하지 않은 통찰을 얻어 낼 수밖에 없었습니다.

신사 숙녀 여러분, 여기서 잠깐 숨을 한번 돌리는 것이 여러분에게도 도움이 될 것이고, 계속 나가기 전에 여러분에게 양해를 구하기 위해서라도 그럴 필요성을 느낍니다. 나는 여러분에게 15년 전에 시작했던 정신분석 강의에 대해 새로이 첨가할 사항을 말씀드리려고 하며, 이 기간 동안에 여러분도 다른 일은 하나도 하지 않고 오직 정신분석학 연구에만 매달려 왔다는 것을 전제로 이 강의를 계속해 나가고자 합니다. 나는 그것이 말도 안 되는 가정이라는 것을 알지만 그 외에는 달리 어떻게 할 방법이 없습니다. 그렇게밖에 할 수 없는 이유는, 그 스스로가 정신분석가가 아닌 사람에게 정신분석학에 대해 통찰할 수 있는 기회를 주는 것이 근본적으로 매우 어렵기 때문입니다. 그러나 우리가 마치 무슨 비밀 결사 대원이기나 한 것처럼 비밀 학문을 추구하는 것 같은 인상을 주게 되는 것도 원치 않습니다. 그럼에도 불구하고 우리는 자기 자신에 대한 분석을 통해서만 획득되는 특정한 경험을 갖지 못한 자는 어느 누구도 정신분석학에 대해 이러쿵저러쿵 말할 수 없다는 사실을 확실히 인식하고, 그것을 우리의 기본 신념으로 밝혀야 합니다. 15년 전에 내가 여러분에게 강의를 했을 때는 우리 이론의 사변적인 부분에 대해서는 건드리지 않았습니다. 그러나 오늘 말하려고 하는 새로운 것은 바로 그 부분과 연결되는 것입니다.

다시 우리의 주제로 돌아갑시다. 자아와 초자아가 그 자체로서 무의식적인가 아니면 단지 무의식적인 효과만을 가질 수 있는가 하는 논란에 대해서는, 아주 그럴듯한 이유로 첫 번째 가능성으로 기울어지게 되었습니다. 그렇습니다. 자아와 초자아의 거의 모든 부분이 무의식적 상태로 머물러 있고 보통 무의식 단계에 있습니다. 그것은, 즉 본인 스스로는 그 내용에 대해 알지 못하고 그것을 의식하기 위해서는 커다란 노력이 필요하다는 뜻입니다. 자아와 의식, 억압된 것과 무의식이 서로 부합되지 않는다는 사실은 맞는 것입니다. 여기서 의식과 무의식의 문제에 대한 우리의 견해를 근본적으로 수정해야만 할 필요성을 느낍니다. 우선적으로 의식성의 기준치를 하향 조정해야 한다고 여기는데, 왜냐하면 그것이 너무나도 믿을 수 없는 것으로 입증되었기 때문입니다. 그러나 그렇게 한다는 것도 잘못된 일일 것입니다. 그것은 마치 우리의 인생과도 같아서 그렇게 대단한 가치가 있는 것은 아니지만, 우리가 갖고 있는 모든 것이기 때문입니다. 의식의 성질을 지닌 인격의 빛이 우리를 비쳐 주지 않는다면 우리는 심층 심리학의 암흑 속에서 길을 잃고 헤매게 될 것입니다. 그러므로 어떻게든 새로운 길을 찾기 위해 노력하지 않을 수 없습니다.

무엇을 〈의식적〉이라고 해야 할 것인지에 대해 더 이상 골머리를 앓을 필요는 없습니다. 그것에는 의심의 여지가 없습니다. 〈무의식적〉이라고 하는 단어의 가장 오래되고 가장 적합한 의미는 서술적인 것입니다. 우리가 〈무의식적〉이라고 말할 때, 그 실체에 대해서는 전혀 모르고 있지만 그 작용, 효과로부터 그 존재를 추론해서 가정할 수밖에 없는 심리적 과정을 지칭하는 것입니다. 그것은 다른 사람의 심리적 과정에 대한 우리의 관계와도 같습니다. 단지 그것이 우리 자신의 그것이라는 사실만이 다를 뿐입니다. 좀 더 정확하게 표현하자면, 그 문장을 다음과 같이 수정해야 할 것입니다. 즉 그것이 그 순간 활동하고 있음이 틀림없는데도 우리가 그에 대해서는 아무것도 아는 것이 없을 때, 우리는 그것을 〈무의식적〉이라고 지칭할 수 있다는 것입니다. 이러한 제한은 대부분의 의식적 과정이 극히 잠시 동안만 의식되고 곧바로 잠재적인 의식이 되었다가, 그 후에 아주 쉽게 다시 의식될 수 있다는 사실을 한 번 더 상기시켜 줍니다. 잠재적 상태에서 그래도 무언가 심리적인 것으로 남아 있다는 확신이 있을 때, 〈그것이 무의식적인 것이 되었다〉라고 얘기할 수도 있습니다. 이제까지는 그 어떤 새로운 것도 찾아내지 못했고, 우리가 〈무의식〉의 개념을 심리학에 도입해야 할 아무런 권리도 갖고 있지 못했습니다. 그러던 차에 어떤 실수를 하는 경우에 관찰할 수 있게 되는 새로운 경험과 마주치게 되었습니다. 예를 들어 말하는 도중에 발생하는 실수를 설명해야 할 때, 우리는 그 사람에게 무슨 특정한 말을 하겠다는 의도가 형성되어 있었다고 가정할 수밖에 없었습니다. 우리는 그것을 말하는 도중에 일어나는 어떤 실수에서 확실하게 추론해 낼 수 있습니다. 그러나 그 의도된 말이 밖으로 표현되지 못하고 무의식으로 변해 버리고 마는 경우가 있습니다. 말한 사람에게 추후에 그가 한 말을 되풀이하여 들려주면, 그는 그것을 자기가 잘 알고 있는 어떤 것으로 인정하기도 합니다. 그럴 경우 순간적으로 그것은 무의식으로 된 것이라고 말할 수 있으며, 반대로 그가 완전히 낯선 것으로 부정할 경우 지속적인 무의식으로 판단할 수 있겠습니다.[8] 이러한 경험으로부터 우리는 되돌아가서 잠재의식으로 지칭했던 것 역시 무의식으로 설명될 수 있다고 말할 수 있게 됩니다. 이처럼 역동적인 여러 관계를 고려해 볼 때 두 가지의 무의식을 구별할 수 있게 되는데, 하나는 매우 빈번히 발생되는 상황에서 쉽사리 의식으로 변화되는 것이고, 또 다른 하나는 이러한 변환이 매우 힘든 것으로서 대단한 노력을 들인 후에나 겨우 성공하거나, 아니면 아예 성공하지 못하는 경우가 있습니다. 이 무의식을 말하는 것인지 또 다른 무의식을 말하는 것인지, 또 우리가 이 단어를 서술적으로 사용하고 있는지 혹은 역동적으로 사용하고 있는지 혼란스럽게 되는 이러한 애매성을 피하기 위해서 매우 널리 용인된 간단한 방법을 적용하게 될 것입니다. 그저 잠재되어 있을 뿐 쉽게 의식될 수 있는 무의식을 〈전의식〉이라 부르고, 〈무의식〉이라는 표현은 그와는 다른 것에만, 즉 의식으로 떠오르기 힘든 무의식에만 한정하기로 하겠습니다. 이제 우리는 세 가지 용어를 갖게 되었습니다. 의식, 전의식, 무의식이 바로 그들인데, 이러한 용어들로 겨우 정신적 현상들을 설명하는 것이 가능하게 된 것입니다. 다시 한번 순수한 서술적인 관점에서 보면, 전의식 역시 무의식으로서 느슨한 설명 형태에서만 혹은 정신생활 속에서 무의식적 과정의 존재를 꼭 옹호하지 않을 수 없을 때에만 그 표현을 사용할 것입니다.

이제까지 뭐 그리 대단히 잘못된 것은 없다, 그러한 구별은 역시 매우 편리한 것으로서 쓸 만하다고 여러분이 인정해 주리라고 기대합니다. 그러나 유감스럽게도 정신분석적 작업 속에서 〈무의

8 『정신분석 강의』 중 네 번째 강의 참조.

식〉이라는 단어를 또 다른 세 번째 의미로 사용해야만 할 필요성이 생겼습니다. 그리고 이러한 상황은 아주 혼란스러운 상황을 야기할 수도 있습니다. 정신생활의 광대하고 중요한 영역이 보통 자아의 인식 범위 밖에 있다는 사실은 새롭고도 강렬한, 진정으로 역동적인 의미에서 그 자아 안에 있는 과정을 무의식으로 인식하지 않을 수 없게 만들었습니다. 따라서 우리는 〈무의식〉이라는 용어를 지형적이고도 체계적인 의미로 이해하고, 전의식과 무의식의 체계에 대해서, 또 자아와 무의식 체계 사이의 갈등을 이야기할 때 그 용어는 정신적인 것의 질을 나타낸다기보다는 어떤 정신적 지역을 의미하게 되었습니다. 역동적인 의미에서 자아와 초자아를 형성하고 있는 것들이 대부분 무의식적인 것이라고 하는, 원래는 유쾌하지 못했던 발견도 여기서는 마음을 홀가분하게 만들어 주면서 여타의 복잡한 문제를 해결해 주는 효과를 가져옵니다. 자아와는 이질적인 이 정신 지역을 무의식의 체계라고 명명할 수 있는 권리가 우리에게는 없습니다. 무의식적이라고 하는 것이, 그것이 갖고 있는 오직 유일한 특성이라고는 할 수 없기 때문입니다. 그래서 〈무의식〉이라는 단어를 더 이상 체계적인 의미로 사용하지 않으려고 하며 이제까지 그렇게 명명되어 왔던 것에다 보다 나은, 더 이상 오해의 여지가 없는 새로운 이름을 붙여 주려고 합니다. 니체의 언어 사용을 빌려 와서, 또 게오르크 그로데크Georg Groddeck[9]의 자극에 힘입어, 우리는 이제부터 그것을 이드Es라고 부르기로 하겠습니다. 이러한 비인칭적인 용어는 정신 영역의 주요 특징인 자아와의 이질성이라는 특성을 표현하기에 특별히 적합한 것처럼 보입니다. 초자아, 자아, 그리고 이드는 인간의 정신 체계가 각각 나뉘는 세 개의 영역, 지역, 지방이며 그것

9  독일 의사로 프로이트는 그의 비전통적인 사고에 큰 감명을 받았다.

들 상호 간의 관계를 이제부터 논의해 보려고 합니다.

그전에 잠깐 이것을 생각해 봅시다. 의식성의 세 가지 질적 수준과 정신적 심급의 세 영역이 서로 세 쌍으로 조화롭게 맞아떨어지지 않는다는 사실이 여러분을 불만족스럽게 하고, 그 안에서 무언가 우리 결론의 오점 같은 것을 느끼게 될 수도 있으리라고 추측해 봅니다. 그러나 그것을 애석해할 필요는 없으며, 우리에게는 어떤 매끄러운 관계만을 기대해야 할 하등의 권리도 없다는 것을 숙지할 필요가 있습니다. 한 가지 비교를 할 수 있게 해주십시오. 비교하는 것으로 어떤 것을 결정지을 수는 없습니다. 그것은 사실입니다. 그러나 그것은 적어도 마음을 편안하게 해주는 효과는 있습니다. 여러 가지 지형 구조를 갖고 있는 어떤 땅을 상상해 봅시다. 구릉과 평야와 해안가가 있는 그 땅엔 여러 종족이 혼합되어 살고 있습니다. 독일인, 마자르인, 슬로바키아인들이 살고 있는데 그들은 각기 다른 일들을 하고 있습니다. 그리고 그 분포는 다음과 같습니다. 구릉 지역에는 목축을 하는 독일인들이 살고 있고, 평야 지역에는 마자르인들이 곡식과 포도나무를 재배하고, 해안에서는 슬로바키아인들이 물고기를 잡고 갈대를 엮으면서 살아가고 있습니다. 이러한 인구 분포가 매끄럽고 깨끗하다면 윌슨은 매우 기뻐할 것입니다.[10] 지리 시간에 강의도 편안하게

---

10   이 글을 쓰기 약 1년 전쯤 프로이트는 당시 베를린 주재 미국 대사였던 불리트 W. C. Bullitt와 공동으로 윌슨 대통령에 대한 심리 연구서 초고를 작성했다. 당시 프로이트는 윌슨 대통령의 정치적 판단에 매우 비판적이었다. 불리트는 1966년 프로이트가 공저자임을 밝힌 윌슨 연구서를 영어로 출판했다(W. C. Bullitt & S. Freud, *Thomas Woodrow Wilson, Twenty-Eighth President of the United States: A Psychological Study*, Boston and London). 그러나 프로이트의 사상에 많은 영향을 받은 이 연구서에 실제로 프로이트가 쓴 글은 들어 있지 않았으며, 다만 프로이트가 쓴 서론만 수록되었을 뿐이다. 그 서론의 독일어 원고는 현재 보존되어 있다.

진행될 것입니다. 그러나 여러분이 그 지역을 여행해 보았을 때 무질서한 혼란스러움을 발견할 확률이 더 높습니다. 독일인과 마자르인, 슬로바키아인들이 어디에서나 뒤섞여서 살고 있고, 구릉 지역에도 전답이 있고, 평야 지역에도 가축들이 사육되고 있습니다. 어떤 것들은 여러분이 기대했던 그대로일 수도 있습니다. 왜냐하면 산에서는 물고기를 잡을 수 없고, 물속에서는 포도나무가 자라지 않기 때문입니다. 그렇습니다. 당신들이 가져온 그 지역의 사진을 보면 대체적으로 우리의 예측과 맞아떨어질 것입니다. 그러나 각각의 사진에서는 여러 가지 차이가 발견될 것입니다.

여러분은 내가 이드에 대해서 새로운 이름 외에도 더 많은 새로운 사실들을 첨가해서 들려줄 수 있을 것이라고는 기대하지 않으실 것입니다. 이드는 우리 성품 속에 있는, 도달할 수 없는 어두운 부분입니다. 그에 대해서 우리가 알고 있는 것은 모두 꿈-작업과 신경증적 질환의 연구를 통하여 알려진 것들로서, 그것들의 대다수는 부정적인 특성을 갖고 있으며 자아에 대한 대응물로 설명될 수 있습니다. 우리는 그것을 다른 것들과 비교함으로써 그것에 접근해 갑니다. 그것을 카오스라 부르기도 하고, 들끓는 흥분으로 가득 찬 주전자라고 부르기도 합니다. 그것의 끝은 신체적인 것과 직접적으로 맞닿아 있고 그로부터 충동 욕구를 받아들이는데,[11] 그것은 이드 안에서 심리적 표출 기회를 찾게 되는 어떤 것을 상상해 볼 수 있겠습니다. 그러나 어떤 물질로 이루어져 있는지는 거의 알 수가 없습니다. 이드는 충동들로부터 나온 에너지로 채워져 있습니다. 그런데 거기에는 어떤 조직 체계도 없

---

11 여기서 프로이트는 본능을 신체적인 그 무엇으로 간주하고 있으며, 정신 과정은 그 신체적인 것을 대변한다고 생각하고 있다.

고 단일화된 의지도 없습니다. 오로지 쾌락 원리에 따른 본능적 욕구 충족을 위한 충동만이 있을 뿐입니다. 이드 안에서 이루어지는 과정에는 논리적 사고 법칙은 통용되지 않으며, 무엇보다도 모순의 법칙 같은 것도 지켜지지 않습니다. 서로를 거부하거나 갈라서는 일 없이 서로 상반되는 흥분이 나란히 존재하고 있는데, 부득이할 때는 그 상황을 지배하고 있는 경제적 필요에 의해서 에너지를 방출하기 위하여 타협점에 이르기도 합니다. 이드에는 부정과 비교될 만한 것은 아무것도 없습니다. 다만 이러한 사실로부터 우리의 정신적 활동을 위해서는 시간과 공간이 꼭 필요하다는 철학자들[12]의 유명한 경구(警句)에도 예외가 존재한다는 것을 놀라움과 함께 받아들일 뿐입니다. 이드에는 시간적 개념에 부합되는 것이 없습니다. 시간적 경과를 받아들이지도 않고 또한 가장 놀라운 사실은 ― 이러한 사실이 철학적 사고에서 인정받게 되기를 기다리고 있는데 ― 시간의 경과에 따른 정신 과정의 변화가 전혀 없다는 것입니다. 이드를 결코 압도해 버리지 못한 소원 충동과 억압에 의해 이드 안에 침전되어 버린 인상들은 언제나 발현될 수 있는 잠재력을 지닌 불멸의 것으로서, 십수 년이 지난 후에도 마치 새로 생겨난 것처럼 생생하게 지속되곤 합니다. 그것들은 분석 작업을 통해 의식된 뒤에야 비로소 과거로 인식되고, 평가 절하되고, 에너지 리비도 집중을 박탈당하는데, 이것을 분석적 처치의 치료 효과가 나타난 것으로 이해해서는 안 됩니다.

　나는 시간의 흐름에도 불구하고 억압된 것들이 전혀 변하지 않는다는, 의심이라곤 끼어들 틈이 없는 이 확실한 사실이 우리의 이론에는 너무나 조금밖에 영향을 끼치지 않았다는 인상을 계속해서 가지고 있었습니다. 여기에 가장 심오한 통찰로 이르는 길

12　칸트를 가리킴.

이 열려 있는 듯이 보입니다. 그러나 유감스럽게도, 나도 거기까지는 다다르지 못했습니다.

자명한 일이지만 이드는 어떠한 가치도, 어떠한 선악도, 어떠한 도덕도 알지 못합니다. 그러나 그것의 모든 과정을 쾌락 원리와 내밀하게 연결되어 있는 경제적 요소 혹은 양적 요소가 — 여러분이 이 표현을 원한다면 — 지배하고 있습니다. 방출되기를 요구하고 있는 충동 에너지는 모두 이드 안에 있다고 말할 수 있습니다. 이러한 본능 충동의 에너지는 다른 정신적 영역 안에서와는 또 다른 상태, 즉 훨씬 가볍고 방출되기 쉬운 상태에 있는 것처럼 보입니다. 그렇지 않다면 이드의 특징적인 활동이라고 할 수 있고 충동에 의해 점령된 사태의 성질과는 완전히 별개인 — 자아에서 보자면 표상이라고 말할 수 있는 — 전위(轉位)나 응축(凝縮) 같은 현상은 일어나지 않을 것이기 때문입니다.[13] 이러한 것들에 대해서 보다 더 많이 알아낼 수만 있다면 그 무엇이든지 아깝지 않을 것입니다. 어쨌든 우리는 이드가 무의식적이라는 것 말고도 그에 대한 다른 특성들을 열거할 수 있습니다. 여러분은 자아와 초자아의 부분들이 그처럼 원시적이고도 비합리적인 성질을 갖지 않고도 무의식의 상태에 머물러 있을 수 있는 가능성을 보셨습니다.[14]

자아가 이드나 초자아와 구별되는 한, 우리가 인지-의식*Wahrnehmung-Bewußtsein*(*W-Bw*) 체계라고 지칭하는 정신적 장치의 가장 표면에 위치한 부분과 자아가 맺고 있는 관계에 주목하게 될 때

---

13  프로이트는 이 차이점을 많은 글에서 언급하고 있다. 특히 초심리학에 관한 논문인 「무의식에 관하여」(프로이트 전집 11, 열린책들) 제5장에서는, 이 차이가 우리가 지금까지 획득한 신경 에너지의 본성에 관한 깊은 통찰을 보여 주는 것이라는 자신의 견해를 밝히고 있다.

14  이드에 관한 이 설명은 「무의식에 관하여」 제5장에 토대를 둔 것이다.

이러한 본래적인 자아의 특성들이 가장 잘 파악될 수 있습니다. 이 체계는 바깥 세상으로 향해 있고, 그 세계로부터의 지각을 전달하며, 그 안에서 그것이 기능하는 중에 의식이라는 현상이 발생합니다. 그것은 전체 장치의 감각 기관인데, 외부에서 오는 자극뿐만 아니라 정신생활의 내부에서 나오는 자극도 수용합니다. 자아가 외부 세계와의 가까움과 그 영향 때문에 변형되고, 자극을 받아들이고, 또 그 자극으로부터 보호하는 기능을 위해 설치된 이드의 한 부분이라는 견해는 다시 또 정당화될 필요조차 없을 것입니다. 그것은 살아 있는 생물체를 보호하기 위해서 그것을 둘러싸고 있는 껍질층과도 같은 것입니다. 외부 세계와의 관계는 자아에 있어서 결정적인 것이 되어 버렸습니다. 그것은 이드에 대해서 외부 세계를 대표하고, 이러한 대단히 위력적인 외부의 힘을 전혀 고려하지 않고 충동의 만족만을 위하여 맹목적으로 전력투구하기 때문에 절멸될 위험에 처하게 되는 이드를 구하고 보호하기 위한 과제를 부여받습니다. 이러한 기능을 수행하기 위해서 자아는 외부 세계를 관찰하고 인식의 기억 흔적 속에 남겨진 그것에 대한 정밀한 묘사를 계속 간직하고 있으면서 현실성 검사라는 기능을 행사함으로써, 이러한 외부 세계의 그림에 비추어 보았을 때 내적인 흥분의 원천에서 나오는 요소들로 부가된 것을 멀리하게 하는 역할을 합니다. 이드를 대신하여 자아는 충동적 힘의 발동으로 연결되는 통로를 통제하면서, 욕구와 행위 사이에서 사고 작업을 지연시키는 동안 기억 속에 남아 있는 경험의 잔류물들을 처리하는 것입니다. 이러한 방법으로 자아는 무제한적으로 이드 안에 있는 모든 과정을 통제하는 쾌락 원리를 제어하고, 그 대신에 보다 확실한 안전과 더욱 큰 성공을 보장하는 현실 원리로 대체합니다.

매우 묘사하기 어려운 시간과의 관계는 자아에게 인지 체계를 통하여 매개됩니다. 이러한 체계의 작업 방식이 시간 개념의 원천이라는 데에는 의심의 여지가 없습니다.[15] 그러나 이드와 구별되는 자아를 근본적으로 특징짓는 것은, 받아들인 내용을 종합하고 이드에는 완전히 결여되어 있는 기능인 정신적 과정을 종합하고 단위화하는 방식에 있습니다. 다음에 정신 활동 속에 있는 충동을 다루게 될 때 이러한 자아의 본질적인 특성의 원천에 다다를 수 있게 되기를 바라는 바입니다.[16] 바로 이러한 특성만이 높은 조직성을 만들어 내고, 자아는 최대의 능력을 발휘하기 위해서 그것을 필요로 합니다. 그것은 충동의 인지에서부터 충동의 제어로 발전됩니다. 그런데 후자는 본능을 대표하는 것이 보다 큰 질서 속에서 정렬되고 큰 관련성 안에 놓이게 됨으로써만 달성됩니다. 대중적인 표현을 빌리자면, 자아는 정신생활 속에서 이성과 분별력을 대표하는 반면 이드는 길들여지지 않은 정열을 대표한다고 말할 수 있겠습니다.

우리는 이제까지 자아의 장점과 능력들을 열거하면서 매우 고무되어 왔습니다. 그런데 이제는 그 이면까지도 생각해 보아야 할 때가 되었습니다. 자아는 단지 이드의 한 부분일 뿐이며, 그것은 위험이 가득한 외부 세계와의 근접성으로 인해 합목적적으로 변한 부분입니다. 역동적인 관점에서 보면 그것은 약하고 그 에너지는 이드에서 빌려 오는 것일 뿐이며, 그것이 이드에서 계속적으로 더 많은 양의 에너지를 빼내 오는 방법 ── 수법이라고도

---

15  이 부분에 관한 프로이트 자신의 생각은 「〈신비스러운 글쓰기 판〉에 대한 소고」(프로이트 전집 11, 열린책들)에 나타나 있다.

16  프로이트는 사실 이 강의에서 이 주제로 돌아가는 것 같지 않다. 자아의 특성에 관해서는 「억압, 증상 그리고 불안」(프로이트 전집 10, 열린책들) 제3장에서 길게 논의하고 있다.

말할 수 있겠지만 — 에 대해서 우리는 어느 정도 알고 있습니다. 그런 방법 중 하나라고 볼 수 있는 것으로서는 한번 지녔었거나 포기되었던 적이 있는 대상과의 동일시 과정입니다. 특정 대상에 집중되는 충동 에너지는 이드의 본능 욕구로부터 나옵니다. 자아는 우선 그것을 등록해 둡니다. 그러나 그것은 대상과 자신을 동일시함으로써 대상 자체 대신에 이드에게 자신을 추천하며 이드의 리비도가 자신에게 향해지도록 유도합니다. 살아가는 동안 예전의 그 수많은 대상 리비도 집중의 흔적을 자아가 자신 속에 보유하고 있다는 사실을 기억해야 합니다. 전체적으로 자아는 이드의 의도들을 수행해야 합니다. 이러한 의도들이 가장 멋지게 도달될 수 있는 상황을 조성해 놓은 다음, 자신의 과제를 완수합니다. 자아와 이드의 관계는 기수와 그의 말[馬]의 관계와 비교해 볼 수 있습니다. 말은 동력을 위한 에너지를 공급합니다. 기수는 그 짐승의 힘을 어디로 끌고 나가야 할지 목표를 정할 수 있는 우선권을 가집니다. 그러나 자아와 이드 사이에는 말이 원하는 방향대로 기수가 인도해 주어야만 하는, 이상적이지 않은 경우가 매우 빈번하게 일어납니다.

자아는 억압에 대한 저항을 통해 이드의 한 부분과 결별하는 경우가 있습니다. 그러나 억압은 이드 안으로까지 계속 확장되지 않습니다. 억압된 것은 나머지의 이드와 결합됩니다.

어느 속담은 동시에 두 주인을 섬기지 말라고 경고하고 있습니다. 불쌍한 자아의 경우는 훨씬 힘이 듭니다. 그것은 엄격한 주인 셋을 섬겨야 합니다. 그것은 그들의 요구와 주장들을 조화시키기 위해서 노력합니다. 그러나 이러한 요구들은 언제나 엇갈려 나가면서 결코 합치될 수 없는 듯이 보일 때도 있습니다. 그러므로 자아가 이러한 상황에서 그렇게 자주 좌초하게 되는 것은 결코 이상한 일이 아닙니다. 자아가 섬기는 세 주인은 외부 세계, 초자아, 그리고 이드입니다. 이러한 세 주인을 동시에 만족시키려는, 더 자세히 말해서 그 주인들에게 동시에 복종하려는 자아의 노력을 따라가다 보면, 이러한 자아를 인격화했을 때 그를 특수한 존재로 설정해도 큰 무리가 없을 것입니다. 그것은 세 개의 서로 다른 방향에서 조여 들어오는 힘을 느끼면서 세 가지 위험에 노출되어 그것들의 지나친 압박을 받게 되면 불안 공포로 반응하게 됩니다. 인지 체계의 경험으로부터 도출된 그의 유래로 말미암아 자아는 외부 세계의 요구들을 대표하는 일을 맡습니다. 그러나 자아는 또 이드의 충실한 종으로서 그에 복종하며 그와 일치된 상태에 있기를 원합니다. 그의 리비도를 자신에게 끌어들이려고 하며, 자신을 그에게 대상으로 추천합니다. 이드와 현실 사이를 중재하려는 노력 속에서 자아는 종종 이드의 무의식적인 계율을 자신의 전의식적인 합리화를 통해 위장시키고, 이드와 현실 간의 갈등을 얼버무리며, 이드가 절대로 굽히지 않겠다는 듯이 완고하게 버틸 때에도 외교적인 술책으로 현실에 대한 고려를 반영하지 않을 수 없게 됩니다. 한편으로, 자아는 매우 엄격한 초자아로부터 일거수일투족을 감시받습니다. 초자아는 자아의 행동에 대해 일정한 규범을 정해 놓고 이드나 외부 세계로부터 자아에게 가해지는 어려움 등은 전혀 고려하지 않으려 하며, 정해진 규범들이 지켜지지 않을 경우 열등감이나 죄의식과 같은 긴장감으로 자아를 벌합니다. 그렇게 이드에 의해 충동질을 받고 초자아에 의해 옥죄임을 받으며 현실로부터는 거부당하는 자아는 자신 안에서, 또 자신에게 가해지는 이러한 힘들과 영향들 간에 조화를 이루어 내기 위한 경제적인 과제를 완수하려고 노력합니다. 그러므로 우리는 〈인생은 결코 쉬운 것이 아니군!〉 하는 탄식을 억누르기 힘든 것

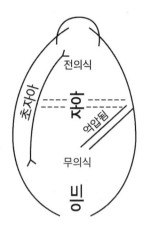

지각-의식

전의식

초자아

자아

억압됨

무의식

입니다. 자아가 자신의 약함을 인정하지 않을 수 없게 될 때 그것은 불안으로 촉발됩니다. 외부 세계에 대한 실재적 불안, 초자아에 대한 양심의 불안, 이드 안에 있는 억누를 수 없는 열정에 대한 신경증적 불안 등이 그것입니다.

　내가 여러분에게 상술한 바와 같은 정신적 인격의 구조 관계를 여기 다음과 같은 단순한 표[17]로 묘사해 보려고 합니다.

　여러분은 초자아가 얼마나 이드 안으로 깊숙이 들어가 있는지 보실 수 있습니다. 오이디푸스 콤플렉스의 상속자로서 초자아는 이드와 매우 밀접한 관련을 갖고 있습니다. 그것은 자아보다 더욱 넓게 지각 체계에 의존하고 있습니다. 이드는 — 적어도 이 표 안에서는 — 오직 자아를 통해서만 외부 세계와 교류할 수 있습니다. 현재 시점에서 이 그림이 어느 정도까지 옳은 것인지는 확

　17　이 책의 초판에는 이 그림이 여기에서처럼 수직으로 그려져 있으나, 『전집』에서는 — 아마 공간을 절약하기 위해서라고 생각되는데 — 옆으로 누인 모습으로 그려지고 있다.

실히 말하기가 매우 어렵습니다. 한 가지에 있어서만은 정확히 맞지 않는 것이 있습니다. 무의식적인 이드가 차지하는 공간은 자아나 전의식의 그것보다 비교할 수 없을 정도로 광범위합니다. 여러분의 생각 속에서 더 나은 어떤 것들이 발전될 수 있기를 기대합니다.

이처럼 매우 어렵고 그다지 명료하지 않은 것 같은 상론에 덧붙여서, 마지막으로 또 하나의 경고를 드리고 싶습니다. 인격체를 자아와 초자아, 그리고 이드로 나누는 것과 같은 이러한 분리 체계에는 인위적으로 정치적인 지도에서 그려지는 것과 같은 뚜렷한 경계선이 없다는 사실을 생각해야 합니다. 심리적인 것들의 특성은 그림이나 소박한 회화에서와 같은 선형적인 윤곽을 형성할 수는 없습니다. 그보다는 차라리 현대 회화에서처럼 몽롱한 색깔들의 음영이 있을 뿐입니다. 그것을 분리해 낸 다음에는 다시 그 분리된 것들이 상통되도록 해주어야 합니다. 그렇듯 어렵게 파악될 수밖에 없는 심리적인 것들을 보다 명확하게 직관할 수 있는 방식으로 설명하려는 첫 번째 시도에 대해서 너무 엄격하게 판단하지는 말아 주십시오. 각자 서로 다른 사람들에게서 이러한 체계들의 분리가 여러 가지로 다양하게 형성될 수 있으며, 그 기능에 있어서도 변화될 수도 있고, 때때로 부진한 발전 단계를 보일 수도 있습니다. 계통 발생적으로 가장 마지막이고 가장 불안한 자아와 초자아의 분리에서는 특히 그런 것 같습니다. 비슷한 사태가 심리적인 병으로 야기될 수 있다는 것 또한 의심의 여지가 없습니다. 어떤 신비주의적인 활동을 하는 사람들에게는 각각의 영적인 영역들 사이의 정상적 관계를 뒤엎어 버리고, 다른 방법으로는 접근이 불가능했던 저 깊숙한 곳의 자아와 이드의 관계를 파악해 낼 능력이 있다는 것도 상상해 볼 수 있습니다. 이러한 방법으로 모든 구원을 가능케 하는 그 마지막 진리들이 파악될 수 있다는 것에 적이 위안을 받으면서도 의심스러운 것이 사실일 것입니다. 어쨌든 정신분석의 치료적 노력들이 그와 비슷한 공격을 받을 수 있는 논점들을 채택해 냈다는 사실을 인정하고 싶습니다. 그것의 의도는, 자아를 강화시키고 그 자아를 초자아로부터 독립적으로 만들어 주며 그의 지각 범위를 확장하고 그 조직을 확대하여 이드의 새로운 부분을 자기 것으로 할 수 있도록 하는 것입니다. 이드가 있었던 곳에 자아가 생성되어야 합니다. 그것은 자위더르Zuider만 근처의 바다를 간척하는 것과 같은 문화적 작업입니다.

## 서른두 번째 강의

# 불안과 본능적 삶

신사 숙녀 여러분, 내가 여러분에게 정신생활의 불안과 근원적인 본능이라는 주제에 관한 우리의 가설에 대하여 더 많은 새로운 사실을 알려 드릴 수 있다고 했을 때 여러분은 별로 놀라지 않으셨을 줄 믿습니다. 그러나 그러한 것들이 논란이 되고 있는 복잡한 문제들의 궁극적인 해답은 아니라는 사실 또한 놀라운 것이 아닙니다. 나는 여기에서 특별한 목적을 가지고 가설이라는 표현을 쓰고 있습니다. 그것은 우리에게 던져진 가장 어려운 과제라고 할 수 있습니다. 그러나 그 어려움은 관찰의 불충분함에 기인하는 것이 아닙니다. 우리에게 그러한 수수께끼를 던져 주는 것은 아주 빈번하게 우리 주위에서 발생하는 가장 친근한 현상들이기 때문입니다. 또한 현상들이 촉발시키는 사변이 현실 생활로부터 너무 동떨어져 있다는 사실에 그 원인이 있는 것도 아닙니다. 사변적인 작업들은 우리의 이 영역에서는 그다지 중요한 요소들이 아닙니다. 문제는 정말로 어떻게 생각하고 어떻게 다루어 나갈 것인가 하는 것입니다. 제대로 된 추상적인 표상들을 도입하고 그러한 것들을 관찰 대상의 원재료들에 적용시킴으로써 질서와 투명성이 그 안에서 생성되도록 하는 것이 관건입니다.

불안에 대해서는 이미 그전의 강의, 즉 스물다섯 번째 강의에서 상세히 논의한 바 있습니다. 그에 대해 간추려서 다시 반복해 드리겠습니다. 불안은 어떤 정서적 상태로서 쾌락-불쾌 등의 특정한 느낌과 그것에 부합되는 신경 자극 전달과 그에 대한 지각과의 결합이라고 말할 수 있습니다. 그러나 불안은 어쩌면 유전적 형질로 육화된 어떤 특수하고 의미심장한 사건의 기억 속에 남아 있는 침전물일 수도 있습니다. 그것을 다른 것과 비교하자면, 개인적으로 습득된 히스테리 발작과 유사한 것입니다.[1] 그러한 감정 흔적을 남기게 되는 사건으로서 우리는 출생 과정을 상정해 보았는데, 그런 순간에 불안 상태의 특징이라고 할 수 있는 심장 박동과 호흡의 변화가 관찰되었습니다. 생애 최초의 불안은 그러므로 유독(有毒)한 것이었다고 할 수 있습니다. 우리는 그 후 실재적 불안과 신경증적 불안을 구별하게 되었는데, 전자는 우리에게 쉽게 이해될 수 있는 것으로서 어떤 위험, 즉 외부로부터 기대되는 손상에 대한 반응이고, 후자는 대체로 전혀 목적에 맞지 않는 수수께끼 같은 것이라고 할 수 있습니다.

실재적 불안에 대한 분석에서 우리는 그것을 감각적으로 증가된 주의 깊음과 운동 신경적인 긴장 상태라고 규정하고, 그것을 〈불안 예기Angstbereitschaft〉의 상태로 부르고자 합니다. 이러한 상태로부터 불안 반응이 생겨납니다. 그로부터 두 가지 결과가 예상됩니다. 그중 하나가 불안의 전개인데, 이는 옛날의 충격적 체험을 반복해서 느끼는 것으로서 어떤 신호에 한정적으로 반응하는 것을 말합니다. 그때 다른 여타의 반응은 새로운 위험 상태에 따라 조절되어 도망쳐 버리거나 적극적으로 방어하는 행위들로 발현됩니다. 또 한 경우는 옛날의 경험이 우위를 차지하면서 불안

1 더욱 명료한 해설은 『정신분석 강의』 중 스물다섯 번째 강의를 참조.

의 전개 과정에서 전체 반응이 소진되어 버리고 나면 감정 상태가 둔해져서 현재 상태에는 부적합한 것이 되어 버립니다.

우리는 그다음에 신경증적 불안에 초점을 맞추어 그것이 세 가지의 상황 아래에서 관찰될 수 있다는 것을 지적했습니다. 첫째로 자유롭게 떠다니는 일반적인 불안증입니다. 잠시 동안이라도 새로이 출현한 어떤 가능성에도 결합될 준비가 되어 있는 상태로서 이른바 기대 불안*Erwartungsangst*이라고 할 수 있는데, 전형적인 불안 신경증*Angstneurose*에서 발견되는 증상입니다. 두 번째로 어떤 특정한 표상 내용에 단단히 연결된 것으로서, 이를테면 공포증*Phobie*이 그것입니다. 이 경우에 우리는 외부적 위험과 관계가 있다는 것을 조금은 인정할 수 있지만, 그에 대한 불안은 대체로 부적합하게 과장된 것으로 인식할 수밖에 없습니다. 마지막으로 세 번째는 히스테리 증상에서의 불안과 심한 신경증 증상에서의 다른 불안 형태들입니다. 그것들은 다른 증후들을 동반할 때도 있고, 증후들과는 독립적으로 발작이나 오래 지속되는 상태로 나타나게 되는데, 외부적 위험을 인정할 수 있는 뚜렷한 이유가 없다는 것이 특징입니다. 그러므로 우리는 두 가지 질문을 떠올리게 되었습니다. 하나는 〈신경증적 불안에서 사람들은 무엇을 두려워하는가〉 하는 것이고, 또 다른 하나는 〈신경증적 불안을 외부적 위험들에 대한 실재적 불안과 어떻게 관련지을 것인가〉 하는 것입니다.

우리의 연구는 결코 헛된 것이 아니었습니다. 우리는 몇 개의 중요한 열쇠를 얻어 낼 수 있었습니다. 불안 예기와 관련해서 임상적 경험들은 성생활*Sexualleben*에서의 리비도 분배와 그것이 규칙적인 관련성을 갖고 있다는 것을 알게 해주었습니다. 불안 신경증의 가장 일반적인 원인은 좌절된 흥분입니다. 리비도적인 흥분이 촉발되었으나 충족되지 않고 쓰여지지 않았을 때, 그쪽으로 사용되기 위해 쏠렸던 리비도 대신 불안증이 나타나는 것입니다. 이처럼 충족되지 않은 리비도가 직접적으로 불안으로 변하는 것이라고 말한다 해도 충분히 정당화될 수 있다고 나는 믿습니다. 이러한 견해는 어린아이들의, 어떤 면에서는 꽤 규칙적이라고 할 수 있는 공포증에서 그에 대한 확인을 얻을 수 있었습니다. 이러한 공포증의 많은 것들은 우리에게 너무나 불가사의한 것들이 대부분이지만 어떤 것들, 예를 들어 혼자 있는 것에 대한 불안이나 낯선 사람들에 대한 불안 등은 확실한 설명이 가능한 것들입니다. 외로움이나 낯선 얼굴 등은 친숙한 어머니에 대한 그리움을 불러일으켜서, 아이는 그 리비도적 흥분을 제어할 수 없게 되고 유동적인 상태를 견뎌 내지 못한 채 그것을 불안으로 변화시킵니다. 이러한 아이들의 불안도 실재적 불안이라고는 할 수 없는 것으로서 신경증적인 것으로 분류할 수 있습니다. 아이들의 공포증과 불안 신경증의 불안 기대 등은 어떻게 하여 신경증적 불안이 발생되는가에 대한 두 개의 예를 제시해 주고 있습니다. 하나는 리비도의 직접적인 변화를 통해서이고, 다른 두 번째 메커니즘에 대해서는 곧 알게 되실 것입니다. 그것은 첫 번째 것과 그다지 다르지 않다는 것을 보여 주고 있습니다.

  히스테리 증상과 다른 신경증적 증상에서의 불안에 대하여 우리는 억압 과정을 그 원인으로 지목하게 되었습니다. 그것은 억압하려고 하는 표상의 운명을 그것에 달라붙어 있는 리비도의 총량*Libidobetrag*이 겪게 되는 운명으로부터 분리해 낼 때, 이 억압 과정을 이전보다 더 완전하게 설명할 수 있다는 것을 뜻합니다. 억압되고 결국은 알아낼 수 없는 것으로 왜곡되는 것은 표상입니다. 그러나 그 일정 분량의 감정치 *Affektbetrag*는 공격적인 것이든 사랑이든, 그것이 어떤 성격의 것이든 간에 거의 언제나 불안으로 변화됩니다. 리비도의 일정량이 어떤 이유 때문에 사용되지 못하는가의 문제와는 본질적으로 아무런 상관이 없습니다. 그것이 어린아이의 공포증에서처럼 자아의 유아적 허약함에 기인하는 것이든, 아니면 불안 신경증에서처럼 성생활의 신체적 과정 때문이든, 혹은 히스테리에서처럼 억압 때문에 그렇게 되든 아무 차이가 없습니다. 신경증적 불안이 발생하게 되는 그 두 개의 메커니즘은 결국 일치하게 됩니다.

이러한 연구 작업 도중에 우리는 불안의 전개 과정과 증상-형성 사이의 극히 중요한 관계에 주목하게 되었는데, 말하자면 그 둘이 서로 대체되기도 하고 교대로 나타나기도 한다는 것입니다. 광장 공포증Agoraphobie 환자는, 예를 들어 거리에서의 불안 발작과 함께 그 고통의 역사를 시작합니다. 그가 다시 거리로 나설 때마다 이 공포증은 매번 반복됩니다. 그렇게 해서 광장 공포증이라는 증상을 형성하는데, 그것은 또 자아의 기능을 규제하는 일종의 억제로 기술할 수 있으며 그럼으로써 불안 발작이 일어나지 않도록 조심하게 하는 역할을 담당한다고 볼 수 있습니다. 이것과 반대의 경우는 강박 행위에서처럼 증상-형성을 간섭하며 방해할 때 나타납니다. 손 씻는 행위를 거행하려고 하는 환자를 방해하게 되면 그는 몹시 견디기 힘든 불안 상태에 빠져듭니다. 그러므로 그의 증상이 그를 그러한 상태로부터 보호하고 있었다는 결론이 가능해집니다. 따라서 불안-발전이 더 먼저이고 증상-형성은 그다음에 나타나는 것으로 생각되는데, 바로 이 증상-형성은 불안 상태의 발작을 막기 위하여 생겨나는 것처럼 보인다는 것입니다. 그러므로 어린 시절의 첫 번째 신경증은 공포증이라는 것이 분명해집니다. 그러한 상태로부터 우리는 최초의 불안 발전으로 시작된 것이 그 후에 증상-형성으로 대체되는 과정을 똑똑히 볼 수 있습니다. 이러한 관계에서 신경증적 불안을 이해할 수 있는 최선의 통로가 발견된다는 인상을 받게 됩니다. 그것과 동시에 신경증적 불안에서 환자가 무엇에 대하여 두려워하는 것인지에 대한 물음에 대답할 수 있게 되고, 그렇게 해서 신경증적 불안die neurotische Angst과 실재적 불안Realangst 사이의 연관성을 세울 수 있게 됩니다. 사람들이 두려워하는 것, 그것은 바로 자신의 리비도입니다. 이때 실재적 불안을 느끼게 되는 상황과는 두 가지 점에서 차이가 나는데, 그 위험이란 외부적인 것이 아니고 내부적이라는 것과 그것이 의식적으로 인식되지 않는다는 사실입니다.

공포증에서는 이러한 내부적 위험이 어떻게 외부적 위험으로 변환되는지, 다시 말해서 신경증적 불안이 어떻게 해서 그럴듯한 실재적 불안으로 바뀌는지 분명하게 드러납니다. 매우 복잡하게 보이는 사태를 단순화시켜 봅시다. 광장 공포증 환자는 언제나 거리에서 맞닥뜨리게 된 사람으로 말미암아 유혹을 느끼고 그 때문에 촉발된 흥분을 두려워한다고 가정해 봅시다. 그 공포증에서 환자는 사태를 전위시키고, 그러고 나서 외부적 상황에 대해 걱정하는 것입니다. 이러한 행위를 통해 그가 얻게 된다고 믿는 이점은 그렇게 함으로써 자신을 보다 잘 보호할 수 있다는 것입니다. 외부적 위험에 대해서 사람들은 그것으로부터 도주함으로써 자신을 지킵니다. 그러나 내부적인 위험에 대한 도주를 시도하는 것은 매우 힘든 작업이 될 수밖에 없습니다.

불안에 대한 지난 강의의 끝 무렵에, 나 자신도 이러한 우리 연구의 여러 가지 다른 결과가 서로 모순되는 것은 아니지만 그렇다고 해서 서로 꼭 합치되는 것도 아니라는 판단을 내릴 수밖에 없었음을 밝힌 적이 있습니다. 불안은 하나의 정서적 상태로서 지나간 위협적인 사건의 재생 작용이며, 또 자기 보존의 목적에 기여하는 새로운 위험에 대한 신호이며, 어떤 이유에서 사용할 수 없게 된 리비도로부터 발생하고, 또 억압 과정 중에 일어납니다. 그것은 증상-형성과 교체됩니다. 다시 말해 심적으로 연관됩니다. 사람들은 여기서 이러한 부분들을 전체로 묶어 낼 중요한 뭔가가 빠져 있다는 느낌을 받습니다.

신사 숙녀 여러분! 지난번 강의에서 설명드린 바와 같이 정신적 성격 구조를 초자아, 자아, 그리고 이드로 나눌 수 있다는 사실은 불안의 문제에 대해서 우리에게 새로운 방향 설정을 강요하고 있습니다.[2] 자아만이 유일한 불안의 터전이고, 자아만이 불안을 만들어 내고 감지할 수 있다는 가정으로부터 우리는 새롭고 확실한 입장을 갖게 되었는데, 그것으로부터 많은 관계가 또 다른 모습을 띠게 되는 것입니다. 〈이드의 불안〉이라고 말할 때, 또 불안해하는 능력은 초자아의 영역에 속한 것이라고 생각했을 때, 정말이지 그것이 어떤 의미를 지니게 되는지 상상하기조차 힘듭니다. 그와는 반대로 불안의 세 가지 중요한 형태, 즉 실재적 불안, 신경증적 불안, 그리고 양심의 불안이 자아가 의존하고 있는 세 가지 요소, 즉 외부 세계, 이드, 초자아와 매우 쉽게 연관될 수 있다는 사실은 아주 고무적인 것입니다. 이러한 새로운 견해로 인해서 그 전에도 우리에게 낯설지 않았던 기능으로서, 위험 상황에 대한 지표의 역할을 하는 신호로서의 불안의 기능은 부각되고, 불안이 어떤 것을 재료로 해서 만들어지는가에 대한 물음은 시들해져 버리

2   여기서 계속 이어지는 〈불안〉에 관한 설명의 대부분은 「억압, 증상 그리고 불안」(프로이트 전집 10, 열린책들)에도 나와 있다. 그러나 여기서의 설명이 프로이트의 최종적인 견해라고 보면 된다.

며, 실재적 불안과 신경증적 불안과의 관계는 놀라운 방법으로 설명되고 단순화될 수 있는 것입니다. 한편으로 이제 우리가 언뜻 보기에 불안의 생성에 관한 보다 복잡한 사례들을 단순한 사례들보다 더 잘 이해할 수 있다는 것은 특기할 만한 일입니다.

우리는 최근에 불안 히스테리로 분류되는 공포증에서 불안이 어떻게 생성되는지를 연구하고, 또 오이디푸스 콤플렉스에 의해서 소원 충동이 전형적으로 억압받는 경우들을 선택해서 조사해 보았습니다. 그것은 억압의 결과로 불안으로 변화되고 증후적으로는 아버지를 대리하는 존재와 연결되어 나타나는 것으로서, 어머니라는 대상에 대한 리비도 집중이라는 사실을 발견할 수 있으리라고 기대했습니다. 나는 여러분에게 그러한 연구의 개별적인 단계들을 일일이 다 설명해 드릴 수는 없습니다. 그런데 놀라운 것은 그 결과가 우리의 기대와는 정반대였다는 것입니다. 억압이 불안을 만들어 내는 것이 아니라, 불안이 이미 그 이전에 거기 있었고 불안이 억압을 일으킨다는 사실입니다.[3] 그렇다면 그것은 도대체 어떤 불안입니까? 위협적이고 외부적인 위험에 대한 불안, 그러니까 실재적 불안이었습니다. 소년이 자신의 리비도의 요구에 대해서 불안을 느끼게 된다는 것은 사실입니다. 이 경우에 그것은 자신의 어머니와 사랑에 빠지는 것에 대한 불안입니다. 그러므로 신경증적 불안의 한 경우가 되는 것입니다. 그러나 이러한 사랑은 그에게 외부적인 위험 상황을 초래하기 때문에 그 대상을 포기함으로써 벗어나야 하는 내부적 위험으로 감지됩니다. 우리가 조사했던 모든 경우에서 이와 똑같은 결과를 얻게 되었습니다. 그러므로 내적인 본능 위험*Triebgefahr*은 외부적이고도

---

3   이러한 결론은 「다섯 살배기 꼬마 한스의 공포증 분석」(프로이트 전집 8, 열린책들)과 「늑대 인간」(프로이트 전집 9, 열린책들)에 대한 분석으로 뒷받침된다.

실재적인 위험 상황에 대한 전제 조건이며 준비 단계라는 사실을 우리가 미처 파악하지 못했다는 것을 고백하지 않을 수 없습니다.

그러나 우리는 어머니에 대한 사랑의 결과로서 아이가 두려워하는 실재적 위험이 무엇인지에 대해서는 아무런 언급도 하지 않았습니다. 그것은 자신의 성기를 잃게 되는 거세라는 벌입니다. 그것은 결코 실재적 위험이 아니라고 여러분은 이의를 제기하실 것입니다. 우리의 소년들은 물론 그들이 오이디푸스 콤플렉스의 단계에서 자신의 어머니를 사랑하게 되었다고 해서 거세당하지는 않습니다. 그러나 그것은 그렇게 간단한 문제만은 아닙니다. 무엇보다도 문제가 되는 것은 거세가 실제로 행해지는지의 여부가 아닙니다. 오히려 결정적인 것은 위험이 외부로부터 가해진다는 것이며, 아이는 그것을 실제 상황으로 믿어 버린다는 데 있습니다. 그가 그렇게 믿는 데에는 몇 가지 이유가 있습니다. 왜냐하면 소년의 남근기, 그러니까 그가 최초로 자위를 할 시기에 어른들은 충분할 만큼 자주 남근을 잘라 버리겠다는 위협을 하고, 바로 이러한 처벌의 암시는 규칙적으로 그 자신에게 있어서도 계통 발생적으로 강화됩니다. 인간들이 가족을 이루어 살기 시작한 원시 시대에는 질투심에 가득 찬 잔인한 아버지에 의해서 성장하는 아들에 대한 거세가 실제로 자행되었을 것이라고 추측해 볼 수 있습니다. 그리고 아직도 미개 종족들 사이에서는 사춘기 성년 의식의 중요한 부분으로 할례가 종종 이루어지는데, 이는 그러한 거세 행태가 남아 있는 징표로 생각됩니다. 우리의 이러한 견해가 사람들의 일반적인 생각들로부터 얼마나 멀리 떨어져 있는지 잘 알고 있지만, 거세 불안이 억압과 신경증 형성을 일으키는 가장 빈번하고 강력한 동인이라는 사실에 집착하지 않을 수 없습니다. 거세까지는 가지 않더라도 (앵글로색슨 사회에서는 그렇게 드문 경우라고 할 수 없는) 자위에 대한 처벌 혹은 치료 방법으로 서 소년에 대해 할례가 이루어진 사례들을 분석해 본 결과는 우리의 확신에 대해 결론적인 증거를 제공해 주었습니다. 이 시점에서 거세 콤플렉스에 대해 더 자세하게 논의해 보고 싶은 유혹이 강하게 일어나는 것이 사실이지만, 계속해서 우리의 주제를 다루어 나갑시다.

물론 거세 불안이 억압의 유일한 동기는 아닙니다. 거세 콤플렉스를 가지고는 있지만 거세 불안은 가질 수 없는 소녀에게는 그러한 것을 일으킬 근거가 없습니다. 여성에게는 그 자리에 사랑을 잃게 되지 않을까 하는 불안이 나타납니다. 그것은 틀림없이 젖먹이 때 어머니의 부재 시 느꼈던 공포의 연장입니다. 여러분은 이러한 공포를 통해서 어떠한 실재적 위험 상황이 암시되는가를 알고 계실 것입니다. 어머니가 없을 때 혹은 아이에게 더 이상 사랑을 베풀지 않게 될 때 아이는 자신의 욕구 만족에 대해 더이상 안심할 수 없게 되고, 아마도 가장 고통스러운 긴장 상태에 빠지게 됩니다. 이러한 불안의 조건은 근본적으로 원초적인 출생 불안의 상황을 되풀이한다는 것, 즉 어머니로부터의 분리를 의미한다는 생각을 거부하지 마십시오. 페렌치의 생각에 따르면 거세 불안 역시 이쪽에 분류시킬 수 있다는 것입니다.[4] 왜냐하면 남성적인 성기의 상실은 성행위에 있어서 그녀를 대신할 대용물과 결합하는 것이 불가능하다는 것을 의미하기 때문입니다. 덧붙여서 말씀드리고 싶은 것은, 어머니의 자궁으로 회귀하기를 열망하는 빈번한 환상은 이런 성교 소원의 대용물인 것입니다. 여기에는 재미있고 놀라운 연관성들이 더 많이 있지만 정신분석 강의의 테두리를 넘어설 수 없기 때문에 더 이상의 설명은 그만두기로 하

---

4  S. Ferenczi, "Zur Psychoanalyse von Sexualgewohnheiten"(1925).

고, 심리학적인 연구가 생물학적인 사실들에 이르기까지 얼마나 멀리 진출해 나갈 수 있는지에 대해서만 주목해 주시기를 여러분에게 부탁드리고 싶습니다.

정신분석학에 관해 매우 훌륭한 논문들을 발표한 바 있는 오토 랑크의 공적은, 출생 행위와 어머니로부터의 분리가 지니는 의미를 중점적으로 강조한 데 있습니다.[5] 그러나 우리는 그가 이러한 순간에서부터 이끌어 낸 신경증 이론과 분석적 치료 방법을 위한 극단적인 결론들을 그대로 인정할 수는 없다고 판단하게 되었습니다. 출생 순간의 불안 체험이 그 후의 모든 위험 상황의 원형이라는 그의 이론의 핵심은 그가 예전에 이미 발견한 사실이었습니다.[6] 그의 이론에 더 머물러서 생각해 보면, 원칙적으로 모든 각각의 발전 단계에만 특정한 불안 조건, 그러니까 위험 상황을 제각기 대응시킬 수 있다고 말할 수 있겠습니다. 심리적 무력감의 위험은 자아 초기의 미성숙 단계에 들어맞고, 대상-상실(또는 사랑의 상실)의 위험은 생후 1년 동안의 비자립적 단계에 적용되며, 남근기에는 거세 위험이, 마지막으로 매우 특별한 위치를 차지하는 초자아에 대한 불안은 잠재기에 해당됩니다. 발달 과정이 진행되면서 옛날의 불안 조건들은 사라지게 되는데, 왜냐하면 그에 부합되는 위험 상황이 자아의 강화에 따라 평가 절하되기 때문입니다. 그러나 그것은 아주 불완전하게 이루어질 뿐입니다. 많은 사람들은 사랑의 상실에 대한 불안을 극복할 수 없습니다. 그들은 결코 다른 사람의 사랑에서 충분할 정도로 독립하지 못하고, 이러한 점에서 자신의 유아적 행동을 계속하게 됩니다. 초자아에

---

5  O. Rank, *Das Trauma der Geburt*(1924).

6  『정신분석 강의』 중 스물다섯 번째 강의 참조. 랑크의 탄생 이론에 대한 프로이트의 비판은 「억압, 증상 그리고 불안」 제8장과 10장에서 찾아볼 수 있다.

대한 불안은 일반적으로 결코 끝나지 않습니다. 그것은 양심의 불안으로 사회적 관계들에서 필수 불가결한 것이며, 개개의 인간은 아주 희귀한 경우에만 인간적 공동체로부터 자유로울 수 있기 때문입니다. 옛날의 위험 상황들 중 몇 개는 그 후의 시기에도 이어지곤 하는데, 그것은 위기 상황이 불안의 조건들을 시기에 따라서 변형시키기 때문입니다. 예를 들어 거세 위험은 매독 공포증이라는 변장을 하고 지속됩니다. 성인이 된 사람들은 거세가 더 이상 성적 탐닉을 자신에게 허용한 대가로 치르는 형벌이 아님을 알게 됩니다. 그러나 그러한 본능의 자유가 무서운 병으로 위협받게 된다는 것을 알게 되었습니다. 우리가 신경증 환자라고 일컫는 사람들은 위험에 대한 그들의 행동에 있어서 여전히 유아적이고, 오랜 세월에 걸친 불안의 조건을 극복하지 못한 사람들이라는 데 의심의 여지가 없습니다. 이 같은 사실을 신경증 환자들의 특징 가운데 하나로 볼 수 있습니다. 그러나 그것이 왜 꼭 그래야 하는지에 대해 말하기는 그다지 쉽지 않습니다.

　나는 여러분이 전체적인 조망을 잃어버리지 않고 우리가 불안과 억압 사이의 관계들을 연구하기 위해 노력 중이라는 점을 알고 계시리라 기대합니다. 우리는 두 가지 사실을 밝혀냈는데, 한 가지는 불안이 억압을 만들어 내는 것이지 우리가 처음에 생각했던 대로 그 반대가 아니라는 사실입니다. 또한 두려움을 느끼는 충동 상황은 근본적으로는 외부적인 위험 상황에 그 원인이 있다는 것입니다. 그다음의 질문은 이렇게 이어집니다. 불안의 영향 아래 놓여 있는 억압 과정을 어떻게 상상할 수 있는가 하는 것입니다. 나는 이렇게 생각합니다. 떠오르는 충동 욕구의 만족은 기억 속에 있는 위험한 상황들 중 하나를 야기시킬 것이라는 사실을 자아가 감지하리라는 것입니다. 그러므로 이러한 충동에 집중

하는 에너지는 어떤 식으로든 억압되고, 제거되고, 힘없는 다른 것으로 만들어져야 합니다. 자아가 충분히 강하고 이러한 본능 충동을 자신의 체계 속으로 잘 편입시킬 수 있을 때, 자아는 이러한 과제를 잘 수행합니다. 억압의 경우는 그 본능 충동이 이드에 속해서 자아가 그것에 대해 스스로를 어쩐지 약하게 느낄 때입니다. 그렇게 되면 자아는 근본적으로 우리가 보통 사고라고 부르는 방법을 동원합니다. 사고한다는 것은 아주 적은 에너지의 양을 사용하는 실험적인 행위라고 할 수 있습니다. 마치 전쟁터의 장군이 자신의 군대에 작전을 실행하기 전에 지도 위에서 작은 모형들을 옮기는 것과 같다고 할 수 있습니다.[7] 그러므로 자아는 수상쩍은 본능 충동의 만족이 어떠한 결과를 가져올 것인가를 예측하고, 그 위협적인 위험이 시작될 때 불쾌한 감정을 재생산하는 것입니다. 그것으로 인해 쾌락-불쾌 원리의 자동 장치가 작동되는데, 그것은 위험한 본능 충동을 억압하게 됩니다.

〈잠깐 멈추세요! 우리는 더 이상 따라갈 수가 없어요〉라고 여러분은 나에게 외치실 것입니다. 맞습니다. 여러분이 수용하기 쉽도록 조금 더 부연해야겠습니다. 실제로는 틀림없이 의식적인 과정이나 전의식적인 과정이 아니며, 우리가 상상할 수 없는 깊이에 있는 에너지의 양 사이에서 일어나는 과정들을 내가 우리의 일반적인 사고 언어로 번역하려 했고, 그리하여 그것이 그렇게 이해하기 힘든 것으로 보이는 것도 무리가 아님을 인정할 수밖에 없습니다. 그러나 그것은 그리 큰 문제라고 할 수가 없습니다. 그

7  이 〈사고 활동의 지연〉에 관해서는 이미 서른한 번째 강의에서 자아의 주요 기능 가운데 하나로 언급된 바 있다. 사고를 작은 규모의 실험적인 활동, 즉 〈현실성 검사〉의 필수 요소로 간주하는 것은 프로이트 초기 이론의 가장 근본적인 입장 가운데 하나다. 또한 이것은 프로이트가 정신 과정을 제1 정신 과정과 제2 정신 과정으로 구분하는 것과도 밀접한 연관이 있다.

렇게밖에는 달리 어떻게 할 수가 없었던 것입니다. 더 중요한 것은 억압이 있을 때 자아 속에서 일어나는 일과 이드 속에서 일어나는 일을 분명하게 구별하는 것입니다. 자아가 무슨 일을 하는지에 대해서 우리는 방금 논의한 바 있습니다. 그것은 실험적인 집중 에너지를 적용해 보고 불안 신호를 통해서 쾌락-불쾌 자동 장치를 가동시킵니다. 그렇게 되면 여러 가지 반응이 가능해지고, 여러 가지 비율로 이루어진 에너지 양을 지닌 반응들의 집합도 있을 수 있습니다. 불안 발작이 완전히 진전되어 자아는 불쾌한 흥분을 완전히 회피해 버리거나, 실험적인 리비도 집중 대신 자아가 리비도 반대 집중으로 흥분에 대항하여 억압된 충동과 함께 증상-형성*Symptombildung*이나 반동-형성*Reaktionsbildung*으로 나타나게 하거나, 특정한 소질의 강화로 혹은 지속되는 변화로서 자아 속에 편입시키기도 합니다. 불안의 발전이 어떤 신호에 국한될수록 자아는 억압되는 것과의 심리적인 연결이라고 할 수 있는 방어 행동*Abwehrreaktion*을 더 많이 이용하게 되고, 거기에 결코 도달할 수는 없지만 그 과정은 정상적인 처리 과정에 더 가까이 다다르게 됩니다. 어쨌든, 여기에서 조금 더 머물러 봅시다. 사람들이 일반적으로 성격이라고 일컫고 있지만 정의하기가 매우 힘든 그것을 여러분은 대체로 자아의 영역에 속한 것이라고 가정해 왔을 것입니다. 우리는 이러한 성격을 형성하는 것이 무엇인지에 대해서 알게 되었습니다. 무엇보다도 예전의 부모 심급이 초자아로 육화되는데, 이것이 가장 중요하고 결정적인 것으로서 나중에 부모와 자신을 동일시하게 되는 것이나 다른 영향력 있는 대상들과의 동일시, 또 방기된 대상-관계의 침전물로서 나타나는 같은 동일시의 작용들이 성격 형성의 요인들입니다. 성격 형성에서 결코 빠질 수 없는 것으로서 반동-형성을 덧붙여야겠습니다. 그것은 자아가 처음에는 그 억압을 통해, 다음에는 환영할 수 없는 본능 충동을 거부함으로써 보다 더 일반적인 방법으로 획득하게 되는 것입니다.[8]

자, 이제는 다시 돌아가서 이드에 주의를 기울여 봅시다. 본능 충동과 싸움을 벌일 때 그것을 억압하는 과정 중에 무슨 일이 일어나는지를 알아내기란 쉽지 않습니다. 우리가 관심을 갖고 있는 것은 주로 에너지는 어떻게 되는가, 이러한 흥분의 리비도적인 충전은 어떻게 되는가, 즉 그것이 어떻게 사용되는가 하는 것입니다. 이전에는 바로 그것이 억압되어 불안으로 변화하는 것이라고 가정해 왔던 것을 여러분도 기억하실 것입니다. 이제는 더 이상 그렇다고 말할 수 없게 되었습니다. 보다 겸손한 대답은, 그것의 운명이 항상 똑같은 것은 아니리라는 것입니다. 아마도 억압된 충동과 관련해서 그때 자아 속에서 일어나는 일과 이드 속에서 일어나는 일 사이에는 내밀한 대응이 존재할 것입니다. 바로 그것의 성격에 대하여 우리는 무언가 알아내지 않으면 안 됩니다. 불안 신호에 의해서 일깨워지는 쾌락-불쾌 원리를 억압 과정으로 편입시키고 난 이후로, 우리는 우리의 기대를 바꾸지 않을 수 없었습니다. 이 원리는 이드 안에서 일어나는 모든 과정에 절대적인 통치권을 행사합니다. 그것이 문제되는 본능 충동에 심각한 변화를 초래한다는 사실은 믿어도 됩니다. 억압의 결과는 매우 다양하며 다소 광범위한 영향을 끼치기도 한다는 사실을 받아들일 준비는 되어 있습니다. 많은 경우에 억압된 본능 충동은 자신의 리비도가 충전된 상태를 계속 유지할 수 있으며, 자아의 지속적인 압력하에서도 이드 속에서 아무것도 변화되지 않은 모습으

---

8  이 단락의 전반부는 「자아와 이드」 제3장 전반부의 논의에서 이끌어 온 것이고, 후반부는 「억압, 증상 그리고 불안」 제11장에 근거한 것이다.

로 지속적으로 남아 있을 수 있습니다. 또 어떤 경우에는 그것이 완전히 파괴되어서 그 리비도는 결과적으로 다른 궤도로 옮겨 가게 되는 일도 있습니다. 그것은 오이디푸스 콤플렉스의 정상적인 극복 과정에서 일어나는데, 이러한 바람직한 경우에 그것은 간단하게 억압되는 것만이 아니라 이드 안에서 파괴되어 버리고 만다는 것을 강조하고 싶습니다.[9] 임상적 경험은 많은 경우에 우리에게 익숙한 억압이라는 결과 대신 리비도가 힘을 상실하게 되어 그 이전 단계로 리비도 체계가 퇴행한다는 사실을 가르쳐 주었습니다. 그것은 물론 이드 안에서 일어나는 일로서, 그런 일은 불안 신호에 의해 야기되는 갈등의 영향력 아래에서 일어납니다. 이러한 유의 가장 주목할 만한 예는 강박 신경증인데, 이 경우에 리비도의 퇴행과 억압은 함께 영향을 미칩니다.

신사 숙녀 여러분! 이러한 설명이 여러분에게는 너무도 이해하기 힘든 것으로 비쳐져서, 그것들이 충분히 자세하게 설명된 것 같지 않다는 생각을 갖게 되지나 않을까 적이 불안한 마음입니다. 여러분에게 성가신 두통거리를 안겨 드려서 죄송합니다. 여러분이 우리의 연구 결과의 성격에 대해서, 그것을 갖고 작업할 때 발생하는 어려움에 대하여 조금이라도 인식해 주셨으면 하는 것이 나의 바람일 뿐입니다. 우리가 정신적 과정에 대한 연구에 더 깊숙이 빠져들수록 그 내용의 풍부함과 복잡성에 대해서 더 많이 인식할 수 있게 됩니다. 처음에는 들어맞는 듯이 보이던 여러 가지 단순한 공식도 뒤에 가서는 불충분한 깃으로 판명될 때가 종종 있습니다. 우리는 그것들을 수정하고 개선하는 데 결코 지치지 않을 것입니다. 꿈의 이론에 대한 강의에서 나는 여러분을 15년 동안 새로운 사실이라고는 거의 발견되지 않았던 영역

9 「오이디푸스 콤플렉스의 소멸」(프로이트 전집 7, 열린책들) 참조할 것.

으로 인도했습니다. 그런데 불안이라는 문제를 다루는 여기에서는 모든 것이 유동적이며 변화되는 와중에 있습니다. 이러한 새로운 사실들은 아직 철저하게 다루어지지는 못했습니다. 그러므로 그것에 대해 설명하는 것도 당연히 매우 어려울 수밖에 없습니다. 그러니 인내심을 가져야만 합니다. 우리는 불안이라는 이 주제로부터 곧 떠날 수 있을 것입니다. 그러나 그것은 우리가 이 문제를 만족할 만큼 충분히 해결했다는 것을 뜻하는 게 아닙니다. 그래도 우리는 조금이나마 더 본질에 가까이 다가갈 수 있었다고 믿고 싶습니다. 그러는 도중에 우리는 모든 새로운 통찰에 다다르게 된 것입니다. 그러므로 이제 불안에 대한 연구를 통해서 우리는 자아에 대한 우리의 서술에 새로운 사실을 덧붙일 수 있게 되었습니다. 자아는 이드에 비해 힘이 약하고 그의 명령을 수행하며, 그의 요구를 성취하려고 노력하는 충실한 종이라고 우리는 설명해 왔습니다. 이 주장을 철회해야 할 이유가 있다고는 생각하지 않습니다. 그러나 다른 한편으로 이 자아는 보다 체계가 잘 잡힌, 현실에 잘 적응하는 이드의 한 부분입니다. 이 두 개를 너무 과장되게 분리해서는 안 되며, 자아가 자기편에서도 이드에서의 심리 과정에 영향력을 행사하기도 한다는 사실에 그리 놀랄 필요도 없습니다. 자아는 불안 신호를 매개로 전능의 힘을 가진 쾌락-불쾌 원리를 가동시킴으로써 이 영향력을 행사합니다. 그러나 어쨌든 바로 다음 순간에 자아는 다시 허약함을 드러냅니다. 왜냐하면 억압이라는 행위를 통하여 자아는 자신의 조직 체계의 한 부분을 포기하고 억압된 본능 충동이 계속해서 자신의 영향력이 미치지 않는 곳에 머무는 것을 허락할 수밖에 없기 때문입니다.

이제 불안 문제에 대하여 단 한 가지 점만을 첨가해 보겠습니다. 신경증적 불안은 우리의 손 아래에서 특정한 외부적 위험 상황에 대한 불안인 실재적 불안으로 변화되었습니다. 그러나 그것에만 머물러 있을 수는 없고 우리는 또 한 걸음을 앞으로 내디딜 수밖에 없는데, 결과적으로 그것은 한 걸음 뒤로 물러서는 것과 같습니다. 그러한 위험 상황에서 위험한 것, 두려운 것으로 인식되는 것은 도대체 무엇입니까? 분명하게 얘기해서 그것은 사람을 해칠 수 있는, 객관적으로 판단되는 위험은 아닙니다. 그것은 심리적으로는 전혀 문제되지 않는 것이지만, 그 사람의 정신생활에는 무언가를 야기할 수도 있는 것입니다. 예를 들어 출생의 사건은 불안 상태에 대한 우리의 원형으로서 그것 자체로는 결코 손상이라고 볼 수 없지만, 그럼에도 손상의 위험은 거기에 있을 수 있습니다. 다른 모든 위험 상황에서와 마찬가지로 출생에서 본질적인 것은 정신적 체험에 극도로 긴장된 흥분 상태를 불러온다는 것입니다. 그것은 매우 고통스럽게 느껴지며 그로부터 벗어난다고 해도 결코 극복될 수 없는 것입니다. 쾌락 원리의 노력들이 모두 허사가 되는 그러한 상황을 한번 가정해 봅시다. 그것은 외상적(外傷的)인 순간으로서 우리는 그때에 신경증적 불안,실재적 불안, 위험 상황이라는 일련의 경로를 거치면서 단순한 하나의 결론에 이르게 됩니다. 두려워하는 것, 불안의 대상은 언제나 어떤 〈외상적〉 순간의 등장으로 인한 것이라는 사실입니다. 그것은 쾌락 원리의 규정에 따라서는 도저히 제어되지 않는 어떤 것입니다. 이와 같은 사실에서 즉시 알 수 있는 것은, 쾌락 원리라는 장치를 통해서는 결코 객관적 손상에 대해 우리의 안전이 보장되지 않고, 오직 우리의 심리적 경제학의 어떤 손상에 대해서만 안전하게 해준다는 것입니다. 쾌락 원리로부터 자기 보존의 충동에 이르려면 아직도 먼 길이 남아 있습니다. 이 두 경향이 처음부터 일치하기에는 여전히 많은 것이 부족한 상태입니다. 그러나 우리는 조금 다른 것을 볼 수 있습니다. 어쩌면 이것이 우리가 찾고 있는 해답인지도 모릅니다. 말하자면 여기에서는 모든 것이 상대적인 양의 문제라는 것입니다. 흥분의 양이 어느 정도 커질 때에만 외상적 순간이 지각됩니다. 그렇게 되면 쾌락 원리의 능력은 마비되고 위험 상황은 의미를 갖게 되는 것입니다. 만일 사실이 그러하다면, 이 문제들이 그렇게 간단히 풀릴 수 있는 것이라면, 어떠한 위험 상황과의 관련 없이도 정신생활에서 그러한 외상적 순간이 일어나는 것이 왜 가능하지 않을까요? 그러한 위험 상황에서는 불안이 어떤 것에 대한 신호로서 나타나는 것이 아니라 다른 이유로 인해서 새롭게 생성되는 것입니다. 임상적인 경험은 확실하게, 실제로도 그렇다라고 천명하고 있습니다. 단지 후기의 억압만이 우리가 서술한 바 있는 지나간 위험 상황의 신호로서 불안의 감정이 나타나는 메커니즘을 보여 주고 있습니다. 처음의 보다 근원적인 억압은 자아가 외상적 순간으로부터 비롯하는 과도한 리비도의 요구와 만나는 그 순간에 직접적으로 생겨나는데, 그것은 불안을 새로이 형성합니다. 그런데 그 불안은 출생 순간의 원형에 따른 것이기도 합니다. 똑같은 과정이 불안 신경증의 불안 발전에서도 성 기능의 신체적 손상에 의해서 일어납니다. 그때에 불안으로 변화되는 것이 리비도 그 자체라고 주장할 마음은 더 이상 없습니다. 그러나 한 번은 외상적 순간의 직접적인 결과로서, 또 다른 경우에는 그런 것이 반복될 수 있다는 위험 신호로서 간주되는 두 가지 원천으로부터 발생한다는 데 대한 반론의 여지를 나는 발견하지 못했습니다.

신사 숙녀 여러분! 이제는 더 이상 불안에 대하여 듣지 않아도 된다는 사실은 여러분을 틀림없이 기쁘게 할 것입니다. 그러나 여러분은 별로 기뻐할 것이 없습니다. 왜냐하면 앞으로도 더 나은 내용이 등장하지 않을 것이기 때문입니다. 나는 오늘도 리비도 이론이나 본능 이론의 영역으로 여러분을 인도할 계획을 가지고 있는데, 그 분야에서는 많은 것들이 새로운 발전을 이룩했습니다. 여기에서는 대단한 발전이 진척되어서 그것에 대해 조금이라도 알려고 하는 모든 수고가 헛되지 않을 것이라고는 말하고 싶지 않습니다. 아닙니다. 그곳은 여전히 우리가 방향 감각을 얻으려고, 또 통찰을 얻기 위해서 애쓰며 노력하는 분야일 따름입니다. 여러분은 이러한 우리의 노력에 대한 증인이 되어 주셔야만 합니다. 여기에서도 나는 이전에 여러분에게 강의했던 내용들로 되돌아가지 않을 수 없습니다.

본능 이론은 말하자면 우리의 신화입니다. 본능은 신화적인 존재입니다. 그것은 비규정적 특성으로 인해 더 대단한 그 어떤 것입니다. 우리는 우리의 작업에서 어느 한순간도 그로부터 눈을 뗀 적이 없지만, 그런데도 그것을 날카롭게 파악하고 있는지에 대해서는 결코 안심할 수 없습니다. 대중들의 사고에서 이러한 본능이 어떻게 다루어져 왔는지를 여러분도 잘 아실 것입니다. 사람들은 자기들이 원하는 만큼 많은 종류의 본능을 상정하고 있습니다. 자기 주장 본능, 모방 본능, 놀이 본능, 사교 본능, 그 외에도 그와 같은 것들이 많이 있습니다. 사람들은 이러한 본능들을 받아들여 그 각각이 제 일을 하도록 한 다음 그들을 버립니다. 이렇게 수많은 자잘한 임시적 본능 외에도 무언기 진지하고 강력한 것이 숨어 있으리라는 예감이 항상 우리를 사로잡았고, 우리는 거기에 조심스럽게 다가가고 싶어 했습니다. 우리의 첫 번째 걸음은 매우 겸손한 것이었습니다. 우선적으로 두 가지 중대한 욕구에 따라 두 개의 주요 본능 또는 본능 종류나 본능 집단을 구별하는 것으로 시작하면 그다지 실패하지 않게 되리라고 우리는 생각했습니다. 이 두 가지는 배고픔과 사랑입니다. 우리가 다른 모든 학문으로부터 심리학의 독립성을 아무리 열심히 주장하더라도, 우리는 여기에 아직 흔들릴 수 없는 생물학적 사실, 즉 살아 있는 개체들은 두 가지 목적에 종속될 수밖에 없다는 사실의 그림자 속에 서 있습니다. 그 두 가지 목적은 자기 보존과 종족 보존으로서 그것들은 서로 독립적으로 보이며, 우리의 지식으로 보자면 어떠한 공통의 근원도 발견할 수 없는 듯이 보이지만, 동물적인 삶에서는 이해관계가 서로 자주 부딪치는 듯이 보입니다. 우리는 여기서 원래 생물학적 심리학을 추구하는 것이며, 생물학적 과정의 심리적 동반 현상을 연구하는 것이라고 볼 수 있습니다. 이러한 견해에 따라 〈자아 본능〉과 〈성 본능〉이 정신분석 속에 편입되었습니다. 첫 번째 본능에 속하는 것으로서 우리는 사람의 자기 보존, 자기주장, 자신의 확장과 관련된 모든 것을 포함시켰습니다. 마지막에는 유아적 성과 도착된 성생활과 관련된 것들까지도 포함시킴으로써 그 풍부함을 확대해 나갔습니다. 우리가 신경증에 대한 연구에서 자아를 제한하고 억제하는 힘으로, 또 성적 추구는 제한되고 억압된 것으로 간주했으므로, 그 두 개의 본능 집단 사이의 차이뿐만 아니라 갈등까지도 파악할 수 있다고 우리는 믿었습니다. 우리 연구의 첫 번째 대상은 성 본능으로서, 우리는 그 에너지를 〈리비도〉라 불러 왔습니다. 그 연구들을 통해서 본능이란 무엇이고, 무엇을 그에 속한 특징으로 생각해야 할지에 대한 우리의 표상들을 설명하려고 노력해 왔습니다. 이것이 리비도 이론의 현 위치입니다.

본능이 자극과 다른 점은 그것이 신체 안에 있는 자극 원천에서부터 유래한다는 점에 있습니다. 그것은 항시적인 힘처럼 작용하고, 사람들은 외부적 자극에서처럼 단순히 도망친다고 해서 그로부터 달아날 수가 없는 것입니다. 본능에 있어서는, 그 원천과 대상, 그리고 목적이 서로 구별됩니다. 원천이란 신체적인 것 속에 있는 흥분의 상태이고 목적은 이러한 흥분을 제거하는 것이며, 원천에서부터 목표에 도달하는 도중에는 그 본능이 심리적으로 작용합니다. 우리는 그것을 어떤 특정한 방향을 향해서 분출하는 에너지의 양으로 생각합니다. 이러한 분출 작용으로 인해서 본능이라는 이름이 붙여진 것입니다. 사람들은 적극적 혹은 소극적 본능이라는 얘기들을 하는데, 더 정확히 말한다면 적극적 혹은 소극적 목적이라고 해야 합니다. 왜냐하면 어떤 소극적 목표라고 할지라도 그것에 도달하기 위해서는 활동이 소요되기 때문입니다. 본능이 목표하는 바는 그 사람 자신의 몸에서 이루어지는데, 대체로 외부의 대상이 몸속에 들어옴으로써 본능은 자기의 외적 목표에 도달하게 됩니다. 그 내부적 목표는 매번 만족으로서 느껴지는 신체적 변화입니다. 신체적 원천과의 관계가 본능에 어떤 특별성을 부여하는지, 부여한다면 그것이 무엇인지는 아직 분명히 밝혀지지 않았습니다. 이제까지 우리의 분석적 연구 경험들에 의하면, 어느 한 원천으로부터의 본능 충동은 다른 원천으로부터의 본능 충동과 결합되고 그것들과 계속적으로 운명을 나누어 가진다는 것, 한 본능 충족은 다른 것들로 대체될 수도 있다는 것은 의심할 수 없는 사실입니다. 우리가 그러한 것들을 특별히 잘 이해하지 못했다는 것을 인정해야겠습니다. 또한 목표와 대상에 대한 본능의 관계는 수정되기도 하고, 그 둘은 다른 것들과 교환될 수도 있습니다. 그러나 대상에 대한 관계는 그 둘 중 더 쉽게 느슨해질 수 있는 것입니다. 특별한 종류의 목표 수정과 대상의 변화가 우리의 사회적 가치에서 중요한 의미를 띠게 될 때, 우리는 그것을 〈승화〉라고 지칭합니다. 그 외에도 〈목표 달성이 저지된〉 본능을 구별해야 할 필요가 있는데, 그것은 분명한 목표가 있는 잘 알려진 근원으로부터의 본능 충동으로서, 충족되는 도중에 중지되어 지속적으로 대상 리비도 집중이 이루어지고 끊임없는 추구를 가능하도록 만드는 것입니다. 예를 들어 그러한 종류로는 부드러운 애정 관계에 대한 것이 있는데, 그 원천은 의심할 필요도 없이 성적인 욕구에서 비롯되지만 언제나 그 충족은 포기될 수밖에 없는 것입니다.[10]

여러분도 보시다시피, 우리에게는 아직도 본능에 있어서의 수많은 특징과 운명들이 미지의 것으로 남아 있습니다. 우리는 또 여기서 성 본능Sexualtrieb과 자기 보존 본능Selbsterhaltungs-trieb을 구분 짓는 그 차이를 생각해 보아야 한다고 보며, 그 차이가 본능의 모든 다른 집단들에까지 해당될 때 그것은 이론적으로 극히 중요한 의미를 차지하게 될 것입니다. 성 본능의 특히 눈에 띄는 특질은 그 유연성과 자기의 목표를 바꿀 수 있는 능력, 자신의 본능 충족을 다른 것으로 대체하기, 목표 달성이 저지된 본능의 예에서와 같이 그러한 본능 충족을 얼마 동안 연기하기 등과 같은 것들입니다. 자기 보존 본능에는 이러한 특성들이 적용되지 않는데, 그것은 유연성이 없고 연기될 수 없고 성 본능과는 아주 다르게 강제적이고, 억압이나 불안과도 매우 다른 관계를 맺고 있다고 말할 수 있겠습니다. 그러나 다시 생각해 보면, 이러한 예외적 특이성들이 모든 자아 본능에 해당되는 것은 아니고 단지 배고픔과 목마름에만 적용되며, 또 그것은 본능 원천의 특별성에 기인한다는 것을 알 수 있습니다. 원래 이드에 속해 있던 본능 충동이

10  이 단락의 내용은 「본능과 그 변화」(프로이트 전집 11, 열린책들)의 첫 부분의 내용을 요약, 반복한 것이다.

조직화된 자아의 영향 아래서 어떠한 변화를 겪게 되는지를 우리가 별도로 주의해 보지 않았다는 사실로부터 매우 혼란스러운 사태가 발생하는 것입니다.

본능 생활이 성 기능에 어떤 식으로 영향을 미치는지를 조사해 보면 우리는 더욱 단단한 토대 위에서 논의를 진행해 나갈 수 있을 것입니다. 우리는 여기서 결정적인 통찰을 얻게 되었는데, 따지고 보면 그것은 이미 알고 있는 것입니다. 사람들은 처음부터 성 기능의 목표를 향해서 나아가는, 그러니까 두 개의 성 기관의 결합을 추구하는 성 본능을 인식하는 것은 아닙니다. 대신 여러 가지 각기 다른 신체 지점과 부분에서부터 생겨나는 수많은 부분 본능이 서로 독립적인 만족을 추구하는데, 그것들은 〈신체적 쾌락〉[11]이라고 부를 수 있는 데서 만족을 찾는 것입니다. 성기는 이러한 〈성감대〉 중에서 가장 최후의 기관이며, 그것의 신체적 쾌락을 〈성적인 쾌락〉이라고 부르는 것입니다. 이렇게 쾌락을 좇는 본능들이 모두 다 성 기능의 마지막 조직 체계에 수렴되는 것은 아닙니다. 그중 많은 수가 불필요한 것으로 제거되고, 억압이나 혹은 그 밖의 다른 방법으로 사용되며, 또 몇몇은 바로 전에 언급됐던 특이한 방식으로 목표에서부터 방향을 틀어 다른 흥분의 강화를 위해 사용되기도 하고, 또 다른 것들은 부차적 역할에 머무르거나 전희(前戱)[12]를 가져오거나 예비적인 행동을 수행하기 위한 목적으로 쓰이기도 합니다. 이렇게 길게 늘어 놓은 순서에는 임시적 발전 단계라고 볼 수 있는 여러 단계가 있는 것으로 알려져 있는데, 성적인 일탈 행위나 발육 부전도 성 기능의 역사에 의해

11  이 용어에 대해서는 『정신분석 강의』 중 스물한 번째 강의에서 논의되고 있다. 이 강의는 이 단락의 첫 부분에 언급된 내용을 다루고 있다.

12  〈전희〉에 대해서는 「성욕에 관한 세 편의 에세이」(프로이트 전집 7, 열린책들) 중 세 번째 시론 제1장에서 길게 논의되고 있다.

서 설명될 수 있습니다. 〈성기(性器) 이전〉의 이러한 첫 번째 단계를 〈구순기(口脣期)〉라 부르는데, 젖먹이들이 영양을 공급받는 방식에 따라 성감대인 입 주위가 생의 이 단계에서 성적인 활동이라고 불러도 좋을 행위를 지배하기 때문입니다. 두 번째 단계에서는 〈가학적〉이고 〈항문(肛門)적〉인 충동이 나타나는데, 그것은 치아가 나오는 것과 밀접한 관련이 있는 것으로서 근육을 강화시키고 괄약근 기능을 조절하기 위한 것이라고 볼 수 있습니다. 관심을 끄는 이러한 발전 단계에 대해서 더 많은 재미있는 내용이 밝혀졌습니다.[13] 세 번째 단계로 〈남근기(男根期)〉가 등장하는데, 이 단계에서는 양성 모두에게 남자의 성기(그리고 여자의 경우 남자의 성기에 해당하는 것)는 더 이상 간과할 수 없는 의미를 지니게 됩니다. 〈생식기(生殖期)〉라는 이름에는 성적 체계의 궁극적인 활동을 귀속시키기로 했는데, 그 시기는 사춘기 이후의 시기로서 그때 여성의 성기는 남성의 성기가 이미 오래전에 획득한 의미를 비로소 인정받게 됩니다.

여기까지는 이전에 강의했던 내용의 단순한 반복에 불과합니다. 그러나 여러분께서는 이번에 내가 언급하지 않은 모든 내용은 더 이상 유효하지 않은 것이라고 잘못 해석해서는 안 됩니다. 여기에서 이 같은 내용들을 반복하지 않을 수 없었던 것은, 우리 인식의 발전을 서술하는 데 이 반복된 내용들이 다른 것들과의 연결을 위한 출발점으로 필요했기 때문입니다. 우리가 여기서 자랑하고 싶은 것은, 리비도의 이전 체계에 대해서 많은 새로운 사실을 밝혀냈다는 것과, 우리가 예전에 알고 있던 것들의 의미가 더욱 확실해졌다는 것입니다. 그중에서 몇 가지 예를 들어 보겠습니다. 1924년 아브라함은 가학적-항문기도 두 가지 세부 단계

13 「소아 성기기」(프로이트 전집 7, 열린책들) 참조.

로 구분할 수 있음을 입증했습니다.[14] 그중 전 단계에서는 모든 것을 없애 버리고 던져 버리려고 하는 파괴적 경향이 지배하고, 다음 단계는 대상 친화적인 소유와 유지의 경향이 지배하게 됩니다. 이 단계의 중간쯤에 처음으로 대상을 고려하려는 경향이 나타나는데, 그것은 그 후의 대상에 대한 사랑이란 감정의 선행자로 볼 수 있습니다. 또 이러한 세부 분류는 첫 번째의 구순기에도 해당된다고 말할 수 있습니다. 이러한 세분의 첫 번째 단계에서는 오로지 구순과의 결합만이 문제될 뿐입니다. 그것은 또 어머니의 가슴이라는 대상과의 관계에서도 분명히 나타납니다. 무는 행위로 특징지어지는 두 번째 단계는 구순-가학적인*oral-sadistisch* 것으로 명명할 수 있겠습니다. 여기서 처음으로 모호한 행동이 나타나는데, 이것은 나중에 다음의 가학적-항문기에서 더욱 분명해질 것입니다. 이러한 새로운 구별의 중요성은 특히 강박 신경증, 우울증 같은 특별한 신경증들에서 리비도의 발전이 어떤 소질적 요인에서부터 비롯된 것인가를 알고자 할 때 분명해집니다.[15] 리비도 고착과 소질, 그리고 퇴행과의 관련성에 대해 우리가 알고 있는 사실들을 다시 한번 기억 속에서 불러오시기 바랍니다.[16] 리비도 체계의 여러 단계에 대한 우리의 생각이 어느 정도 바뀐 것은 사실입니다. 우리가 전에는 무엇보다도 그와 같은 하나의 단계가 어떻게 다음 단계로 바뀌는지에 대해서 주목을 해왔다면, 이제 우리의 관심은 이전 단계가 나중의 변화 형태들과 나란히 혹은 배후에 얼마나 남아 있는가, 리비도의 양에서나 또 그 사람의 성격에 얼마나 지속적인 영향을 미치는가 하는 사실에

---

14  K. Abraham, *Versuch einer Entwicklungsgeschichte der Libido*(1924).
15  「강박 신경증에 잘 걸리는 기질」(프로이트 전집 10, 열린책들) 참조.
16  「강박 신경증에 잘 걸리는 기질」 참조.

놓여 있습니다. 병적인 조건하에서는 이전 단계로의 퇴행이 매우 빈번하게 일어나며, 특정한 증상에는 특정한 퇴행 형식이 특징적이라는 사실을 연구한다면 더욱더 의미 깊은 연구가 될 것입니다.[17] 그러나 그 문제에 대해서는 여기서 다루지 않기로 하겠습니다. 그것은 신경증 심리학의 특수한 분야이기 때문입니다.

본능의 전환, 또 그와 비슷한 과정들에 대해서는 항문 성애를 대상으로 혹은 성감대가 있는 항문 주위와 같은 원천에서 나오는 흥분을 대상으로 연구한 바 있는데, 이러한 본능 흥분이 얼마나 다양하게 사용되는지를 알게 되면서 무척 놀랄 수밖에 없었습니다. 성장 과정 중에 바로 이 부분에 관한 것에 대해서 매우 하찮게 여기는 경향이 많은데, 그러한 경향에서 자유롭게 되는 문제도 그리 간단하지는 않습니다. 그러나 태생학적으로 항문이란 원래의 입에 해당된다는 것, 그것은 단지 내장의 마지막 끝부분으로까지 확장된 것에 불과하다는 아브라함의 경고를 주의 깊게 들어야만 하겠습니다. 자기 자신의 배설물을 하찮게 보게 되는 경향과 함께, 항문이라는 근원에서부터 유래하는 본능적 관심은 선물로 주어지게 되는 다른 대상으로까지 전이된다는 것을 알 수 있었습니다. 배설물이란 젖먹이가 만들어 낼 수 있는 가장 최초의 생산물로서 그는 그것을 자신을 돌보아 주는 사람에 대한 사랑의 표현으로, 선물로 배출하는 것이기 때문에 이 말은 옳다고 할 수 있습니다. 더 나아가 언어 발달에 있어서 의미 변화와의 유추를 통해 알 수 있는 것은, 이러한 배설물에 대한 옛날의 관심이 금과 돈에 대한 가치 평가로 바뀌며 〈아이〉나 〈남근〉에 대한 감정적인 느낌을 형성하는 데 일조하게 된다는 것입니다. 아이들이 오랜 세월 동안 굳게 믿는 항문 이론에 의하면, 아기는 똥처럼 항문에

17  이 부분은 아브라함의 1924년 저술을 다시 한번 참조한 것이다.

서 나오며 배변은 출생 행위의 전형이라는 것입니다.[18] 남근 또한 내장의 점막관을 채우고 자극하는 자신의 선행자를 항문 주위의 직장 속에 갖고 있다고 볼 수 있습니다. 이러한 남근을 소유하지 못한 인간이 존재한다는 사실을 아이는 대단히 불쾌하게 받아들이게 되면서, 그는 남근을 사람의 몸으로부터 떼어 낼 수 있는 것으로 인식하게 되고 배설물과 그것을 관련짓게 됩니다. 왜냐하면 그것은 인간이 포기할 수밖에 없는 최초의 부산물이었기 때문입니다. 항문 성애의 상당 부분은 이렇게 해서 남근 소유라는 개념으로 이행됩니다. 그런데 신체의 이 부분에 대한 관심은 항문 성애적인 것 외에도 더 강한 구순 성애라는 뿌리를 갖고 있는데, 젖 빠는 행위와 마찬가지로 남근은 어머니의 가슴에 있는 젖꼭지로부터 많은 부분 유래하기 때문입니다.

사람들의 환상과 무의식의 영향을 받는 생각들, 그리고 사람들의 증상적인 언어들을 이해하려고 할 때 그것들과 관련된 깊은 연관성을 알지 못하고서는 불가능합니다. 배설물-돈-선물-아기-남근은 여기서 동일한 의미로 취급되었고 또 공통의 상징으로 표현되었습니다. 내가 여러분에게 이에 대해 단지 매우 불완전한 설명만을 해드릴 수밖에 없었던 것을 이해해 주시기 바랍니다. 서둘러 또 덧붙일 수밖에 없는 것으로는, 그 후에 발생하는 여성의 질에 대한 관심도 주로 항문 성애적 성격을 갖고 있다는 사실입니다. 이것이 그리 놀라운 사실이 아닌 것은, 질은 루 안드레아스-살로메의 재기 넘치는 시구에 의하면[19] 직장으로부터 〈빌려 온〉 것이기 때문이며, 성적 발달 단계에서 어떤 단계를 뛰어넘

---

18  프로이트의 초기 논문인 「어린아이의 성 이론에 관하여」(프로이트 전집 7, 열린책들) 참조.
19  L. Andreas-Salomé, "'Anal' and 'Sexual'"(1916).

지 못한 동성애자들에게 항문은 또 한 번 질에 대한 대용물의 구실을 하기 때문입니다. 꿈속에서 종종 전에는 단일한 공간이었던 것이 이제는 벽으로 막혀져서 두 개로 구분된 어떤 공간이나 혹은 그와는 반대인 어떤 것이 등장하는 수가 있습니다. 그것은 언제나 질과 장의 관계를 의미하는 것입니다. 소녀들이 처음에는 전혀 여성적인 것이라고·할 수 없는 남근을 갖기 원하다가 차츰 아이에 대한 소망으로 바뀌고, 이것은 다시 남근을 가진 남성, 즉 아이를 제공해 줄 수 있는 남성에 대한 소망으로 바뀌어지는 것을 보면서 이 관계를 추론해 볼 수 있는데, 여기에서도 볼 수 있는 것처럼 원래는 항문 성애적이던 관심이 추후에 성기 체계로 변화되어 가는 것을 알 수 있습니다.[20] 리비도의 이러한 전성기적(前性器的) 단계에 대한 연구 과정에서 성격 형성에 관한 중요한 정보를 새로이 얻게 되었습니다. 우리는 성격의 세 가지 중첩성에 대해 주목하게 되었는데, 그것은 거의 언제나 함께 발견됩니다. 그것들은 질서, 절약, 고집 등입니다. 이러한 성격을 가진 사람들을 분석해 본 결과, 이 성격들은 그들의 항문 성애의 탕진이나 또는 그것을 다른 식으로 사용함으로써 생겨난다는 결론을 내릴 수 있었습니다. 이러한 성격 특징의 조합이 나타날 때 우리는 이를 항문 성격 Anal-Charakter이라고 부르는데, 이 성격의 반대 성격이라고 볼 수 있는 것은 항문 성애가 제대로 사용되지 않았을 때 나타납니다.[21] 그와 비슷한 혹은 더욱 확고한 관계를 공명심과 요도성애(尿道性愛) 사이에서 찾아볼 수 있습니다. 헤로스트라트라는

20  앞 두 단락의 대부분은 「항문 성애로 본 충동의 변화」(프로이트 전집 7, 열린책들)에서의 논의에서 이끌어 낸 것으로, 여기에서는 몇 가지 사항이 더 추가되었다. 이 주제는 『정신분석 강의』 중 스무 번째 강의에서 이미 논의되었다.
21  이 관계는 초기 논문인 「성격과 항문 성애」(프로이트 전집 7, 열린책들)에서 제시되었다.

이름의 어떤 사람이 단순한 명예욕으로 에페수스에 있는 아르테미스 신전에 불을 질렀기 때문에 그날 밤 알렉산드로스 대왕이 태어났다는 전설 속에서, 우리는 이러한 관련성에 대한 매우 특이한 암시를 발견할 수 있습니다. 마치 옛날 사람들도 그 사실에 대한 연관성을 잘 알고 있었던 것같이 보이지 않습니까? 여러분도 이미 잘 알다시피 소변을 보는 행위와 불과, 또 불을 끄는 행위 사이에는 밀접한 연관이 있습니다.[22] 자연적으로 우리는 다른 성격 특성들도 역시 전성기적인 리비도 형성으로부터 찾아낼 수 있기를 기대해 봅니다. 그것들은 어떤 사건의 침전물로 혹은 반동-형성으로 나타나는데, 우리는 아직 그것들을 잘 설명해 낼 수 없을 뿐입니다.

이제는 또다시 우리 문제의 예전 주제로 돌아가서 본능 생활의 가장 일반적인 단면들을 다루어 봅시다. 자아 본능과 성 본능 사이의 대립은 우선 우리의 리비도 이론의 기본적 전제입니다. 그러나 우리가 자아에 대해서 아주 자세하게 연구하기 시작하면서, 또 나르시시즘의 개념을 이해하게 되면서 이러한 구분은 그 토대를 잃어버리게 됩니다. 매우 희귀한 경우이기는 하지만 자아가 자기 자신을 대상으로 선택하기도 하고, 자기 자신과 사랑에 빠진 것처럼 행동한다는 사실을 알아낼 수 있었습니다. 이러한 이유로 우리는 그리스의 신화에서 나르시시즘이라는 용어를 빌려온 것입니다. 그렇지만 이것은 정상적인 사태에 대한 지나친 과장입니다. 그러나 자아는 항상 리비도의 풍부한 주요 보고라는 것을 이해해야 합니다. 그것으로부터 대상에 대한 리비도 집중이

22   프로이트는 이 강의를 집필하기 직전에 이 주제에 대한 짧은 논문(「불의 입수와 지배」)을 썼다.

이루어지며, 리비도의 대부분은 자아 속에 지속적으로 머물러 있고, 대상으로 향했던 에너지는 다시 또 그곳으로 되돌아갑니다. 그러므로 자아 리비도는 끊임없이 대상 리비도로 변환되며, 대상 리비도는 자아 리비도로 변환됩니다. 그렇다면 그 둘은 성격상 다른 것이 아닙니다. 그러므로 한쪽의 에너지를 다른 에너지로부터 분리하는 것은 아무 의미가 없습니다. 리비도라는 명칭은 생략하고 그것을 심리적 에너지라는 말과 같은 의미로 사용할 수 있습니다.

우리는 이 견해를 오랫동안 견지하지 않았습니다. 본능 생활 속에서 서로 반대되는 힘이 존재한다는 생각은 또 다른 더욱 예리한 표현을 부여해 주었습니다. 이 새로운 생각에 이르게 되기까지의 과정을 여러분에게 세세하게 설명드리지는 않겠습니다. 그것 역시 근본적으로 생물학적인 고려에 바탕을 두고 있습니다. 다만 여기서는 완결된 결론을 말씀드리겠습니다. 두 종류의 본질적으로 다른 본능이 존재한다고 가정해 볼 수 있는데, 성 본능, 즉 넓은 의미에서의 〈에로스〉와 (여러분이 이 명칭을 더 좋아한다면) 〈공격적인〉 본능이 있는데, 이 공격적인 본능의 목표는 파괴입니다. 그런 것이라면 별로 새로울 것도 없다고 여러분은 생각하실지 모르겠습니다. 지극히 일반적이고도 진부한 반대 개념, 즉 사랑과 증오를 이론적으로 근사하게 설명하려는 것에 불과하다고 생각하실 것입니다. 그것은 물리학에서 비유기적(非有機的) 세계를 설명하기 위해 상정하고 있는 끌어당김(유인)과 물리침(거부)과 같은 양극성과 일치하는 것입니다. 그런데도 이러한 나열이 많은 사람에게 새로운 것으로 받아들여진다는 사실은 기이합니다. 그것도 매우 원치 않는 어떤 것으로, 가능한 한 빨리 다시 없어져야 할 것으로 느껴진다는 것입니다. 이러한 거부감에는 어떤 강한 정서적 요인이 작용하고 있으리라고 생각됩니다. 공격 본능을 인정하기까지 왜 그렇게 많은 세월이 걸려야 했는지, 그렇듯 명백하고 모든 사람이 알고 있는 자명한 사실을 우리의 이론에 적용하는 데 왜 그렇게 많은 주저가 필요했는지 모를 일입니다. 만일 그러한 목적을 가진 본능이 동물들에게 존재하는 것으로 생각하려고 했었다면 그다지 큰 저항에 부딪치지는 않았을 것입니다. 그러나 인간의 품성 속에 이러한 본능을 인정한다는 것은 매우 뻔뻔스럽게 여겨졌을 것입니다. 그것은 종교적인 전제들이나 사회적인 관습과는 모순되는 것입니다. 아닙니다, 인간은 본질적으로 선하거나 아니면 적어도 선한 의지의 존재여야만 합니다. 만일 인간이 때때로 잔인하고 폭력적이고 무자비한 모습을 드러낸다면 그것은 단지 그의 정서 상태의 잠정적인 교란일 뿐이며, 또 대개는 그렇게 유발되었기 때문이고, 아마도 그저 그렇게 되도록 생겨 먹은 비합리적인 사회 질서의 결과일 뿐이라는 것입니다.

불행하게도 역사의 증언과 우리 자신의 경험은 이를 확인해 주지 못하고, 오히려 인간 본성의 〈선함〉에 대한 믿음은 우리의 불행한 환상 중 하나일 뿐이라는 판단을 정당화해 주고 있습니다. 실제로 그것은 오직 위해를 가져올 뿐인데도 우리는 이 환상을 통해서 자신들의 운명을 어느 정도 미화하고 가볍게 하려는 것인지도 모릅니다. 이와 같은 논쟁을 계속해 나갈 필요는 없는 것 같습니다. 왜냐하면 역사의 교훈이나 삶의 경험 때문에 우리가 인간에게 그런 특이한 공격적 혹은 파괴적 본능을 상정하고 있는 것이 아니고, 일반적인 숙고를 바탕으로 〈사디즘〉과 〈마조히즘〉이라는 현상을 인정할 수밖에 없기 때문입니다. 어떤 사람이 자신의 성적 대상에게 고통과 학대와 굴욕을 가할 때에만 성적 쾌락을 느낄 때 우리는 그것을 사디즘이라 부르고, 자기 스스로가 이렇게 학대받는 대상이 되어야만 하는 욕구가 존재할 때 우리는 그것을 마조히즘이라고 부릅니다. 여러분은 또 정상적인 성관계에도 이러한 두 개의 경향이 혼합된 채 나타나기도 하며, 그것이 다른 성적 경향을 밀쳐 내고 자기 자신의 경향을 그 자리에 갖다 놓을 때 그것을 〈성도착(性倒錯)〉이라고 부른다는 것을 알고 있습니다.[23] 마치 어떤 비밀스러운 친족 관계라도 있는 것처럼 사디즘이 남성성과, 마조히즘이 여성성과 매우 밀접한 관련을 갖고 있다는 사실도 여러분은 익히 알고 있을 것입니다. 그러나 이 문제에 있어서는 그 이상의 어떤 진전도 없었다는 것을 여러분에게 즉시 말씀드리지 않을 수 없습니다. 사디즘과 마조히즘은 리비도 이론에서 보자면 너무도 수수께끼 같은 현상입니다. 특히 마조히즘은 더욱 그렇습니다. 그러나 어떤 이론에 있어서는 몹시 성가신 장애물인 바윗덩어리 하나가, 다른 이론에 있어서는 그것을 오히려 보완해 주는 귀퉁이 돌이 될 수도 있다는 것은 매우 다행스러운 일입니다.

사디즘과 마조히즘은 에로스와 공격성이라는 두 개의 본능이 절묘하게 혼합된 최고의 예를 보여 주고 있습니다. 그래서 우리는 이제 이러한 관계는 전형적인 것이며, 우리가 연구할 수 있는 모든 본능적 충동은 그러한 본능의 혼합이나 그 두 개의 본능 종류를 합친 결과라는 가정을 하게 됩니다. 그러므로 자연히 엄청나게 다양한 비율로 혼합된 본능들이 나타납니다. 그러나 이러한 혼합 비율에 가장 큰 영향을 미치는 것은 에로스적인 본능으로서 그 성적 목표의 다양성으로 말미암아 여러 가지 혼합 양상이 나타납니다. 그러나 다른 것들은 단일한 경향을 완화시켜 주고 등급을 매기는 데만 관여합니다. 이러한 가정으로 우리는 언젠가는

23  이에 대해서는 『정신분석 강의』 중 스무 번째 강의와 스물한 번째 강의 참조.

병리학적 과정을 이해하는 데 커다란 의미를 갖게 될 연구를 할 수 있다는 전망을 얻게 되었습니다. 왜냐하면 이렇게 뒤섞인 것도 괴멸되고 그러한 본능들이 서로 분리될 때, 기능상의 심각한 장애가 결과로 나타날 것으로 믿어도 됩니다. 그러나 이러한 견해도 아직은 역시 너무 생경한 것입니다. 이제까지 아무도 그것을 실제로 사용해 보려는 시도를 한 적이 없기 때문입니다.[24]

마조히즘이 야기하는 특별한 문제로 다시 돌아갑시다. 그것의 에로틱한 요소를 잠시 한쪽에 제쳐 놓는다면, 그것은 자기 파괴를 목적으로 하고 있는 어떤 경향이 존재하고 있음을 증명해 주고 있습니다. 우리는 이미 자아가 — 오히려 이드, 전인격이라고 말하는 편이 더 나을지도 모르겠습니다 — 원래는 모든 본능적 충동들을 포함하고 있다고 천명한 바 있습니다. 만일 그것을 파괴 본능에 적용시킨다면, 그것으로부터 마조히즘은 사디즘보다 연원이 더 오래된 것이라는 견해가 생겨날 수 있습니다. 그러나 사디즘은 밖으로 향해 있는 파괴 본능이기 때문에 공격적 성격을 띠게 되는 것입니다. 원래적인 파괴 본능의 어느만큼은 우리 내부에 그대로 남아 있을 수 있습니다. 그것은 오직 두 가지 조건하에서만 지각되는 듯이 보이는데, 그것은 성애 본능과 관련되어 마조히즘의 형태로 나타나거나 공격적 행동의 형태로서 바깥 세계로 — 다소 성애적 성격을 띠고 — 향해질 때입니다. 그러나 이 공격성은 현실적 장애에 부딪히게 되기 때문에 바깥 세계에서 어떠한 충족도 찾지 못하게 될 수 있는 가능성의 의미를 고려해 보아야 하겠습니다. 그것은 어쩌면 다시 뒤로 돌아와 내부의 자기 파괴 성향을 증가시킬지도 모릅니다. 이러한 일은 실제로 그대로 일어나며 그것은 매우 중요한 사태가 됩니다. 억제된 공격성은

24  이 문제에 대해서는 「자아와 이드」 제4장 참조.

심각한 손상을 초래하게 된다는 것을 의미하는데, 우리 자신을 파괴하지 않으려고, 우리의 자기 파괴적 경향성으로부터 자신을 보호하기 위하여 우리가 다른 대상이나 다른 사람을 파괴해야만 하는 것처럼 보입니다. 그것은 윤리학자들에게는 정말로 비극적인 사실인 것입니다.

　그러나 윤리학자들은 앞으로도 오랫동안 우리 사변의 비개연성에 적잖이 위안을 받을 것입니다. 자기 자신의 유기체적 고향을 파괴하는 데 집착하고 있는 그 희한한 본능이 존재한다는 사실은 얼마나 놀라운 것입니까? 시인들이 이러한 유의 이야기를 곧잘 하고는 있지만 그들은 그 말에 책임을 지지 않습니다. 그들은 다만 시(詩)라는 면허증의 특권을 누릴 뿐이니까요. 그러나 이와 비슷한 생각은 생리학에도 낯선 개념이 아닌데, 예를 들어 위벽의 점막 조직은 자기 자신을 먹어 치운다고 알려져 있습니다. 그러나 우리의 이 자기 파괴 본능이 인정되려면 더 많은 사실적 뒷받침이 요구되는 것도 사실입니다. 몇몇 불쌍한 멍청이가 자신들의 성적 만족을 그토록 이상한 조건과 연계해서 추구한다는 이유로 그처럼 파장이 클 수 있는 가정을 세울 수는 없는 것입니다. 본능에 대한 보다 깊은 연구만이 우리에게 원하는 것을 가져다줄 것입니다. 본능은 정신적인 영역뿐만 아니라 신경계의 활동도 지배하는데, 이러한 유기체적인 본능은 우리의 강한 호기심을 자극할 만한 특징들을 나타내 주고 있습니다. 그것이 본능의 보다 일반적인 특성인지의 여부는 나중에 판단할 수 있을 뿐입니다. 그것들은 이전의 상태를 돌이키기 위한 노력으로 밝혀졌습니다. 이러한 사실들로부터 가정할 수 있는 것은, 그렇게 한번 도달된 상태가 방해를 받는 순간부터 그것을 새로이 회복시키기 위한 본능이 생겨나면서 〈반복 강박〉이라고 명명할 수 있는 현상들을 불러일으킨다는 것입니다. 예를 들어 태생학은 반복 강박일 뿐이며, 잃어버린 기관을 새로 형성시키는 능력과 아울러 치료적 보조 기능과 함께 우리의 회복에 기여하는 자기 치유 본능들은 저 멀리 동물의 영역에까지 영향력을 행사합니다. 이 본능들은 하등 동물들에게서 매우 엄청나게 발달된 능력 중에서 우리에게도 아직까지 남아 있는 능력 중 일부로 볼 수 있을 것입니다. 어류의 산란을 위한 이동이나 조류의 이동, 그 밖에도 우리가 동물들의 본능 발현으로 간주하는 모든 행위들은 반복 강박이라는 계명하에서 이루어지는데, 그것은 본능의 〈보수적 성격〉을 잘 표현해 주고 있습니다. 정신적인 영역에서 그와 같은 특징들을 찾아내는 데는 그리 오랜 시간이 필요치 않습니다. 지나간 어린 시절의 잊혀지고 억압된 체험들이 분석 작업 도중에 꿈이나 다른 반응들, 특히 전이의 형태 속에 재생된다는 사실은 항상 우리를 놀라게 한 바 있는데, 그때 그 체험을 다시 불러일으키는 것은 쾌락 원리에 어긋나는 것임에도, 이 경우에 반복 강박이 쾌락 원리를 뛰어넘었다고밖에는 달리 설명할 방법이 없습니다. 분석 방법 이외의 경우에서도 비슷한 것을 관찰할 수 있습니다. 생애를 통하여 수정하는 법 없이 언제나 자신에게 해가 되는 같은 반응을 되풀이하는 사람들이 있습니다. 혹은 어떤 사람들은 무자비한 운명에 쫓기는 듯이 보이기도 하는데, 이러한 사례들을 정확히 조사해 보면 그 사람들은 자신도 모르는 사이에 이러한 운명을 스스로 준비한다는 것입니다. 그러므로 우리는 반복 강박에 〈악마적인 성격〉이 있음을 인정할 수밖에 없습니다.

그렇다면 본능들의 이러한 보수적인 성격이 우리의 자기 파괴 성향을 이해하는 데 무슨 도움을 줄 수 있습니까? 그러한 본능이 복구하려고 하는 그 이전의 상태란 도대체 무엇입니까? 네, 그에 대한 대답은 그리 먼 곳에 있지 않습니다. 그것은 훨씬 더 넓은 가능성을 열어 줍니다. 만일 가늠해 볼 수도 없는 아득한 과거에, 상상할 수도 없는 방법으로 생명이 어떤 무생물계의 물질로부터 비롯된 것이 사실이라면, 우리는 그때 생명을 다시 중지시키고 비유기적 상태를 회복시키려고 하는 어떤 본능이 생겨났을 것으로 가정할 수 있습니다. 이러한 본능에서 우리가 가정했던 자기 파괴적 성향을 인정한다면, 이것은 생명의 과정에서 결코 빠져서는 안 되는 〈죽음 본능〉의 표현으로 파악해도 무방할 것입니다. 그런데 우리가 그 존재에 대해서 확신하고 있는 본능은 두 개의 그룹으로 나뉩니다. 하나는 에로스적 본능으로서 언제나 살아 있는 물질을 더 큰 단위로 뭉치게 하려는 것이며, 또 하나는 죽음의 본능으로서 이러한 생명 추구에 맞서면서 살아 있는 것을 비유기적 상태로 되돌리려는 것입니다. 두 가지 본능의 이러한 통합 작용과 대립 작용으로 말미암아 생명 현상들이 생겨나고 또 죽음은 그것을 종식시킵니다.

여러분은 어쩌면 〈이것은 자연 과학이 아니고 쇼펜하우어적인 철학이다!〉라고 어깨를 으쓱하면서 말할지 모르겠습니다. 그러나 신사 숙녀 여러분, 어느 용감한 사상가가 생각해 낸 것을 그 후에 냉철하고 수고스러운 세밀한 조사가 확인하게 되는 일은 있어서는 안 되는 일입니까? 모든 것이 이미 한 번 언명된 것이고 쇼펜하우어 이전에도 많은 사람이 그 비슷한 것들을 주장했다면 어떻겠습니까? 그 외에도 우리가 말하는 것은 정말로 진정한 쇼펜하우어가 아닙니다. 죽음은 삶의 단 하나의 목표라고 주장하려는 것이 아닙니다. 죽음 외에도 삶이 있다는 사실을 우리는 간과하지 않습니다. 우리는 두 개의 근원적 본능을 인식하고 그 각각에 고유한 목표를 인정해 주려는 것입니다. 삶의 과정에서 그 두 개가 어떻게 뒤섞이고 죽음의 본능이 에로스의 의도에 어떻게 봉사하게 되는지, 더욱이 밖을 향할 때는 어찌하여 공격적 형태로 변화되어 그렇게 되는 것인지, 이것들은 미래의 연구에 남겨진 과제들입니다. 우리는 우리 앞에 그러한 전망이 열리는 바로 그 지점 너머까지는 가지 않을 것입니다. 모든 본능에 예외 없이 보수적 성격을 적용시킬 수는 없는 것인지, 또 그것이 살아 있는 것들의 집합체를 더 큰 단위로 뭉치게 하려 한다면 에로스적 본능은 이전의 상태로 되돌아가려고 하지 않는 것인지, 이러한 물음들도 역시 우리는 대답하지 않은 채로 남겨 두지 않을 수 없습니다.[25]

우리는 우리의 기본 주제로부터 조금 멀리 떨어져 나왔습니다. 본능 이론에 대한 이러한 숙고들의 실마리가 무엇인지에 대해서는 나중에 말씀드리겠습니다. 자아와 무의식 간의 관계를 수정하지 않을 수 없게 했던 그런 것들, 저항에 대해서는 아무것도 예감하지 못하는 채로 종종 저항을 시도하는 환자들에 대한 분석 작업으로부터의 인상들, 그런 것들 말입니다. 그러나 환자는 저항하고 있다는 사실을 의식하지 못할 뿐만 아니라 그 저항의 동기도 의식하지 못합니다. 우리는 이러한 동기들을 연구했고 놀랍게도 그것은 강력한 처벌 욕구라는 결론에 다다랐는데, 이것은 다시 말해서 마조히즘적인 소원이라고 볼 수 있는 것입니다. 이러한 사실의 실제적인 의미는 그의 이론적 의미보다 덜 중요한 것이 아닙니다. 왜냐하면 처벌 욕구는 우리의 치료적 노력에 가장 나쁜 적이기 때문입니다. 그것은 신경증과 관련된 고통을 통해서 만족되며, 그러

---

25  이전의 상태로 되돌아가려는 충동과 죽음의 본능에 관한 이 논의는 거의 전적으로 「쾌락 원칙을 넘어서」에서 비롯된 것이다. 마조히즘에 대한 보다 충실한 설명은 후기 논문인 「마조히즘의 경제적 문제」(프로이트 전집 11, 열린책들)에 나온다.

므로 병들어 있는 그 상태에 묶여 있게 됩니다. 이러한 무의식적인 처벌 욕구라는 요소는 모든 신경증적인 질병에 관여된 듯이 보입니다. 이러한 사실은 신경증적인 고통이 다른 종류의 고통이 출현하는 순간 사라져 버리는 경우에 특히 설득력이 있어 보입니다. 이러한 경험에 대한 한 가지 예를 들어 보겠습니다.

언젠가 나이 든 처녀를 그녀의 복합 증상으로부터 해방시키는 데 성공한 적이 있었는데, 그 증상은 그녀를 15년 동안이나 끔찍한 존재로 만들어 버렸으며, 일상적인 생활에 아예 참여할 수 없게 만들 정도로 지독한 것이었습니다. 그녀는 이제 자신을 건강하게 느끼고 있었으며 자신의 적잖은 재능을 계발하기에 여념이 없었고, 그동안의 세월을 만회하고 만족을 느끼며 성공적인 삶을 만들어 나가기 위해 정신없이 살아가고 있었습니다. 그러나 그녀는 이 분야에서 무엇에 도달하기에는 너무 늙어 버렸다는 통찰에 이르게 되고, 다른 사람이 그것을 깨우쳐 주는 순간 그녀의 모든 시도는 끝나 버리고 말았습니다. 그러한 일이 생기게 되면 병이 다시 도지는 것이 상례지만 그녀는 그렇게 되지 않았고, 대신 그녀는 매번 사고를 당하게 되어 얼마 동안 활동을 못 하고 고통을 겪게 되곤 했습니다. 넘어지거나 발목이 삐거나 무릎을 다치거나, 또는 무슨 일을 하는 중에 손을 다치게 되거나 하는 일들이 자주 일어났습니다. 이렇게 우연적인 사고로 보이는 일에 그녀 자신의 잘못은 어느만큼 관여됐을까를 주목하게 되자 그녀는 교묘히 방법을 바꾸었습니다. 사고 대신에 이제는 예전과 비슷한 경우가 생기면 가벼운 병을 앓곤 했습니다. 감기, 후두염, 독감 비슷한 증상, 류마티스성 종기 등이 끊임없이 엄습하여 끝내는 그녀가 체념하게 되자 그 모든 저주가 사라져 버렸습니다.

이러한 무의식적인 처벌 욕구가 어디에서부터 연유하는지는 의심의 여지가 없습니다. 그것은 양심의 한 부분인 것 같기도 하고, 우리의 양심이 무의식으로까지 연장된 것처럼 보이기도 하며, 양심과 비슷한 유래를 가지고 있는 듯하며 내면화되고 초자아로부터 양도받은 공격적 성향의 한 부분에 해당되는 것 같습니다. 표현이 좀 어색하게 들릴지는 모르지만, 모든 실제적 목적을 고려하여 그것을 〈무의식적인 죄의식〉이라고 불러도 상관없을 것입니다. 외부로부터 되돌려진 모든 공격성을 초자아와 관련된 것으로, 그럼으로써 자아에 대항하는 것으로, 또 그것의 말 없는 음흉한 활동의 한 부분을 자아와 이드 안에서의 자유로운 파괴 본능의 발현으로 가정해도 좋을 것인지에 대해서 우리도 이론적으로는 자신이 없습니다. 아마도 거기에는 그런 경우가 더러 있을 것입니다. 그러나 그것에 대해서 더 이상은 아무것도 모릅니다. 초자아가 처음으로 정립될 때 그 기능에는 어린아이의 양친에 대한 공격성도 함께 부여되었다는 것은 의심할 필요가 없습니다. 왜냐하면 아이는 양친에 대한 사랑의 고착이나 외부적 여건의 어려움 때문에 바깥 세계에 대해서 무언가를 발산해 낼 수 없었기 때문이며, 그렇기에 초자아의 엄격함이 단순하게 교육의 완고함에 그대로 들어맞을 필요는 없는 것입니다. 그러므로 그 후에 어떤 계기에서 공격성을 억누르고자 할 때, 본능은 저 결정적인 시점에 그에게 허용되었던 그대로의 방법을 취하게 될 가능성이 매우 높습니다.

무의식적인 죄의식이 매우 강한 이러한 사람들은 분석적 치료 중에 예후적(豫後的)으로 아주 달갑지 않은 부정적 치료 반응을 나타냄으로써 다른 사람들과 구별됩니다. 보통 일반적인 치료 과정에서는 환자에게 어떤 증상의 해결 방법을 제시하게 되면 적어도 잠정적으로라도 그 증상이 없어지는 결과가 나타나는데, 이런 환자에게는 반대로 그 증상의 일시적 강화와 그에 수반되는 고통이 뒤따르게 됩니다. 그들의 상태를 오해의 여지가 없을 정도로 악화시키려면, 치료 과정 도중에 가끔 그들의 행동을 칭찬하는 말을 하는 것만으로도 족하고 분석 과정의 발전에 관하여 희망 섞인 말을 몇 마디 표시하는 것만으로도 충분합니다. 이런 상황에 대해 정신분석가가 아닌 사람은 〈회복하려는 의지〉가 부족한 것이라고 말할 것입니다. 그러나 분석적 사고방식에 의하면, 이러한 행위 속에는 무의식적인 죄책감이 표현되고 있음을 알 수 있습니다. 그것은 고통받고 여러 장애를 안은 채 병들어 있는 것을 오히려 당연하게 여기도록 만드는 것입니다. 무의식적인 죄책감에 의해 야기되는 문제들, 죄책감과 도덕과 교육, 범죄, 버림받음 같은 것들과의 관계들은 현재 정신분석가들이 선호하는 작업 분야입니다.[26]

뜻하지 않은 지점에서 우리는 심리적인 지하 세계로부터 여기, 이렇게 열려진 시장으로 나오게 된 것입니다. 나는 이제 여러분을 더 이상 앞으로 인도해 갈 수 없습니다. 그러나 이번에 여러분과 작별하기 전에 또 하나의 생각할 문제를 놓고 여러분을 잠시 붙들어 놓고자 합니다. 우리의 문화가 성적인 충동의 비용 위에 건설되었다고 말하는 것은 이제 아주 평범한 말이 되어 버렸습니다. 그 성 충동은 사회 조직에 의해서 억제되고 부분적으로는 억압되기도 했지만, 또 다른 부분은 새로운 목적에 쓰여지기도 했던 것입니다. 우리의 문화적 성과들에 대해서 우리가 몹시 자랑스럽게 느낀다 할지라도, 이러한 문화가 요구하는 것들을 만족시키고 그 안에서 편안하게 느끼는 것이 그렇게 쉽지는 않다는 것을 인정해야 합니다. 우리에게 부과된 본능의 억제는 우리에게

26  죄책감에 관한 주요 논의는 「자아와 이드」 제5장, 「마조히즘의 경제적 문제」, 그리고 「문명 속의 불만」(프로이트 전집 12, 열린책들) 제7장과 8장에서 찾을 수 있다.

아주 힘든 심리적 부담을 의미하는 것이기 때문입니다. 우리가 성 본능으로 인식하고 있는 것이 다른 사람들에게는 비슷한 정도로 혹은 그보다 더 높은 정도로 공격 본능이 될지도 모릅니다. 무엇보다도 바로 이러한 것들이 사람들의 공동 삶을 어렵게 만들고 그것의 존속을 위협하는 것입니다. 개인의 공격성을 제한하는 것, 그것은 사회가 개개인에게 요구하는 최초의 희생이며 아마도 가장 힘든 희생일 것입니다. 우리는 반항적인 것을 길들이는 방법이 얼마나 교묘한 수단으로 이루어져 왔는가를 알게 되었습니다. 위험하고 공격적인 충동들을 제어하는 초자아가 자리를 잡게 되는 것은, 폭동이 일어나려고 하는 지방에 수비대를 투입하는 것과 같다고 할 수 있습니다. 그러나 순수하게 심리학적인 관점에서 볼 때 자아가 사회의 요구에 희생되고, 다른 것들에 대항해서 자신을 확인하려고 하는 공격의 파괴적인 경향에 굴복해야만 할 때, 자아는 기분이 좋을 리 없으리라는 것을 인정해야만 합니다. 그것은 유기체적 생물 세계를 지배하고 있는 〈먹고 먹히는〉 원리가 심리적 영역에도 연장되는 것과 같습니다. 다행스럽게도 공격 본능은 결코 혼자인 법 없이 언제나 에로스 본능과 함께 섞여 있습니다. 이 후자는 인간에 의해 창조된 문화의 조건하에서 많은 것을 완화시키고 보호해야만 합니다.[27]

---

27  공격적이고 파괴적인 본능에 관해서는 「문명 속의 불만」 제5장과 6장에서 상세히 논의된다.

## 서른세 번째 강의

# 여성성[1]

신사 숙녀 여러분, 여러분과 함께 이야기하기 위하여 준비하는 기간 내내 나는 내적인 어려움과 투쟁을 했습니다. 나는 이른바 나의 면허와 관련해서 확신을 갖고 있지 못합니다. 정신분석학이 지난 15년 동안 많은 변화를 겪었고 내용에 있어서 많이 풍부해 졌음에도 불구하고, 정신분석 강의는 전혀 변화하지 않고 아무것도 첨가되지 않은 채로 남아 있었다는 지적은 옳은 것입니다. 이 강의에는 존재 이유가 결여되어 있다는 생각이 항상 내 머릿속을 맴돌았습니다. 분석가들에게 해줄 말은 너무 적고 새로운 이야기도 없으며, 이러한 것들을 이해하기에는 아직 준비가 덜 되어 있고, 전문인도 아닌 여러분에게는 너무 많은 사실을 이야기했기 때문입니다. 나는 그에 대한 변명을 찾아보았고, 각각의 강의에 각각의 다른 이유들을 갖다 대면서 그것을 정당화시켜 보려고 합니다. 첫 번째 꿈의 이론은 여러분을 단번에 다시 분석적인 분위기 속으로 옮겨다 놓으려는 것이었고, 우리의 견해가 매우 설득력 있는 것이라는 사실을 보여 주기 위한 것이었습니다. 두 번째

---

1 이 강의는 초기의 두 논문 「성의 해부학적 차이에 따른 몇 가지 심리적 결과」와 「여자의 성욕」(프로이트 전집 7, 열린책들)에 근거한 것이다. 그러나 성년 여성의 문제를 다룬 본 강의의 마지막 부분은 새로운 내용을 담고 있다. 그는 이 주제를 「정신분석학 개요」(프로이트 전집 15, 열린책들) 일곱 번째 장에서 다시 거론한다.

꿈에서부터 소위 심령학으로까지의 길을 추적해 본 것은, 오늘날 선입견으로 가득 찬 기대가 정열적인 저항과 대항하여 싸우고 있는 분야에 대해서 무언가 자유로운 말을 할 기회를 갖고 싶었던 것이며, 여러분이 정신분석의 사례들을 접함으로써 관용하는 마음을 갖게 되고, 또 그에 따라 이끌어 낸 판단들은 이러한 여행에 나와 동행하는 것을 거부하지 않게 하리라 믿습니다. 아마도 여러분에게는 이해하기가 가장 난해했을 인격의 해부에 대한 세 번째 강의는, 내용이 그토록 낯선 것이었음에도 불구하고 자아 심리학의 첫 번째 입장을 여러분에게 유보한다는 것은 불가능했습니다. 그 견해를 만약 15년 전에 갖고 있었다고 한다면 그때 벌써 그것을 언급하지 않을 수 없었을 것입니다. 여러분이 커다란 긴장 속에서 따라왔을 마지막 강의는 끝으로 아주 중요한 수수께끼 같은 문제에 필요한 교정을 가하게 하고 새로운 해결을 시도할 기회를 주었는데, 만일 그에 대해서 내가 침묵을 지켰다면 나의 강의는 오류가 되어 버렸을 것입니다. 자신을 변명하려고 할 때 마지막에 가서는 그 모든 것이 피할 수 없는 것이 되고 모든 것이 숙명처럼 되어 버린다는 사실을 여러분은 알고 계실 것입니다. 나는 운명에 순종합니다. 여러분도 그렇게 하시기를 부탁합니다.

오늘의 강의도 『정신분석 강의』에 포함될 것은 아닙니다. 그러나 이 강의는 여러분에게 분석적 작업에 대한 맛을 보여 줄 수 있을 것입니다. 나는 여기서 두 가지 사실을 보충해서 말씀드리겠습니다. 그것은 그저 관찰된 사실들만을 포함하고 있을 뿐 사변적인 것들은 별로 없습니다. 그러나 그것은 다른 그 무엇보다 여러분의 더 많은 주의를 요구하는 주제와 관련되어 있는 것입니다. 여성성이라는 수수께끼에 대해서 모든 시대의 사람들은 골똘히 연구해 왔습니다.

불가사의한 모자를 쓰고 있는 머리들,

터번을 쓰거나 챙 없는 까만 모자를 쓴 머리들,

가발을 쓴 머리들, 또 그 밖의 수천 개의 다른 머리들,

아, 불쌍한, 땀 흘리는 인간의 머리들.[2]

— 하이네, 「북해Nordsee」

여러분이 남자인 이상, 여러분도 이렇게 골똘히 숙고하는 데
예외는 아닐 것입니다. 그러나 여러분 가운데 여자분들은 그렇지
않을 것입니다. 왜냐하면 여러분 자신이 수수께끼이기 때문입니
다. 여러분이 다른 인간적 존재와 만나게 되면 여러분이 하는 최
초의 일은 여성인가, 남성인가를 구분하는 일일 것입니다. 그리
고 여러분은 이러한 구별이 의심할 수 없이 확실한 것이라는 데
익숙해져 있습니다. 해부학이라는 학문은 한 가지 점에서 여러분
이 옳다는 것을 확인해 주지만 그 이상은 아닙니다. 남성이라는
것은 남성적인 성(性)의 산물로서 정충과 또 그것의 운반자라고
할 수 있고, 여성이라는 것은 난자와 그것을 간직하고 있는 유기
체를 말합니다. 각각의 성에 있어서 오직 그에 따른 성 기능에만
쓰여지는 기관들이 형성되는데, 아마도 똑같은 근본 구조에서부
터 각각의 다른 형태로 발전되는 것인지도 모릅니다. 그 외에도
다른 기관들, 신체 형태들, 그리고 조직들의 측면에서 남성과 여
성은 성에 따른 영향을 받습니다. 그러나 이 영향은 똑같은 것이
아니고 그 범위도 변칙적인데, 이것이 이른바 제2차 성징입니다.
그리고 과학은 여러분의 기대에 어긋나는, 여러분의 감정을 혼란
시키기에 적당한 말을 하고 있습니다. 그것은 여러분으로 하여금

---

2 *Häupter in Hieroglyphenmützen, / Häupter in Turban und schwarzem Barrett, /
Perückenhäupter und tausend andere / Arme, schwitzende Menschenhäupter……*.

다음의 사실에 주목하게 합니다. 즉 남성적인 성 기관의 부분을 퇴화된 형태로이긴 하지만 여성의 신체에서도 발견할 수 있는데, 그 역 또한 마찬가지입니다. 과학은 또 이러한 현상으로부터 양성이 존재할 가능성을 보는데,[3] 이것은 어떤 존재가 남자도 여자도 아니고 언제나 그 둘의 성을 다 지니고 있으면서, 그중에서 어느 한 성의 특징이 다른 성의 특징보다 더 많은 경우입니다. 개인들 속에서 남성과 여성이 출현하는 비율은 큰 편차를 보인다는 사실에 여러분은 익숙해져야 합니다. 그러나 아주 극단적인 경우를 제외하고 한 사람에게는 오직 한 가지 성의 산물 — 난자 혹은 정충 — 이 존재한다는 사실로부터 이러한 요소가 결정적인 의미를 갖고 있다고 잘못 판단하게 되어, 남성과 여성을 결정짓는 것은 해부학이 파악할 수 없는 알려지지 않은 미지의 어떤 것이라는 결론을 내리게 할 것입니다.

심리학이 그것을 할 수 있을까요? 우리는 남성적, 여성적이라는 구분을 정신적인 질의 차이를 나타내는 것으로도 사용하는 데 익숙해져 있습니다. 그리고 또 양성성(兩性性)의 관점을 그 정신적 삶에 투사하기도 합니다. 그러므로 우리는 어떤 사람이 남성이든 여성이든 관계없이, 이런 점에서 남성적이고 저런 점에서 여성적이라는 식으로 말하곤 합니다. 그러나 여러분은 곧 그것이 해부학이나 인습에 따른 것에 불과하다는 사실을 알게 되실 것입니다. 여러분은 남성적 혹은 여성적이라는 개념에 어떠한 새로운 내용도 덧붙이지 못할 것입니다. 그 차이는 심리학적인 것이 아닙니다. 여러분이 남성적이라고 말할 때 그것은 대체로 〈적극적이다〉라는 뜻을 가지고, 여성적이라고 말할 때는 〈수동적이다〉라

3 양성의 문제는 「성욕에 관한 세 편의 에세이」 중 첫 번째 시론에서 논의되었다.

는 뜻을 가집니다. 그러한 관계가 존재한다는 사실 자체는 맞습니다. 남성적 성세포는 활발하게 움직이며 여성의 성세포를 찾아다니고, 또 여성 성세포인 난자는 움직이지 않으며 수동적으로 기다리고 있습니다. 성적으로 아주 기초적인 유기체의 이러한 행위는, 성적 교접의 측면에서 개인들 간의 성적 행위에 비추어 보아도 전형적이라 할 만합니다. 남성은 성적 교합(交合)을 목적으로 여성을 쫓고 그를 낚아채서는 그것 안으로 들어갑니다. 그러나 이렇게 말함으로써 여러분은 심리학적으로 볼 때 남성적인 것의 성격을 공격성의 요소로 격하시키게 됩니다. 그러므로 많은 동물계에서는 암컷이 더 강하고 공격적이며, 수컷은 성적 교합의 행위에서만 적극적이라는 사실들을 고려해 볼 때, 정말로 본질적인 것을 꿰뚫었는지의 여부에 대해 의심하게 될 것입니다. 예를 들어 거미의 세계가 그렇습니다. 우리에게는 그토록 여성적으로 보이는 새끼를 돌보는 일이나 양육과 같은 기능들이 동물들의 세계에서는 꼭 언제나 암컷하고만 연관되어 있지는 않습니다. 비교적 고등 동물들에서도 암컷과 수컷이 새끼를 돌보는 일을 분담하거나 수컷이 전적으로 그 일에 매달리는 경우를 흔히 보게 됩니다. 인간들의 성생활에 있어서도 남성적 행위를 적극성으로, 여성적 행위를 수동성으로 표현하는 것이 얼마나 불충분한 것인가를 곧 알게 될 것입니다. 어머니는 모든 의미에서 아이에 대해 적극적입니다. 젖을 빠는 행위조차 그녀가 젖을 먹인다고 하는 편이 아이가 젖을 빤다고 하는 것보다 더 적절할 수도 있습니다. 이처럼 성적인 영역에서 벗어나면 벗어날수록 남성성이나 여성성이 특정 성질과 부합한다는 사고방식4의 오류는 더욱 분명해집니다. 여자들은 여러 방향으로 커다란 적극성을 발휘할 수 있습니

4 이에 대해서는 『정신분석 강의』 중 스무 번째 강의에서 설명되고 있다.

다. 그러나 남자들은 어느 정도의 수동적 유연성을 발휘하지 않는 한 이러한 여자들과 살 수 없을 것입니다. 만일 여러분이 이제 이러한 사실들은 심리학적인 의미에서 남성이나 여성이나 모두 양성적이라는 것을 증명하는 것이라고 한다면, 여러분은 〈적극적〉이라는 표현을 남성적으로, 〈수동적〉이라는 표현을 여성적인 단어와 일치시키기로 작정했다는 것을 의미할 뿐입니다. 그러나 나는 여러분에게 그렇게 하지 말 것을 충고하고 싶습니다. 그것은 소용없는 짓일뿐더러 어떠한 새로운 인식도 가져다주지 않기 때문입니다.

여성성은 심리적으로 수동적 목표를 선호하는 것으로 특징지을 수 있다는 생각을 할 수 있습니다. 그것은 물론 수동성이라는 말 그대로의 뜻은 아닙니다. 수동적 목표를 관철시키기 위해서는 상당량의 적극성이 필요할지도 모릅니다. 어쩌면 여성들에게 있어서는 성생활 기능에서 그녀가 담당하는 몫으로부터 수동적 행위와 수동적 목표 추구를 더 좋아하게 되는 경향이 형성되고, 그녀의 삶 전반에까지 확장되어서 영향력을 미친다고 볼 수 있습니다. 그리고 영향력의 정도는 성생활이 하나의 모델로서 지니는 의미가 제한되어 있는가, 아니면 그 파급 효과가 멀리까지 전달되는가에 달려 있습니다. 바로 이러한 성생활이 제한되어 있는가 혹은 비교적 원활하게 이루어지는가의 정도에 따라 많든 적든 영향을 받게 된다고 말할 수도 있겠습니다. 이때 또다시 주목하지 않으면 안 되는 것은 여성을 똑같이 수동적 상황으로 몰아넣는 사회적 질서의 영향을 결코 과소평가해서는 안 된다는 것입니다. 아직 모든 것이 너무도 불명확한 상태입니다. 여성성과 본능 생활 간의 특별한 항상적 관계 또한 간과해서는 안 되겠습니다. 여성에게 구조적으로 규정되어 있고, 또 사회적으로 부과된 것으로서 자신의 공격성을 억압해야 하는 상황은 강한 마조히즘적 충동의 발달을 도와주게 되는데, 그것은 내부로 향해진 파괴적 경향을 관능적으로 연결하는 데 성공합니다. 그러므로 마조히즘은 사람들이 말하는 것처럼 아주 여성적입니다. 그러나 여러분이 종종 그러한 것처럼 마조히즘적 성향을 갖고 있는 남자를 만나게 되면, 이 남자는 아주 분명한 여성적 특성을 보여 주고 있다고 말하는 것 외에 달리 무슨 말을 할 수 있겠습니까?

여러분은 이미, 심리학도 여성성이라는 수수께끼를 풀 수 없을 것이라는 사실을 받아들일 준비를 하고 있습니다. 이에 대한 해명은 아마도 어딘가 다른 곳에서 나와야 할 것입니다. 그러나 그것은 생명 있는 존재들이 어떻게 하여 두 가지 성(性)으로 나뉘게 되었는가를 알게 되기 전까지는 해결되지 않을 것입니다. 우리는 그에 대해서 아무것도 알지 못합니다. 그러나 또한 두 개의 성이라는 것은 살아 숨쉬지 않는 자연과 유기체적 생명을 날카롭게 구별해 주는 아주 뚜렷한 특징이라고 할 수 있습니다. 여성의 성기를 소유한 것으로 인해서 명확하게 혹은 현저하게 여성적이라고 규정되는 인간 존재들에 대해서 우리는 더 많은 것을 연구해야 합니다. 여자란 무엇인가를 묘사하려고 하기보다는 — 그것은 정신분석으로서는 거의 풀 수 없는 문제이기 때문입니다 — 어떻게 하여 그렇게 되는가, 양성적인 소질이 주어진 한 어린아이에서 어떻게 하여 여자로 발전되어 나가는가를 연구하는 것이 정신분석의 특성에 맞는 일일 것입니다. 최근 우리는 그에 대해서 몇 가지 사실을 알게 되었는데, 그것은 우리의 뛰어난 여자 동료들이 분석 작업 속에서 이러한 물음에 대답하기 위하여 노력하기 시작한 덕분입니다. 양성 간의 차이로 인하여 그에 대한 논의는 아주 특별한 흥미를 불러일으키게 되었는데, 왜냐하면 그 둘을 비교한 결과 자신들의 성에 불리한 결과가 나오게 될 때마다 우리의 여성들은, 여성에 대한 뿌리 깊은 편견을 극복하지 못했음에 틀림없는 남성인 우리 분석가들이 그 편향성 때문에 우리의 연구를 망쳐 버렸을지도 모른다는 의심을 나타내곤 했습니다. 양성적인 토대 위에서는 그와는 달리 이러한 예의에서 벗어나는 상황을 손쉽게 모면할 수 있었습니다. 우리는 단지 이렇게 말하기만 하면 되었던 것입니다. 〈이것은 당신한테는 적용이 안 됩니다. 당신은 예외라고 할 수 있습니다. 이 점에서 당신은 여성적이라기보다는 오히려 남성적입니다〉 등등.

여성의 성 발달에 관한 연구를 하면서 우리는 두 가지 기대를 갖고 임했습니다. 첫째는, 여기에서도 성적 구조가 매끄럽게 기능에 딱 부합되지는 않을 것이라는 사실이었습니다. 다음은, 결정적인 변화는 이미 사춘기 이전에 시작되거나 완결되리라는 것이었습니다. 이 두 가지 사실은 금방 확인되었습니다. 더군다나 소년의 조건들과 비교한 결과, 작은 소녀에서 정상적인 여자로 발전되는 것은 더욱 어렵고 복잡하다는 사실이 드러났습니다. 왜냐하면 이 과정은 남자의 발달이라는 측면에서는 그 어떤 것도 대응될 수 없는 두 개의 과제를 더 갖고 있기 때문입니다. 처음부터 그 둘을 병렬시키면서 따라가 봅시다. 소년과 소녀에게 재료는 처음부터 확실히 다릅니다. 그것을 확인하기 위해서는 정신분석을 끌어다 댈 필요조차 없습니다. 성기 형태에서의 차이는 신체적으로 다른 차이들과 함께 수반되는데, 그것들은 너무나 잘 알려진 것들이어서 여기서 다시 언급할 필요는 없을 것입니다. 원래의 본능적 소인에도 이미 차이가 존재하는데, 이것은 그 후의 여성적 특성을 예감할 수 있게 해줍니다. 어린 소녀는 대체로 덜 공격적이고 덜 반항적이며 자기 스스로 즐기는 능력이 부족합니다. 소녀는 더 많은 애정 표현을 필요로 하고, 그래서 더욱 의존적이고 유연해지는 것처럼 보입니다. 여자아이들이 배변 활동의 제어 훈련에 더욱 빠르고 쉽게 적응하게 되는 것은 아마도 이러한 유연성의 결과일 것입니다. 소변과 대변은 아이가 자신을 돌보는 사람에게 선사하는 최초의 선물이며, 그것을 제어하게 되는 것은 본능 생활을 억제하는 그가 하는 최초의 양보라고 할 수 있습니다. 사람들은 여자아이가 동년배의 남자아이보다 더 똑똑하고 활발한 것 같다는 인상을 종종 받게 됩니다. 여자아이는 외부 세계와 더 많이 절충하고 동시에 대상에 대해 더 강한 집착을 보입니다. 발달 단계에서의 이러한 우위가 정밀한 조사에 의해서 확인된 것인지는 잘 모르겠습니다. 어찌 됐든 여자아이가 지적으로 결코 떨어진다고 말할 수 없음은 확실합니다. 그러나 이러한 성별 간의 차이는 그렇게 중요한 것은 아니며 개인적인 편차에 따라 조정될 수 있습니다. 우리가 우선 추적하려고 하는 의도에 따라 이 문제는 잠시 제쳐 놓기로 하겠습니다.

양성 모두 리비도 발전의 초기 단계를 같은 방식으로 거치는 것처럼 보입니다. 소녀들에게는 이미 가학적-항문기에 더 약한 공격성이 나타날 것을 기대했을 수도 있을 것입니다. 그러나 그것은 맞지 않습니다. 여성 분석가들이 어린이들의 놀이를 분석한 결과 밝혀진 바에 의하면, 여자아이의 공격적 충동이 그 풍부함과 격렬함의 측면에서 결코 뒤처지지 않는다는 것입니다. 남근기에 들어서면서 성들 간의 차이는 그 동질성에 비해서 훨씬 덜 중요해집니다. 이제 어린 소녀는 작은 남자라는 사실을 인식해야 하겠습니다. 이 시기의 남자아이는 자신의 작은 남근을 가지고 장난을 함으로써 얻어지는 쾌락적인 감각을 알게 되고, 그러한 상태의 흥분을 성적 교합에 대한 상상으로 연결시키는 등의 특징을 나타냅니다. 어린 여자아이도 자신의 아주 작은 음핵을 가지고 이러한 행동을 합니다. 그녀에게는 모든 자위적인 행위가 이 남근-등가물과 연관되어 이루어지는 듯이 보이는데, 아직도 여성 본래의 질은 남자아이나 여자아이에게 발견되지 않은 채이기 때문입니다. 몇몇 사례에서 매우 이른 시기의 질에 의한 쾌감에 대하여 보고하고 있는데, 항문에서 느끼는 감각과 질 입구에서 느끼는 쾌감을 구별한다는 것이 어찌 됐든 쉬운 일은 아니며, 어떤 경우에든 커다란 역할을 하지는 못하리라 생각됩니다. 여자아이의 남근기에서 음핵이 중요한 성감대라는 사실만은 분명합니다. 그러나 물론 계속 그런 것은 아닙니다. 여성이 되어 감과 동시에 음핵은 민감성과 함께 그 의미를, 전부 혹은 부분적으로 질에게 넘겨주어야만 합니다. 그리고 이것은 여성의 발달에 관한 두 가지 문제 중 우리가 풀어야 할 과제의 하나가 되는 것입니다. 반면에 보다 더 운이 좋다고 말할 수 있는 남자의 경우에는, 성적 성숙이 이루어지는 시기에 그가 성적 미성숙의 단계에서 연습했던 것을 계속하기만 하면 됩니다.

나중에 이 음핵의 역할에 대한 논의로 다시 돌아오겠지만, 우선 지금은 여자아이의 발달에 부과된 두 번째 과제에 초점을 맞춥시다. 남자아이의 첫 번째 사랑의 대상은 어머니입니다. 오이디푸스 콤플렉스의 형성 단계에서도 그런 상태로 남아 있으며, 근본적으로 보면 생애 전체를 통하여 그러합니다. 여자아이에게도 어머니는 ─ 또 그와 연관된 존재들인 유모나 보모들도 ─ 첫 번째 대상입니다. 대상에 대한 최초의 애착은 중요하면서도 단순한 생명적 욕구의 만족과 연결되어 나타나며, 양쪽 성에 있어서 어린아이를 돌보는 조건들은 같다고 할 수 있습니다. 오이디푸스적 상황에서 여자아이에게는 아버지가 사랑의 대상이 되며, 정상적인 발달이 끝나게 되면 아버지라는 대상을 떠나서 궁극적인 대상 선택의 방식을 찾게 됩니다. 그러니까 여자아이는 시간이 지남에 따라 성감대와 대상을 바꾸게 되는 반면, 남자아이에게는 이 둘이 그대로 유지됩니다. 이때 어떻게 하여 이러한 일이 일어나게 되는가 하는 의문이 떠오릅니다. 특히 어떻게 하여 여자아이가 어머니로부터 벗어나서 아버지와의 유대감을 지니는 방향으로 옮겨 가게 되는 것인가, 다른 말로 표현하자면 그녀의 남성적 양태로부터 어떻게 생물학적으로 정해진 자신의 여성적인 단계로 옮겨 가게 되는지 말입니다.

자, 그런데 어느 특정한 나이에 이르면서부터 이성적인 매력이 근본적인 영향을 미치게 되어 작은 여자아이를 남자에게 끌어당기게 한다는 가정을 하면, 그것은 가장 이상적이고 단순한 해답이 될 것입니다. 반면, 같은 법칙이 소년에게는 어머니에 대한 사랑의 지속을 가능케 해줍니다. 아이들은 그때 그들 부모의 성적인 선호가 표시하는 암시를 따르게 될 것이라고 첨언할 수도 있겠지요. 그러나 우리는 이와 같이 주어진 것들을 그대로 받아들여서는 안 됩니다. 우리는 시인들이 그처럼 열광하는, 저 비밀스럽고 분석적으로 더 이상은 쪼개질 수 없는 힘을 그대로 믿어도 좋을지 잘 알지 못합니다. 수고스럽고 힘든 조사를 통해 얻은 결과는 전혀 다른 종류의 정보를 가져다주었는데, 적어도 그 재료는 쉽게 얻을 수 있는 간단한 것이었습니다. 이른바 매우 늦은 시기에 이르기까지 아버지라는 대상과 애정적인 의존 관계에 놓여 있는, 즉 아직도 현실적인 아버지에 머물러 있는 여자들의 숫자가 매우 많다는 것이었습니다. 아버지와 밀접하고 오래 지속되는 고착 관계를 갖고 있는 여자들에 관해 우리는 몹시 놀라운 사실을 발견했습니다. 우리는 물론 어머니와의 유대감이 지배하는 이전 단계가 있다는 사실을 잘 알고 있습니다. 그러나 이러한 유대감이 그렇게 풍부한 내용을 갖고 있고, 그렇게 오래 지속되고, 고착이나 소질과 관련된 그렇게나 많은 계기를 흔적으로 남겨 놓을 수 있다는 사실에 대해서는 아는 바가 없었습니다. 이 시기에 아버지는 그저 귀찮은 경쟁자일 뿐이며, 어머니와의 유대감은 네 살이 될 때까지 지속됩니다. 우리가 나중에 아버지와의 관계 속에서 발견하게 된 거의 모든 것은 이미 그녀와의 관계 속에서도 존재하고 있었으며, 그 후에 아버지에게 전이된 것입니다. 간단히 말해서 여성의 이와 같은 〈전오이디푸스적-어머니와의 유대〉 단계를 인정하지 않는 한, 여성을 제대로 이해하는 것은 불가능하다는 확신을 얻게 됩니다.

이제는 소녀의 어머니에 대한 리비도적인 관계는 무엇인가 하는 것을 알아보고자 합니다. 그것은 매우 복합적이라고 대답할 수 있겠습니다. 그녀가 아동기 성(性)의 세 단계를 모두 거치게 됨으로써 각 단계의 고유한 성격도 얻게 되는데, 그것은 구순의, 가학적-항문의, 남근의 소원들로 표현됩니다. 이러한 소원들은 적극적 흥분 또는 소극적 흥분을 나타내는데 ── 가급적 그렇게 하지 않는 것이 좋을 테지만 ── 이를 나중에 생겨나는 성의 구별과 연관시켜 남성적이거나 여성적이라고 말하기도 합니다. 게다가 이러한 소원들은 완전히 양가적이어서, 호의적인 성격과 적대적이고 공격적인 성격 모두를 가지고 있습니다. 후자와 같은 성격들은 그것들이 불안 표상으로 변화된 이후에야 비로소 모습을 드러냅니다. 이러한 초기의 성적 소원들의 형태를 설명하는 것은 쉬운 일이 아닙니다. 가장 분명하게 표현되는 것은 어머니에게 아기를 만들어 주겠다는 소원과, 그와 일치하는 것으로서 그녀에게 아기를 낳게 하고 싶다는 소원입니다. 그 두 가지 소원은 남근 기에 속하는 것으로, 충분히 낯설기는 하지만 분석적 관찰을 통해서 의심할 여지 없이 확인된 것입니다. 이 연구의 매력은 그것들이 가져온 놀랄 만한 발견 사실들에 있습니다. 예를 들어 죽음을 당하거나 독을 먹게 될지도 모른다는 사람들의 불안 속에는, 추후에 편집증적 정신병의 핵심을 이루게 되는 이러한 전오이디푸스적 시기에 어머니와 관련된 것이 그 근거에 놓여 있다는 것을 발견할 수 있습니다. 또 다른 경우를 들어 봅시다. 나에게 수많은 고통스러운 시간을 가져다준 분석적 연구의 역사 중에서 여러분은 흥미로운 이야기 하나를 기억하고 계실 것입니다. 주로 아동기의 성적인 상처를 발견해 내는 데 관심이 쏠려 있던 시기에, 거의 모든 내 여성 환자들은 그들이 아버지로부터 유혹받은 적이 있다고 보고했습니다. 나는 결국 이러한 보고들이 사실이 아니라는 결론에 이르게 되었는데, 그로부터 히스테리 증상들은 실재적 사건들로부터 생겨나는 것이 아니라 환상으로부터 파생된다는 것을 이해하게 되었습니다.[5] 나중에 가서야 비로소 나는 아버지에 의한 유혹이라는 이 환상 속에는 여성들의 전형적인 오이디푸스 콤플렉스가 표현되어 있다는 것을 알게 되었습니다. 그런데 이제 소녀들의 전오이디푸스적인 전 단계에서 이러한 유혹 환상을 다시 만나게 됩니다. 그러나 유혹하는 사람은 그때마다 어머니였습니다. 여기서 환상은 현실의 토대를 건드리게 되는데, 돌보아 주는 행위 속에서 성기에 쾌감을 야기시키고, 심지어는 최초로 그것을 불러일으키는 사람은 다름 아닌 바로 어머니이기 때

5  자기의 오류를 알아낸 것이 자신의 생각에 어떤 영향을 미쳤는지에 관해 프로이트는 「정신분석 운동의 역사」와 「나의 이력서」(프로이트 전집 15, 열린책들) 제3장에서 설명하고 있다.

문입니다.

여러분은 작은 소녀의 어머니에 대한 성적인 관계가 이렇게도 풍부하고 강하다는 설명이 지나치게 과장됐다는 의심을 하게 될 것입니다. 작은 여자아이를 관찰하게 될 기회가 있었는데, 그와 같은 것은 전혀 발견할 수 없었다고 이의를 제기할 수도 있겠습니다. 그러나 이 이의는 맞지 않습니다. 관찰하는 법을 제대로 잘 알고 있으면 아이들에게서 그러한 것을 충분히 많이 보게 될 수 있을 것입니다. 그 밖에도 어린아이가 자신의 성적인 소원에 관해서 전의식적인 표현을 하거나 의사를 전달하는 데 있어서 얼마나 서투른지를 고려해 보아야 할 것입니다. 나중에 우리가 이러한 발달 과정이 특별히 분명하거나 혹은 지나치게 과도할 정도로 발달한 사람들을 중심으로 감정 세계의 잔류물들과 결과들을 연구할 경우, 우리는 자신의 정당한 권리를 행사하는 것입니다. 정상적인 상태에서는 숨겨진 채로 남아 있을 것들을 고립과 과장이라는 특수 상황을 만들어 냄으로써 여러 조건을 잘 인식하게 해 주는 병리학은 언제나 우리가 이러한 작업을 수행하는 것을 도와주었습니다. 그리고 우리의 연구는 결코 어떠한 경우에도 심하게 비정상적인 사람들하고는 수행된 적이 없으므로, 우리는 그 결과들을 믿을 만한 것으로 생각해도 됩니다.

이제 우리는 우리의 관심을 하나의 질문에 집중시키려고 하는데, 그것은 소녀의 어머니에 대한 이 강력한 애착이 어떻게 해서 끝나게 되느냐 하는 문제입니다. 그것이 일반적인 운명이라는 것, 그것은 아버지에 대한 애착에 자리를 내주도록 결정되어 있다는 사실을 우리는 이미 알고 있습니다. 여기서 우리는 우리에게 가야 할 길을 가르쳐 주는 한 가지 사실과 만나게 됩니다. 이 발전의 과정에서는 단순한 대상의 교체가 문제가 아닙니다. 어머니로부터 관심을 돌리게 되면서 적대적인 분위기가 형성됩니다. 어머니에 대한 애착은 증오로 끝나게 됩니다. 그러한 미움은 매우 눈에 띄는 것이고 전 생애를 통하여 지속되기도 합니다. 그것은 나중에 지나칠 정도로 과잉 보상될 수도 있고, 대체로 그중 일부는 극복되고 또 다른 일부는 지속적으로 남아 있게 됩니다. 그 후 일어난 사건들이 여기에 강한 영향력을 미치게 되는 것은 자연스러운 이치입니다. 우리는 아버지에게 관심이 옮겨 가는 그 시기에 전개되는 이 증오심을 연구하고 그 동기에 대해서 물어보는 것으로 우리의 물음을 제한하려고 합니다. 아이의 적대적인 감정을 정당화시켜 준다고 하는 어머니에 대한 무수한 호소와 불평을 들을 수 있는데, 이것들은 여러 가지 가치를 갖고 있으므로 그것들을 인정하는 데 인색해서는 안 되겠습니다. 그중 많은 것들이 명백한 합리화로서, 우리는 그 적대감의 실제적인 근원을 찾아내야 합니다. 이번에는 내가 여러분에게 정신분석적인 연구의 모든 과정을 자세하게 설명하려고 하는데, 여러분께서도 거기에 적극 참여해 주시기 부탁드립니다.

어머니에 대한 비난 중에 가장 먼 시점으로 되돌아가는 것은 그녀가 아이에게 젖을 너무 적게 먹였다는 것인데, 그것은 사랑의 부족을 나타내는 징표라는 것입니다. 그런데 이러한 비난은 우리 가정 내에서는 어느 정도 이유가 있는 것입니다. 어머니들은 아이에게 줄 젖의 양이 모자라서 몇 달이나 반년, 혹은 9개월 정도만 수유하는 것으로 만족하는 경우가 종종 있습니다. 미개한 종족의 경우 아이들은 대체로 2년 또는 3년 동안 어머니의 젖으로 양육됩니다. 젖을 먹이는 유모의 형상도 대체로 어머니의 모습 속으로 용해됩니다. 이와 같은 경우가 아닐 때에는 어머니에 대한 비난은 다른 것으로 대체되는데, 아이에게 그렇게도 기꺼이 젖을 먹여 주던 유모를 너무 빨리 내보냈다는 이유 등을 내세우기도 합니다. 그러나 실제의 사건이 어떻게 되었든 간에 아이의 비난이 현실적으로 합당한 경우는 거의 없습니다. 오히려 자신의 첫 먹거리에 대한 아이들의 기호는 결코 채워질 수 없는 것으로서, 어머니의 가슴을 잃게 됨으로써 느끼는 고통은 절대로 사라져 버리지 않는다는 설명이 더 적합할 것입니다. 걷거나 말할 수 있게 될 때까지 어머니의 젖을 빨 수 있었던 미개 종족의 분석에서도 이와 똑같은 비난이 나오게 된다고 하더라도 나는 전혀 놀라지 않을 것입니다. 어머니의 가슴으로부터 분리된다는 것은 어쩌면 독을 먹게 될지도 모른다는 불안과 연관되어 있는 것인지도 모릅니다. 독이란 사람을 병들게 만드는 영양소입니다. 어쩌면 아이는 자신의 어린 시절 질병의 원인도 이 좌절의 탓으로 돌리고 싶어 하는 것인지도 모릅니다. 아이들이 어떤 우연한 사건을 믿게 되기까지는 일정 정도의 지적인 교육이 필요합니다. 미개하고 교육을 받지 않은 사람들과 어린아이들은 일어나는 모든 사건에 대해 이유를 갖다 붙이려고 합니다. 애니미즘Animismus의 의미에서 본다면 그것은 원래적인 모티프가 됩니다. 지구상의 인구 중 많은 계층들은 오늘날까지도 다른 사람에 의하여, 가장 그럴듯하기로는 의사들에 의하여 죽임을 당하지 않는 한 아무도 죽지 않는다고 믿고 있습니다. 그리고 제일 가까운 사람의 죽음에 대한 가장 일반적이고 신경증적인 반응은 자신이 이 죽음을 불러오게 했으리라는 죄책감입니다.

그다음에 떠오르는 어머니에 대한 비난은 동생이 생겨날 때 가장 치열하게 불타오릅니다. 이것은 입이 겪었던 좌절과 연관되어 있습니다. 어머니는 아이에게 더 이상 젖을 줄 수 없거나 주지 않으려고 합니다. 왜냐하면 새로 태어난 아이에게 줄 젖이 필요하기 때문입니다. 두 아이들의 터울이 매우 적을 경우에는 수유가 실제로 그다음의 임신에 영향을 받으므로, 이 비난은 매우 현실적인 이유가 있습니다. 그런데도 특이한 일은 나이 차이가 11개월밖에 안 나는 아이들에게 있어서 그중 큰아이는 그러한 사실을 이해 못 할 만큼 어리지는 않다는 사실입니다. 원치 않는 침입자인 동시에 경쟁자인 동생을 시기하는 것은 단지 젖을 먹고 안 먹고의 문제 때문만은 아니며, 어머니의 보살핌에서 나타나는 다른 모든 표시들 때문이기도 합니다. 아이는 왕좌에서 내쫓기고 도둑질을 당하고 자신의 권리가 침해당했다는 느낌을 받습니다. 그리하여 자신의 동생에게 질투심에 가득 찬 증오를 보내고, 자신을 사랑하지 않는 듯한 어머니의 행동 변화를 자주 보면서, 그러한 신의 없는 어머니에게 원한을 품게 됩니다. 아이는 〈고약하게〉 되면서 짜증을 내고, 말을 고분고분 듣지 않으며, 배변을 통제할 수 있었던 상태에서 뒤로 퇴행해 버립니다. 이 모든 것은 이미 잘 알려진 사실들이며, 아주 자명한 것으로 받아들여져 왔습니다. 그러나 이러한 질투심 어린 충동의 강도나 그 집요함, 또 그 후의 발달에 미치는 영향의 크기를 제대로 인식하는 경우는 매우 드물었습니다. 특히 이러한 질투심에는 그 후의 어린 시절 동안 계속해서 새로운 영양분이 주어지고, 또 새로운 동생들이 생길 때마다 이 무시무시한 충격은 또다시 반복되기 때문입니다. 그 아이가 어머니의 가장 사랑하는 귀염둥이라고 할지라도 상황은 그리 달라지지 않습니다. 아이의 사랑에 대한 요구는 한계가 없는 것이고, 배타적이며, 사랑을 나누어 갖는 것을 허용하지 않기 때문입니다.

어머니에 대해 아이가 품는 적개심이 그렇게 풍부한 원천으로부터 비롯하는 것은 리비도 단계에 따라 변화하는 복합적인 다양한 성적 소원 속에서 찾을 수 있는 것으로, 대개는 충족될 수 없는 것들입니다. 그중 가장 강력한 것이 남근기에 자신의 성기를 갖고 노는 기분 좋은 장난을 어머니가 금지할 때 — 매우 심한 협박이나 여러 가지 불쾌한 표시를 하면서 — 나타나며, 이것들은 사실 어머니 자신이 아이를 자극했기 때문입니다. 많은 사람들은 그것을 어머니로부터 여자아이가 등을 돌리게 되는 충분한 동기로 간주할 것입니다. 이러한 분리는 유아적인 성의 본질상 피할 수 없는 것이며, 끊임없는 사랑에 대한 요구나 채워질 수 없는 성적 소원으로부터 파생되는 것으로 판단할 것입니다. 네, 그것이 최초의 것이라는 이유로 아이의 최초의 사랑의 관계는 비극으로 끝나 버릴 수밖에 없는 것이라고 생각할 수도 있겠습니다. 왜냐하면 이러한 초기의 사랑 대상에 대한 집착은 대개 몹시 모호하여, 강한 사랑의 감정 옆에는 또 항상 강한 공격적 성향이 존재하고 있으며, 아이가 이 대상을 열렬히 사랑하면 할수록 그로부터 오는 실망과 좌절에 그만큼 더 예민해질 것이기 때문입니다. 결국 사랑은 쌓여 가는 적개심에 굴복하고 맙니다. 혹 어떤 사람들은 사랑의 집착에 대한 그러한 근본적인 모호성을 부정하고 그것이 어머니-아이 관계의 특성이라는 사실을 지적할 것입니다. 그것은 피할 수 없는 운명처럼 유아적인 사랑을 파괴하게 되는데, 왜냐하면 아무리 부드럽고 따뜻한 교육이라고 할지라도 강제적인 측면을 피할 수 없고 제한을 가하게 되며, 아이의 자유에 대한 그러한 모든 간섭은 아이에게 반항과 공격적 성향을 불러일으킬 수밖에 없기 때문이라는 것입니다. 이러한 가능성에 대한 논의는 물론 매우 재미있는 것이 될 수도 있으리라고 생각합니다. 그러나 거기에서 우리의 관심을 다른 방향으로 돌리는 이의가 갑작스럽게 제기됩니다. 이 모든 요소들, 즉 거부, 사랑에 대한 실망, 질투심, 유혹과 그에 따른 금지들은 소년의 어머니에 대한 관계에서도 등장합니다. 그럼에도 그를 그가 사랑의 대상으로 보는 어머니와의 관계로부터 떼어 내지는 못합니다. 남자아이에게는 없거나 남자아이에게 존재하는 방식과 동일하지 않은, 여자아이에게만 특수한 것은 도대체 무엇인가 하는 것을 우리가 알아내지 못하면, 여자아이의 어머니에 대한 애증의 결과를 설명할 방법이 없게 됩니다.

매우 놀랄 만한 형태이긴 하지만, 예상했던 곳에서 우리는 이러한 특별한 요소를 발견할 수 있었습니다. 예상하던 바로 그 자리라고 내가 말했는데, 그것은 거세 콤플렉스에 근거하고 있기 때문입니다. 해부학적인 차이는 심리적인 결과를 가져올 수밖에 없었던 것입니다. 분석 작업을 통해서 발견해 낸 것으로서 또 놀라운 것은, 여자아이는 자신에게 남근이 없는 것에 대한 책임을 어머니에게 돌리고, 이러한 신체적 결점을 나타나게 해준 것에 대해 어머니를 결코 용서하지 못한다는 것입니다.

우리가 여자에게도 거세 콤플렉스가 있다고 규정하는 것을 여러분은 들으셨을 것입니다. 거기에는 상당한 이유가 있습니다. 물론 그것이 남자아이에게 있는 것과 같은 내용일 수는 없을 것입니다. 남자아이에게 그 거세 콤플렉스는, 그가 여자아이의 성기를 보고 난 후 자신에게는 그렇게도 멋지게 보이는 남근이 어느 신체에나 꼭 필요한 것은 아니라는 사실을 알고부터 생겨납니다. 그는 자신이 성기를 갖고 장난함에 따라서 자신에게 가해진 협박들을 생각해 내고는 그것을 믿게 되며, 그때부터 〈거세 불안〉의 영향 아래 놓이게 됩니다. 그리고 그것은 그의 뒤이은 발달에 가장 강력한 동인이 되는 것입니다. 여자아이의 거세 콤플렉스도 남자아이의 성기를 봄으로써 초래됩니다. 그녀는 즉시 그들 간의 차이를 발견하고 ─ 우리가 인정할 수밖에 없는 것으로서 ─ 그 의미도 알게 됩니다. 그녀는 자신이 매우 심하게 손상받았다는 느낌을 가지게 되며, 자신도 〈그런 것을 갖고 싶다〉는 소원을 품게 되면서 자신의 발달과 성격 형성에 지울 수 없는 흔적을 남기게 되는 남근 선망(羨望) 속에 빠지게 됩니다. 그것은 아무리 양호한 경우라도 상당한 심리적 비용을 치르지 않고는 극복되기 어려운 것입니다. 여자아이가 자신에게는 남근이 없다는 사실을 인정하게 된다는 것이, 그녀가 그것에 간단히 굴복하게 됨을 의미하지는 않습니다. 그와 반대로 그녀는 그런 것을 갖고 싶다는 소원을 오랫동안 간직하게 되며 그 후로도 믿기지 않을 만큼 오랫동안 이 가능성에 의존하면서, 현실에 대한 지식을 통해 이러한 소원 성취는 이미 도달될 수 없는 것으로 판단하고 제쳐 놓은 후까지도 이 믿음은 무의식 속에 그대로 남겨진 채 그것에 집착하는 상당한 양의 에너지를 보유하고 있다는 사실이 분석 작업을 통해 밝혀졌습니다. 그녀가 그렇게도 동경해 마지않는 남근을 꼭 갖고 싶다는 소원은 성숙한 여인을 결국 분석 치료에 참가하게 만드는 동기에 일정 정도 기여하게 될 것이며, 그녀가 그 분석 치료로부터 기대하는 것은 말할 것도 없이 지적인 직업을 추구할 수 있는 능력을 발견하는 것으로서, 그것은 이러한 억눌린 소망의 승화된 변화로 종종 인식되고 있습니다.

〈남근 선망〉의 의미에 대하여는 의심할 필요가 없을 것입니다. 남자들이 공정치 못하다는 것을 나타내는 한 예로서 여러분은 혹시 다음과 같은 주장을 들어 보신 적이 있을 것입니다. 즉 시기와 질투 같은 감정이 남자들보다 여자들의 정신생활에서 더욱 큰 역할을 한다는 것입니다. 남자들에게서는 이러한 특징을 찾아볼 수 없다거나 그것이 여자들에게 있어서는 남근 선망 이외의 그 어떤 뿌리도 가질 수 없다고는 생각지 않습니다. 그러나 이 〈더욱〉이라는 것이 여자들에게는 후자의 영향을 받는다는 바로 그 점에 기인한다고 생각하게 됩니다. 그러나 많은 분석가들은 남근기의 이러한 남근에 대한 선망이 처음 고개를 들 때의 의미를 깎아내리려고 하는 경향이 있습니다. 여자들의 이러한 입장은 대체로 말해서 이차적인 성격의 것이라고 생각하는 이들도 있습니다. 그것은 그 후에 갈등이 생길 때마다 저 초기의 유아적인 충동으로의 퇴행 작용을 통해 만들어졌다는 것입니다. 이제 그것은 심층 심리학의 일반적인 문제가 되었습니다. 병리학적인 ─ 혹은 비일반적인 ─ 본능적 태도의 많은 부분에서, 예를 들어 모든 성적인 도착증에 있는 그러한 힘들의 강도 중 얼마만큼을 초기의 유아적인 고착으로, 또 얼마를 이후의 체험과 발달의 영향으로 볼 것인가 하는 문제가 떠오릅니다. 문제되는 것은 언제나 우리가 신경증 병인학의 연구에서 가정한 대로 보완적인 일련의 사태들입니다.[6] 그 두 가지 요소는 각각의 비율이 수시로 변화하면서 그것을 초래하는 데 영향을 미칩니다. 한 가지 점에서 보다 작은 부분을 차지했던 것은 다른 점에서 더욱 많은 부분을 차지함으로써 균형을 맞추게 됩니다. 모든 경우에서 유아적인 요소는 방향을 제시하는 역할을 하는데, 언제나 그것이 결정적인 요소가 되는 것은 아니지만 종종 그렇기도 한 것은 사실입니다. 그러나 남근-선망이라는 이러한 특수한 경우와 관련해서 내가 단언하고 싶은 것은, 유아적 요소가 주된 지위를 차지한다고 하는 것입니다.

자신이 거세되었음을 발견하는 것은 여자아이의 발달 단계에서 전환점이 됩니다. 그것으로부터 세 가지 발전 방향이 갈라집니다. 하나는 성적 주저 혹은 신경증으로 이어지고, 또 하나는 남

6 『정신분석 강의』 중 스물두 번째와 스물세 번째 강의 참조.

성 콤플렉스의 의미에서 성격의 변화를 가져오며, 마지막 것은 결국 평범한 여성성으로 발전되어 나갑니다. 이 세 가지에 대해서 우리는 전부는 아니더라도 상당히 많은 것을 알게 되었습니다.

처음 것의 본질적인 의미는 여태까지 남성적으로 살아왔던 어린 소녀가 자신의 음핵을 자극함으로써 쾌락을 느끼는 법을 알게 되면서, 어머니를 향한 자신의 적극적인 성적 소원과 이러한 행동을 연결시키면서 남근 선망의 영향을 통해 자신의 남근기적 성의 쾌락이 망쳐지고 만 것을 발견하게 되는 데 있습니다. 훨씬 더 멋있는 육체를 가진 소년과 자신을 비교함으로써 자신에 대한 사랑에 상처를 입은 그녀는, 음핵에 대한 자위행위적 만족을 포기하게 되고 어머니에 대한 사랑을 던져 버리며 드물지 않게 일반적인 성적 충동의 상당 부분을 억압하게 됩니다. 어머니와 멀어지게 되는 사태는 단번에 이루어지는 것이 아닙니다. 여자아이는 처음에 자신의 거세 사실을 개인적인 불행으로 간주합니다. 그러다가 그것이 점차 다른 여성적 존재에게로 확대되는데, 결국 어머니에게로까지 확대됩니다. 그녀의 사랑은 〈남근을 가진〉 어머니를 향한 것이었습니다. 어머니가 거세된 상태라는 사실을 발견하게 되면서 그녀를 사랑의 대상에서 제외시키는 것이 가능해집니다. 그렇게 해서 오랫동안 축적되어 왔던 적개심의 동기가 우위를 차지하게 되는 것입니다. 즉 남근이 없다는 사실을 발견함으로써 여자라는 성은 소녀에 의해서 평가 절하되는데, 그것은 남자아이들이, 또 나중에 성인 남자들이 여자를 평가 절하하는 것과 같은 의미입니다.

신경증 환자들의 자위행위에는 엄청난 병인학적인 의미가 담겨져 있다는 것을 여러분은 모두 잘 알고 계십니다. 그들은 그들의 모든 곤란에 대한 책임을 그것에 돌리고 있습니다. 또한 우리는 그들의 판단이 잘못됐다는 것을 그들이 믿게 하는 데 많은 어려움을 갖고 있습니다. 그러나 사실상 그들이 옳다는 것을 인정해야 할지도 모릅니다. 왜냐하면 자위행위는 유아적인 성의 집행관이며, 그것이 제대로 잘 발달되지 못했기 때문에 그들은 고통을 받는 것입니다. 신경증 환자들은 대체로 사춘기적 자위에 많은 책임을 돌립니다. 그러나 실제적으로 문제가 되고 있는 아주 어린 시절의 자위행위에 대해서 그들은 거의 잊어버리고 있습니다. 나는 언젠가 여러분에게 이것들에 대해서 자세히 설명할 기회를 만들어 보려고 생각했습니다. 자위행위가 발각되었든 아니든 간에, 혹은 부모들이 그것을 가지고 야단을 쳤든 허용했든 간에, 또 그것을 억누르려고 하는 행위가 성공했든 아니든 관계없이, 어린 시절 자위행위의 모든 사실적인 개개의 사건들은 그 후의 신경증 형성이나 혹은 그 밖의 개개인의 성격 발달에서 대단히 중요한 비중을 차지하고 있습니다. 이 모든 것들은 그들의 성장 발달에 지울 수 없는 흔적을 남겨 놓습니다. 그러나 그렇게까지 할 필요가 없다고 생각하므로 나는 오히려 기쁩니다. 그것은 정말로 힘들고 오랜 시간이 요구되는 작업이며, 끝에 가서 여러분은 부모로서 혹은 아이들을 교육시키는 교육자로서 어린아이들의 자위행위에 대해서 어떤 행동을 취해야 하는지에 관하여 실제적인 조언을 요구함으로써 나를 당황스럽게 할 것이기 때문입니다. 내가 이제 설명하려고 하는 예를 통해서, 여러분은 소녀들의 발달 과정에서 아이들은 자위행위에서 빠져나오려고 스스로 노력하고 있다는 사실을 알게 될 것입니다. 그러나 그들이 그 일에 항상 성공하는 것은 아닙니다. 남근 선망이 음핵을 통한 자위행위에 대한 강한 충동을 일으켰을 경우, 그리고 이것이 물러나려고 하지 않을 때 그로부터 해방되려는 격렬한 투쟁이 일어나는

데, 소녀는 이제 지위를 상실해 버린 어머니의 역할을 스스로 받아들이고 자위행위에 대한 저항 속에서 열등해 보이는 자신의 음핵에 대한 그 모든 불만족을 표현합니다. 그로부터 여러 해가 지난 후, 자위행위를 하는 것과 같은 행동이 이미 억압된 뒤에도 그녀가 여전히 그에 대한 유혹 때문에 두려움을 느끼고 있음을 암시하는 방어 행동이라고 볼 수 있는 다른 관심이 그 뒤를 이어 지속됩니다. 자기가 보기에 비슷한 어려움을 갖고 있다고 판단되는 사람에게 호감을 느끼게 되는데, 그것은 바로 이러한 관심의 표출이며, 그것이 강력한 동기가 되어 그 사람과 결혼하게 되기도 하며 남편이나 연인을 선택하는 행위까지도 결정짓습니다. 어린 아이 시절의 자위행위를 극복하는 것은 결코 쉽거나 별로 대수롭지 않게 여길 수 있는 일이 아닌 것입니다.

음핵을 통한 자위행위를 포기하게 될 때 어린 소녀는 어느만큼의 활동성까지도 함께 포기하게 됩니다. 수동적인 면이 이제 우위를 차지하게 되고, 아버지를 향한 관심도 주로 수동적 본능 충동에 의해서 이루어집니다. 남근기적인 행위를 제거시키는 발달 단계에서의 그러한 발전은 여성성이 발전할 수 있는 토대를 마련해 줍니다. 억압을 통해서 너무 많은 것이 상실되지만 않는다면 이러한 과정에서 여성성은 정상적으로 발전됩니다. 소녀가 아버지를 향해 갖게 되는 소원은 아마도 원래는 남근에 대한 선망인지도 모릅니다. 어머니는 그것을 그녀에게 허용하는 것을 거절했고, 그러므로 그녀는 이제 그것을 아버지에게서 기대하고 있습니다. 남근에 대한 선망이 아이를 향한 것으로 대체되면서 비로소 여자다운 분위기가 형성됩니다. 그러므로 아이는 옛날의 상징적인 등가물로서 남근의 자리를 대신하는 것입니다. 여자아이는 매우 어릴 때, 아무에게도 방해받지 않은 남근기적 단계에 이미 아기를 갖고 싶다고 소망하게 되는데, 그들이 인형을 갖고 노는 놀이의 진정한 의미는 바로 거기에 있습니다. 그러나 이 놀이는 그들의 여성성을 표현하는 것이 아니라 수동성을 적극성으로 대체시키고자 하는 의도를 가진 것으로서, 어머니와의 동일시를 돕는 역할을 합니다. 그녀는 어머니의 역할을 하고, 인형은 그녀 자신인 것입니다. 어머니가 그녀를 상대로 했던 모든 행위를 이제는 그녀 스스로가 아기에게 해볼 수 있게 되는 것입니다. 남근 소원이 그녀에게 자리를 잡게 될 때, 비로소 그 인형 아기는 아버지의 아이가 되고, 그때부터 가장 강력하게 여성적인 소원의 목표가 되는 것입니다. 아기를 소원하는 이러한 소망이 언젠가 현실적으로 이루어질 때 그때의 기쁨은 이루 말할 수 없이 큽니다. 특히 그 아이가 그녀가 바라 마지않던 남근을 달고 있는 남자아이일 경우 더욱 그렇습니다. 〈아버지의 아이〉를 갖고 싶다는 생각 속에서 강조되는 것은 거의 항상 아이 그 자체에 있는 것이며, 아버지는 강조되지 않습니다. 그러므로 그 옛날의 남근을 갖고 싶다는, 남성이고 싶어 하는 소원은 완결된 여성성을 통하여 아직도 희미하게 계속 빛납니다. 우리는 이러한 남근 소원을 그 자체로서 차라리 근본적인 여성성으로 인식해야만 할 것 같습니다.

아이-남근 소원이 아버지에게로 투사되면서 여자아이는 오이디푸스 콤플렉스의 상황으로 발을 들여놓습니다. 지금은 다시 만들어 낼 필요조차 없는 어머니에 대한 적개심은 이제 몹시 강화되는데, 아버지로부터 소망하는 모든 것을 받아 낼 수 있는 어머니는 그녀의 경쟁자가 되기 때문입니다. 여자아이의 오이디푸스 콤플렉스는 오랫동안 그녀의 어머니에 대한 전오이디푸스적인 애착을 가리워 왔는데, 그것은 몹시 중요하고 지속적인 고착 현상을 남겨 놓습니다. 여자아이에게 오이디푸스적 상황은 길고도 힘든 성장의 마지막이며, 일종의 잠정적인 해결이며, 잠재기의 시작이 멀지 않으므로 금방 떠나 버리기가 힘든 평정 상태라고 할 수 있습니다. 그리고 여기에서 오이디푸스 콤플렉스와 거세 콤플렉스와의 관계에서 성별 간의 차이를 주목해야 되며, 그것은 심각한 결과를 가져오기도 하는 것입니다. 어머니를 동경하고 경쟁자로서의 아버지를 없애 버리고 싶어 하는 남자아이의 오이디푸스 콤플렉스는 그의 남근기적 성의 단계에서부터 전개됩니다. 그러나 거세에 대한 위협은 그에게 이러한 생각을 포기하도록 강요합니다. 남근을 잃게 될지도 모른다는 위험을 인식하는 가운데 오이디푸스 콤플렉스는 떠나가 버리고 억압되고, 가장 정상적인 경우에는 근본적으로 파괴되어 버리면서 그것의 유산으로 대단히 엄격한 초자아가 자리 잡게 됩니다. 여자아이에게 일어나는 현상은 거의 정반대입니다. 거세 콤플렉스는 오이디푸스 콤플렉스를 파괴하는 대신에 그것을 준비해 주며, 남근 선망의 영향으로 인해 여자아이는 어머니에 대한 애착으로부터 추방되어서, 도망자가 어느 항구에 도착하는 것처럼 오이디푸스 상황으로 빠져들게 됩니다. 여자아이에게는 거세 불안이 없기 때문에 남자아이를 짓눌렀던 오이디푸스 콤플렉스를 극복하고자 하는 주요 모티프 역시 여자아이에게는 나타나지 않습니다. 여자아이는 그 상황에 기한 없이 오래도록 머물러 있게 되며, 한참이 지나서야 불완전하게 그로부터 빠져나옵니다. 초자아의 형성 과정은 이러한 상황 속에서 지장을 받게 되므로, 초자아는 문화적 의미를 부여할 수 있는 충분한 만큼의 세기와 독립성에까지 이르지 못합니다. 이러한 요소가 평균적인 여성적 성격에 미치는 영향력을 지적하려고 하면 페미니스트들은 그것에 대해 듣고 싶어 하지 않는 것입니다.

이전에 했던 이야기로 잠깐 돌아가 봅시다. 여성이 자신의 거세를 발견하고 난 뒤 가능한 반응들 중 두 번째 것으로서는 강력한 남성 콤플렉스의 발달을 언급할 수 있겠습니다. 이것의 의미는 여자아이가 그 불쾌한 사실을 인정하기를 거부하고, 반항적인 심사에서 여태까지 남자처럼 굴었던 자기의 행동 양식을 더욱 과장해서 나타내 보이며, 음핵을 갖고 노는 일에 집착하고, 남근기의 어머니나 아버지와 자신을 동일시함으로써 현실로부터 도피하려고 한다는 것입니다. 이러한 결과에서 결정적인 것은 무엇이겠습니까? 그것은 다름 아닌 여자아이의 체질적인 소인으로서 보통 우리가 남자의 특성으로 간주하고 있는 상당한 정도의 적극성이라고 볼 수 있습니다. 이러한 과정에서 본질적인 점은 발달의 이 지점에서는 여성성으로의 변화를 촉진시켜 줄 수동성의 발달이 최대한 회피된다는 것입니다. 이러한 남성 콤플렉스의 가장 극단적인 상태는 대상 선택에 영향을 미치는 분명한 동성애적인 경향으로 나타납니다. 분석적인 경험에 따르면, 여성의 동성애는 결코 유아적인 남성성의 직선적인 연속은 아니라는 것입니다. 그러나 그러한 소녀도 잠시 동안 아버지를 자신의 대상으로 삼고 오이디푸스적인 상황에 빠지게 된다는 사실은, 이러한 여성 동성애의 범주에 속하는 것처럼 보입니다. 그러나 그들은 아버지에 대한 어쩔 수 없는 실망으로 인해 다시 그들의 초기 남성 콤플렉스로 퇴행하게 됩니다. 이 실망의 의미를 과대평가해서는 안 되며, 그것은 극히 여성다운 소녀에게도 피할 수 없는 과정이기는 하나 그와 똑같은 결과를 가져오는 것은 아닙니다. 이와 같은 체질적인 요소의 우세는 논란의 여지가 없는 것입니다. 그러나 여성 동성애가 발달하는 과정의 그 두 단계는 동성애자들의 실제 생활에서 매우 아름답게 반영되고 있는 것을 볼 수 있는데, 그들은 남편과 아내의 역할을 하는 것처럼 그렇게 자주, 또 그렇게 똑같이 어머니와 아이의 역할을 합니다.

지금까지 내가 이야기했던 것은 이른바 여성의 전사(前史)입니다. 그것들은 가장 최근에 알게 된 사실들로서, 여러분에게는 작은 분석 사례의 견본처럼 매우 재미있게 들렸을 것입니다. 여성이 주제이므로 이번에는 이 연구에 중요한 기여를 한 바 있는 몇몇 여성의 이름을 언급해도 괜찮으리라 생각됩니다. 루스 맥 브런즈윅Ruth Mack Brunswick 박사는 최초로 신경증에 대한 한 가지 사례를 묘사한 바 있는데,[7] 그 경우에는 전오이디푸스적인 단계로의 고착 현상이 일어나서 오이디푸스 상황으로 전혀 진척이 이루어지지 않았습니다. 그것은 질투 편집증의 형태를 띠고 있었는데, 치료의 가능성은 열려 있었습니다. 잔 람플-더흐로트Jeanne Lampl-de Groot 박사는 어머니에게 적대적인 소녀의 믿을 수 없는 남근기적 행위를 확실한 관찰 사례를 통하여 입증했고,[8] 헬레네 도이치Helene Deutsch 박사도 동성애적인 여성의 사랑 행위는 어머니-아이 관계를 재현하는 것이라는 사실을 밝혀냈습니다.[9]

사춘기를 지나 성숙한 여인에 이르기까지 여성성의 다른 행태들을 추적하는 것은 내가 연구하고자 하는 목표가 아닙니다. 우리의 인식들도 거기까지는 미치지 못합니다. 단지 몇몇 개의 다른 특성에 대해 열거해 보겠습니다. 여성성의 전사와 관련해서 나는 단지 다음의 사실들만을 강조하고 싶습니다. 즉 여성성의 전개는 그들이 남자처럼 행동할 때인 전(前) 시기의 흔적들에 의해 야기되는 장애물들에 무방비 상태로 놓여 있다는 것입니다.

7  R. Mack Brunswick, "Die Analyse eines Eifersuchtswahnes"(1928).

8  J. Lample-de Groot, "Zur Entwicklungsgeschichte des Ödipuskomplexes der Frau"(1927).

9  H. Deutsch, "Über die weibliche Homosexualität"(1932).

저 전오이디푸스적인 단계로 고착되는 퇴행 현상들은 매우 빈번하게 발생하는데, 많은 여성들의 삶의 이력들에는 남성성이 우위를 차지하거나 또는 여성성이 그렇게 되는 시기가 반복적으로 교체되어 나타납니다. 우리 남성들이 〈여성의 수수께끼〉라고 일컫는 그런 특징들은, 부분적으로는 아마도 여성들의 생애 속에서의 이러한 양성성에 바탕을 두고 있을 것입니다. 그런데 이러한 탐색 과정에서 또 하나의 다른 물음에 대해 논의할 시점이 된 것 같습니다. 우리는 성생활의 추진력을 리비도라고 불러 왔습니다. 성생활은 남성적-여성적이라는 양극에 의해 지배됩니다. 그러므로 이러한 양극성에 대한 리비도의 관계를 주목할 필요가 생겨납니다. 각각의 성적 경향에 제각기 특별한 리비도를 연관시킬 수 있다고 해도 전혀 놀랄 필요가 없을 것입니다. 즉 어떤 종류의 리비도는 남성적인 목표를, 또 다른 종류의 리비도는 여성적인 성생활을 추구한다는 것입니다. 그러나 사실은 전혀 그렇지 않습니다. 오직 하나의 리비도가 있을 뿐이며, 그것은 남성적 성 기능과 여성적인 성 기능 모두에 같이 쓰입니다. 그 자체에는 어떤 성별도 부여할 수 없습니다. 적극성과 남성성이 서로 일치하는 것으로 간주하는 전통적인 방법대로 그것을 남성적인 것으로 지칭한다 해도, 그것은 수동적인 목표를 가진 노력에도 역시 관여한다는 사실을 잊어서는 안 되겠습니다. 어쨌든 〈여성적인 리비도〉라는 분류는 어떻게 해도 정당화될 수 없는 것입니다. 이와 같은 사실로부터 우리가 받은 인상은, 리비도가 여성적인 기능을 수행해야만 하는 상황에서 그것에 더욱 많은 강요가 가해진다는 것과 — 목적론적으로 얘기할 때 — 남성성의 경우보다 여성적인 기능의 요구에 자연은 별다른 조심을 보여 주지 않는다는 것입니다. 그것은 어쩌면 — 이번에도 또 목적론적으로 생각했을 때 — 다음과 같은 데 그 이유가 있을지도 모릅니다. 즉 생물학적 목표를 관철하는 것은 남자들의 공격성과 관계가 있고, 그것은 여자들의 동의 여부와는 어느 정도 무관한 것이 되어 버렸다는 사실입니다.

여성의 성 불감증은 그러한 경우가 매우 빈번한 걸로 보아서 여성이 이렇게 무시되어져 왔음을 확인해 주는 듯이 보이는데, 그것은 불충분한 이해 때문에 생긴 현상이라고 생각됩니다. 그것의 원인이 어떤 때는 심인성이므로 다른 것으로부터 영향을 받으며, 또 다른 경우에서는 체질적으로 그렇게 될 수밖에 없는 조건이 있거나 해부학적인 요인이 영향을 미칠 수도 있다는 가정이 성립됩니다.

나는 여러분에게 우리의 분석적인 관찰 사례에서 드러났던 성숙한 여성성의 다른 심리적 특성들에 대해서도 설명해 드릴 것을 약속한 바 있습니다. 성숙한 여성성을 결정짓는 것 중에서 성적인 기능의 영향에 그 원인을 돌릴 수 있는 것은 무엇이고, 또 사회적인 교육의 영향에 원인을 돌릴 수 있는 것은 무엇인지 정확히 구별해 내는 것은 그렇게 쉬운 일이 아니며, 이러한 주장에 우리는 평균적인 확률 이상의 확실성이 있으리라고는 생각지 않습니다. 여성성에는 매우 높은 정도의 나르시시즘적 경향이 있다고 생각되는데, 이 경향은 그녀의 대상 선택에 영향을 줍니다. 또 여성에게는 사랑받고자 하는 욕구가 사랑하고자 하는 욕구보다 훨씬 강합니다. 여성의 신체에 대한 허영심에는 남근 선망의 영향이 작용하고 있는데, 그녀가 자신의 매력을 원천적인 성적 열등감에 대한 뒤늦은 보상으로서 그만큼 높게 평가하고 있기 때문입니다.[10] 특별히 유별난 여성적 특성으로 여겨지는 수치심도 사람들이 생각하는 것보다 훨씬 더 인습적인 것으로서, 거기에는 성

10 「나르시시즘 서론」(프로이트 전집 11, 열린책들) 참조.

기의 결점을 덮어 버리기 위한 보다 근본적인 목적이 있는 것으로 생각됩니다. 우리는 그것이 나중에 가서 다른 기능들을 떠맡았다는 사실을 잊지는 않고 있습니다. 여성들이 문화사적인 발견과 창안에 별로 기여를 한 것이 없다는 얘기들을 합니다만, 그들은 아마도 짜고 직조하는 한 가지의 기술은 스스로 터득했을 것이라고 추정됩니다. 그들이 그러했던 것이 사실이라면, 사람들은 이러한 능력의 무의식적인 모티프를 찾아내야겠다는 생각을 하게 됩니다. 성적 성숙기에 이르게 되면 성기를 뒤덮어 감추는 체모를 자라게 함으로써 자연히 그 자체로서 이러한 모방의 모델을 제공했는지도 모릅니다. 다음 단계는 실들을 서로서로 엮이게 만드는 것인데, 그것은 신체에서는 피부 속에 뿌리박고 있고, 서로서로 얽혀 있는 것입니다. 여러분이 이 생각들을 공상적인 것으로 치부하고 거부하며, 내가 여성성의 형성 과정에 미치는 남근 결여의 영향에 어떤 강박 관념을 갖고 있는 것처럼 집착하고 있다고 비난한다면 나는 물론 방어할 방법이 없습니다.

여성의 대상 선택의 조건들은 사회적인 고려들로 인해 눈에 띄지 않는 경우가 대부분입니다. 그녀가 자유로운 입장에 있다면 자기 스스로 그렇게 되었으면 하고 바라는 남자의 나르시시즘적인 이상형에 따라 대상 선택을 합니다. 그러나 그녀가 아버지와의 애착 관계, 다시 말해 오이디푸스 콤플렉스의 상황에 머물러 있다면 그녀는 아버지와 비슷한 유형의 남성을 고릅니다. 어머니에서 아버지로 대상을 바꾸는 과정에서 어머니에게 모호한 감정 관계인 적개심이 그대로 남아 있으므로, 그러한 대상 선택은 행복한 결혼을 보장해 줄 것입니다. 그러나 양가 감정 때문에 비롯된 갈등을 그런 식으로 해결하는 것을 위협하는 일이 종종 생겨납니다. 그렇게 지속적으로 남아 있던 적개심은 결국 긍정적인 애착 관계에 굴복하게 되고 새로운 대상을 낚아채게 됩니다. 처음에는 아버지로부터 자리를 물려받았던 남편이라는 존재는 시간이 흐름에 따라서 어머니의 자리까지도 물려받습니다. 이렇게 해서 여성의 두 번째 절반의 삶은, 그녀의 짧은 이전의 삶이 어머니에 대한 반항으로 이어졌던 것처럼 남편에 대한 투쟁으로 채워지기가 쉽습니다. 이러한 반응 행동이 다 소진되고 나면 결혼 생활은 훨씬 더 만족스럽게 형성될 수 있습니다. 여성의 본질에서의 또 다른 변화는, 남편이나 아내 어느 쪽도 그에 대비해 둔 적이 없는 것으로서 결혼 생활에 첫아기가 태어난 이후 찾아옵니다. 자기 자신이 떠맡게 되는 어머니 역할의 영향 때문에 자신의 어머니와의 동일시가 새롭게 부활되는데, 그것은 그녀 자신이 결혼하게 될 때까지 줄곧 거부해 왔던 것으로서, 그녀는 자기가 사용 가능한 모든 리비도를 그것으로 끌어모으게 되며, 그렇게 됨으로써 반복 강박은 그녀 부모의 불행한 결혼 생활을 또다시 재생산하게 될 수밖에 없는 것입니다. 남근 결여라는 저 오래된 요인이 아직도 그 영향력을 잃지 않고 있다는 사실은, 어머니가 자신의 아들이나 딸의 탄생에 대해 나타내는 여러 가지 반응에서 그대로 나타납니다. 아들에 대한 관계만이 어머니에게 제한되지 않은 만족감을 가져다줍니다. 그것은 모든 인간적인 관계 중에서 가장 완전한 관계이고, 또 모든 모호함으로부터 자유로운 가장 최초의 관계를 형성해 줍니다.[11] 아들을 향해서 어머니는 자신이 지금까지 억눌러 왔던 모든 공명심을 투사하게 되고, 자신이 갖고 있던 남성 콤플렉스에서 아직까지 채워지지 않은 채로 남아 있던 모든 것의 만족을 기대하게 됩니다. 심지어 결혼도, 여성이 자신의 남편을 자기의 아이로 만들어서 그에 대해 어머니로서의 역할을 하

11  이 논점은 『정신분석 강의』 중 열세 번째 강의에 나타나 있다.

는 데 성공하기 전까지는 아직 안전한 상태에 있는 것이 아니라고 말할 수 있겠습니다.

여성의 어머니와의 동일시에는 두 가지 형태가 있는데, 하나는 전오이디푸스적인 것으로서 어머니에 대한 매우 애정 어린 애착 위에 형성되어서 그녀를 자신의 모델로 삼는 것이며, 다른 하나는 어머니를 제거하고 아버지에게 그 역할을 대신하고자 하는 오이디푸스 콤플렉스로부터 비롯된 것입니다. 그 두 가지 형태에서 많은 침전물들이 형성되어 미래에도 영향을 끼치게 됩니다. 그중 어떤 것도 발달 과정을 거치면서 만족스러울 만큼 극복되지는 않습니다. 그러나 애정이 넘친 전오이디푸스적인 애착 관계는 여성의 미래에 결정적인 것입니다. 그 관계 속에서 그녀가 그 후의 성적 기능에서 자신의 역할에 만족을 느끼고, 또 계산할 수 없는 자신의 사회적 능력을 지켜 나갈 수 있는 성격적 특성을 획득할 수 있게 되는 것입니다. 이러한 동일시 속에서 그녀는 또 남자들을 끄는 매력도 얻게 되는데, 그것은 그 남자의 어머니와의 오이디푸스적인 애착 관계가 사랑으로 변화되도록 불을 붙이는 것입니다. 그런데 정작 그가 바라던 것을 얻게 되는 사람은 그 자신이 아닌 그의 아들인 경우가 허다합니다. 그러므로 남자의 사랑과 여자의 사랑은 심리적 단계의 차이만큼이나 각각 다르다는 인상을 받게 됩니다.

여성들에게는 공정성에 대한 사고가 부족하다는 주장은 아마도 그녀들의 정신생활 속에서 시기심이 상당 부분을 차지한다는 것과 연관되어 있을지도 모릅니다. 공정성을 요구한다는 것은 시기심을 처리하는 것으로서, 그것을 포기할 수 있는 조건을 규정하는 것이기 때문입니다. 우리는 물론 사회적 관심이 희박하고 본능을 승화시킬 수 있는 능력이 남자들보다 취약한 그런 여성들에 대해서 이야기하고 있는 것입니다. 첫 번째 양태는 모든 성적 관계들에 의심할 여지 없이 잘 들어맞는 비사회적인 성격으로부터 연유하는 것이라고 생각됩니다. 사랑하는 사람들은 서로에게서 충족을 얻습니다. 또 가족들은 구성원들이 많은, 보다 포괄적인 조직체에 수용되는 것에 대해 저항합니다.[12] 리비도를 승화시킬 수 있는 적절한 능력은 매우 커다란 개인적인 편차를 보입니다. 그에 반하여 분석적 작업 속에서 언제나 다시 만나게 되는 인상에 대해 언급하지 않을 수 없습니다. 서른 살 정도의 나이를 가진 남자는 대부분 청년처럼 보이며, 분석 작업이 그에게 열어 보여 주는 발전의 가능성들을 매우 힘차게 이용할 수 있는, 말하자면 완성되지 않은 개인의 모습을 보여 줍니다. 그러나 그와 비슷한 연령대의 여자들은 그녀들이 보여 주는 심리적 경직성과 불변성으로 인해 종종 우리를 몹시 놀라게 합니다. 그녀들의 리비도는 결정적인 자리를 차지하고 앉아 다른 데를 향해서 그 자리를 떠날 수 없다는 듯이 완강한 자세를 보입니다. 계속적인 발전을 위한 길들은 없어 보입니다. 모든 과정이 이미 다 끝난 듯이 보이며 이제부터는 그 어느 것으로부터도 영향을 받지 않을 듯한 태도입니다. 마치 여성성으로 발전하는 그 힘든 과정이 그 사람의 모든 가능성을 소진시켜 버린 것처럼 더는 아무런 힘도 남아 있지 않은 듯이 보입니다. 우리가 이러한 사실들을 언급하는 것은 분석적 치료자로서의 위치에서 하는 것인데, 신경증적인 갈등의 해소를 통해서 그 고통들을 끝나게 해주었을 때조차 이러한 탄식할 만한 경우를 보게 되는 것입니다.

여기까지가 내가 여러분에게 여성성에 관하여 말할 수 있는 전

---

12  이 부분에 관해서는 「집단 심리학과 자아 분석」 제12장 참조.

부입니다. 그것은 정말로 불완전하고 분절화된 단편적인 것들로서 언제나 우리 마음에 드는 내용들은 아닙니다. 그러나 우리가 이렇게 여성을 묘사했다 하더라도, 그것은 그들의 존재가 성적 기능에 의해서 규정될 수 있는 범위 안에서 시도한 것이라는 사실을 잊지 말아 주십시오. 이 영향은 물론 매우 범위가 넓은 것이기는 합니다. 그러나 우리는 개개의 여성들이 그 이외의 측면에서는 인간적인 존재가 될 수 있다는 사실에 주목합니다. 여러분이 여성성에 관하여 더 많은 것을 알고 싶으시다면 여러분 자신의 생의 경험에 물어보십시오. 아니면 시인들에게 조언을 구하십시오. 그것도 아니면 과학이 여러분에게 더욱 깊이 있고 훌륭한 관련 정보를 줄 수 있을 때까지 기다리십시오.

## 서른네 번째 강의
# 해명, 응용과 방향 설정

신사 숙녀 여러분, 이제까지의 메마른 내용들에 질려 버릴 지경인데, 여러분이 정신분석에 대해서 호감을 갖고 있을 경우 이론적인 의미는 많지 않으나 여러분에게 가까이 와 닿을 그런 내용들을 다루어 봐도 괜찮겠습니까? 다음과 같은 경우를 가정해 봅시다. 한가한 어느 시간에 여러분은 독일이나 영국 혹은 미국 소설 하나를 손에 쥐고서 오늘날의 사람들과 상황에 대한 묘사를 읽게 되리라고 기대하고 계십니다. 몇 장을 읽어 나가다가 여러분은 곧 전체적인 관련 속에서 꼭 필요가 없어 보이는데도 정신분석에 대해 언급한 부분과 마주치게 되는데, 곧 또다시 그와 같은 다른 내용들을 만나게 됩니다. 여러분은 이것들이 그 내용 속에 있는 사람들이나 그들의 행동을 더욱 잘 이해하기 위한 심층심리학의 응용과 관련이 있다고 생각할 필요가 없습니다. 물론 그러한 심층 심리학의 응용이 실제로 시도되고 있는 보다 진지한 작품들도 있을 수는 있습니다. 그러나 그것들은 대개 그 소설의 작자가 자신의 학식이나 지적 우월성을 나타내고 싶어서 시도해본 경멸해 마지않을 주석에 불과한 것입니다. 그가 자신이 말하고 있는 것에 대해 실제로 무언가 알고 있다는 인상을 받는 것조차 어렵습니다. 아니면 여러분은 오락을 목적으로 한 어떤 사교적인 모임에 참가하고 있습니다. 그것은 꼭 빈이 아니라도 좋습니다. 잠시 후 대화는 정신분석학 쪽으로 옮겨 가고 여러 사람들이 자신의 판단을 내리는 것을 듣게 되는데, 그들은 한결같이 움직일 수 없는 확신에 가득 찬 목소리로 말을 하고 있습니다. 이러한 생각들은 늘상 얕보는 듯한, 종종 경멸에 가까운 것들로서 적어도 또다시 조롱거리들에 불과합니다. 여러분이 그것들에 대해서 무언가 알고 있다는 사실을 조심성 없이 그들에게 밝힐라치면, 그들은 모두 쫓아와 그에 대한 지식들과 설명들을 요구하게 될 것입니다. 그런데 조금 지나면 여러분은 그 사람들이 이러한 모든 심각한 판단들을 그에 대한 아무런 지식도 없이 내린 것이라는 확신을 갖게 될 것입니다. 이러한 반대자들 중 어느 한 사람도 정신분석에 관한 책 한 권 읽은 적이 없고, 혹시 그런 사람이 있다고 하더라도 새로운 지식들과 만나게 되면서 피할 수 없이 부딪히게 되는 맨 처음의 저항조차 극복하지 못했을 것이 거의 확실합니다.

여러분은 아마도 정신분석 강의를 접하면서 이러한 천박한 오류들을 교정해 주려면 어떠한 논증을 해야 좋을 것인지, 또는 더 나은 지식을 얻으려는 사람들에게 어떤 책들을 추천해 주어야 할 것인지, 심지어는 사람들의 편견을 변화시켜 주려면 여러분이 알고 있는 독서 내용과 경험으로부터 어떠한 사례들을 끌어내어 논쟁에 임할 것인지에 대한 자세한 지침을 얻게 되리라고 기대하셨을지도 모릅니다. 그런 식의 행동은 절대 하지 말라고 여러분에게 충고하고 싶습니다. 그것은 아무 소용 없는 짓입니다. 여러분이 좀 더 많이 알고 있다는 사실 자체를 숨기는 것이 좋습니다. 만약 그것이 더 이상 가능하지 않다면 다음과 같이만 말씀하십시오. 여러분이 알고 있는 것처럼 정신분석은 매우 이해하기 어렵고 판단을 내리기 어려운 대단히 특별한 학문 분야로서, 매우 진지한 어떤 문제들과 관련을 맺고 있으므로 한두 마디의 농담으로 그것에 근접해 갈 수는 없는 것이며, 차라리 이러한 사교적인 대화의 주제로 다른 것을 찾아보는 것이 더 나을 것이라고 말입니다. 여러분께서는 누군가 조심스럽지 않은 사람이 자기의 꿈을 얘기하게 된다 하더라도 그것을 해석해 주는 따위의 시도는 하지 마십시오. 또 치료를 통해 낫게 된 사례들을 설명함으로써 정신분석에 대해 호감을 갖게 하고 싶다는 유혹도 이겨 내셔야만 합니다.

여러분은 책을 쓰거나 대화를 하는 이 사람들이 왜 이렇게 엉터리 같은 행동을 하는지 의문을 가지게 될 것입니다. 그러고는 아마도 그것은 일반 사람들뿐만 아니라 정신분석 자체에도 문제가 있기 때문일 것이라는 가정을 하게 될 것입니다. 나도 그렇게 생각합니다. 여러분이 문헌들 속에서나 대화 속에서 편견의 형태로 만나게 되는 것들은 이전 판단의 잔존 효과인데, 그 판단이라는 것은 말하자면 공식적인 학문을 한다고 하는 사람들이 새로운 학문인 정신분석에 대해 내렸던 판단인 것입니다. 나는 이전에 이미 한 번 역사적인 서술을 하는 중에 그에 대해 비판을 한 적이 있습니다.[1] 그러므로 또다시 그렇게 하지는 않겠지만 — 이번에도 다시 한번 그렇게 한다면 그것은 너무 심할 것이기 때문에 — 거기에는 논리에 대한 침해도 없었고, 품위의 손상이나 사람들의 취향에 거스르는 일도 없었습니다. 그러나 정신분석의 학문적인 반대자들은 이런 것들을 결여하고 있었습니다. 그것은 어떤 범죄자나 단순히 정치적인 반대자가 교수대에 세워졌을 때, 그에 대한 학대 행위가 군중들에게 허용되었던 중세 시대와 같은 상황이었습니다. 자신들이 군중의 한 구성원이며 개인적인 책임의 범위

1 「정신분석 운동의 역사」 참조.

밖에 있다고 느낄 때, 사람들이 우리의 사회 내에서 야비함이 어느 정도까지 이르게 내버려 두는지, 어떠한 행패까지도 허용하는지에 대해서 여러분은 미처 상상해 보지 못하셨을 것입니다. 나는 그 시기의 초기에 거의 혼자나 마찬가지였고, 논쟁한다는 것이 아무런 전망도 가져다주지 않는다는 것을, 또 한탄하는 것이 나보다 나은 영혼의 소유자들에게 호소한다는 것도 그러한 호소를 탄원해 볼 수 있는 어떠한 장치도 없기 때문에 아무런 의미가 없다는 것을 곧 깨달았습니다. 그러므로 나는 다른 길을 걷기로 했습니다. 나는 군중의 행동을, 내가 개별적인 환자들과 만나면서 싸워 내야 했던 그와 똑같은 저항의 현상으로 설명함으로써 정신분석을 최초로 응용해 보았습니다. 또 나 스스로 논쟁을 멀리하고, 나의 이론을 받아들이는 사람들이 점차 내게로 모여들었을 때 나와 같은 방향으로 가도록 그들에게 영향을 미쳤습니다. 그 조치는 훌륭했습니다. 그 당시 분석 작업에 가해졌던 저주는 그 이후로 제거되었습니다. 그러나 포기된 믿음이 미신으로 다시 잔존해 나가듯이 학문에서 포기된 이론은 세론(世論)으로 살아남아서, 오늘날에도 학문적 모임들에서 파문됐던 정신분석에 대해 처음 가해졌던 저주는 책을 쓰는 작가들이나 대화를 이끌어 가는 문외한들에 의해 비웃음 섞인 경멸 속에 계속되고 있습니다. 그런 것들에 대하여 여러분은 더 이상 놀라지 않으실 것입니다.

정신분석을 둘러싸고 있는 투쟁은 이제 끝이 났다, 정신분석학이 학문으로서 인정되고 대학의 교과목으로 채택됨으로써 그 투쟁은 끝이 났다는 등등의 기쁜 소식들만이 기다리고 있을 것이라고 기대하지 마십시오. 말할 필요조차 없이 투쟁은 계속되고 있습니다. 다만 조금 더 점잖은 형태로 진행될 뿐입니다. 새로운 것은 학문적인 계층 내에 분석학과 그들의 반대자 사이에 일종의 완충 지대가 형성되었다는 것입니다. 분석학의 어떤 것에 대해서는 동의하는 사람도 그것에 대한 믿음을 고백할 때는 재미있게 느껴지는 단서를 붙이는 것을 잊지 않으며, 또 충분할 정도로 크게 공표할 수 없는 내용들은 거부해 버린다는 것을 기억해야만 합니다. 이러한 선택에 있어서 무엇이 그것을 결정짓느냐 하는 것은 밝혀내기 쉬운 문제가 아닙니다. 어떤 것은 개인적인 호감의 문제인 것 같기도 합니다. 어떤 사람들은 성의 문제에 반대하고, 어떤 사람들은 무의식에 반대합니다. 특히 상징의 문제가 가장 마음에 안 드는 것 같습니다. 정신분석의 전체 구조는 아직 완성된 것은 아니지만 오늘날 이미 하나의 단일 체계를 형성하고 있어서, 누구나 자기 임의대로 그로부터 어느 한 요소를 끄집어 내올 수 없는 것이라는 사실을 이 절충론자들은 고려하지 않고 있는 것 같습니다. 나는 이러한 절반, 혹은 4분의 1짜리 추종자들로부터 그들의 반대 주장이 어떠한 검증을 토대로 이루어진 것 같다는 인상을 받을 수 없었습니다. 몇몇 뛰어난 남성 이론가도 이 범주에 속하는 사람들입니다. 그들은 물론 그들의 시간과 관심이 다른 문제에 관련되어 있다는 사실, 즉 그러한 것들을 해결하는 데 그들이 매우 중요한 업적을 이루어 냈다는 사실들로 인해서 용서받을 수 있습니다. 그러나 그렇다면, 그렇게 단호하게 어떤 입장을 취하기보다는 차라리 자신의 판단을 유보하는 편이 더 낫지 않겠습니까? 나는 이러한 훌륭한 사람들 중에서 언젠가 한 사람을 신속하게 개종시키는 데 성공한 적이 있습니다. 그는 시대의 정신사적인 흐름을 호의적으로 이해하면서 예언적인 날카로운 시선으로 좇는 사람으로서 세계적으로 유명한 문명 비판가였습니다. 나는 그가 막 여든 살을 넘긴 후에야 비로소 알게 되었는데, 그는 그때까지도 몹시 매혹적으로 대화를 이끌어 갔습니다. 여러분은 내가 누구를 두고 말하는 것인지 쉽게 짐작하실 것입니다.[2] 정신분석에 대한 이야기를 시작한 것은 내가 아니었습니다. 그는 매우 신중한 태도로 나와 비교를 하면서 그 이야기를 화제에 올렸습니다. 〈나는 그저 문학자일 뿐입니다〉라고 그가 말했습니다. 〈그러나 당신은 자연 과학자이며 발견가입니다. 그럼에도 나는 한 가지 사실을 당신에게 말씀드려야겠습니다. 나는 결코 어머니에 대해 성적인 감정을 느껴 본 적이 없다는 것입니다.〉 〈그러나 당신은 그것을 알 필요가 없었겠지요〉라는 것이 나의 대답이었습니다. 〈그것은 성인들에게는 무의식적인 과정일 뿐입니다.〉 〈아, 그런 뜻이었군요〉라고 그는 홀가분한 듯이 말하면서 나의 손을 잡았습니다. 우리는 그 후로도 몇 시간 동안 아주 흡족한 일치감 속에서 대화를 계속했습니다. 나는 이후에 그가 그에게 허락된 생의 마지막 짧은 기간 동안 반복적으로 정신분석에 대해서 매우 호의적인 발언을 하고, 그에게는 생소할 단어인 〈억압〉이라는 말을 사용하는 것을 들을 수 있었습니다.

유명한 격언 중에 〈적으로부터 배우라〉는 말이 있습니다. 내가 그렇게 하는 데 성공해 본 적이 단 한 번도 없었다는 사실을 고백합니다. 그러나 여러분과 함께 정신분석의 반대자들이 내세우는 모든 비난과 이의들의 견본을 취합해서, 그 논리 속에서 쉽게 발견되는 불공평함과 오류들을 제시해 본다면 여러분에게 많은 도움이 되리라고 생각해 보았습니다. 그러나 다시 생각한 결과 그것은 하나도 재미없는 짓이고, 내가 이제까지의 모든 세월 동안 조심스럽게 피해 왔던 그저 피곤하고 고통스러운 노릇일 따름이

2  프로이트가 항상 존경해 왔던 덴마크의 저명한 학자인 게오르그 브라네스 (1842~1927)를 말한다.

라고 스스로에게 말했습니다. 그러므로 내가 이런 방법을 택하지 않고 우리의 소위 학문적인 반대자들이 내린 판단들을 여러분에게 말씀드리지 않는다고 하더라도 용서하시기 바랍니다. 여기에서 문제가 되는 것은 거의 언제나, 그들의 유일한 자격 증명이라곤 오직 정신분석의 경험들을 멀리함으로써 선입견 없는 태도를 견지하고 있는 그런 사람들입니다. 그러나 여러분이 나를 그렇게 쉽게 놓아주지 않을 다른 경우들이 있다는 사실을 나는 알고 있습니다. 여러분은 나에게 나의 마지막 말이 전혀 맞지 않는 그런 사람들이 수없이 많다는 사실을 제시하면서 항의해 오실 것입니다. 이 사람들은 분석적인 경험을 전혀 접해 본 적이 없는 사람들이 아닙니다. 그들은 환자들을 분석해 보았고, 아마 스스로 분석되어 본 적도 있으며, 심지어는 얼마 동안이나마 나의 동료였으면서도 다른 견해와 이론을 가지게 되어 나로부터 떨어져 나가서 정신분석의 다른 분파를 형성하게 된 사람들입니다. 분석학의 역사 속에서 그렇게도 빈번했던 이탈 운동들의 가능성과 의미에 대해 여러분은 나의 설명을 기대하실 것입니다.

네, 나도 그것을 시도해 보려고 합니다. 그러나 매우 짧게 하려고 하는데, 그 이유는 여러분이 기대하시는 것보다 분석학을 이해하는 데 필요한 것들이 별로 많이 나올 수 없기 때문입니다. 여러분은 제일 먼저, 미국에서 우리의 정신분석학과 동등한 방계 학파로 간주되고 언제나 함께 언급되고 있는 아들러Adler의 개인 심리학Indivisualpsychologie을 떠올리실 것입니다. 실제로 그것은 정신분석과 거의 관계가 없으며, 일단의 역사적 상황 때문에 정신분석의 희생 위에서 정신분석학 내부에 기생하는 존재 형태를 취하고 있습니다. 개인 심리학의 창시자에게는 우리가 이러한 그룹의 반대자들에게 가정한 조건들이 아주 제한된 정도로만 적용될 수 있습니다. 이름 그 자체도 적절하지 않습니다. 그것은 난처함의 산물인 것처럼 보입니다. 우리는 대중 심리학에 대한 반대 개념으로서 사용되고 있는 그 개념의 정당한 사용 방식에 대해 어떠한 간섭도 할 수는 없습니다. 우리가 가장 열심으로, 무엇보다도 먼저 추구하는 것 역시 인간 개인에 대한 심리학입니다. 아들러의 개인 심리학에 대한 객관적인 비판과 관련해서는 오늘 자세히 들어가지 않겠습니다. 그것은 이 강의 프로그램에는 들어 있지 않습니다. 더욱이 나는 이미 한 번 그것을 시도한 적이 있었고, 그것 가운데 어떤 것을 고쳐야 할 필요성도 느끼지 않기 때문입니다.[3] 그것이 불러일으키는 인상에 대해서는 내가 이러한 정신분석에 몰두하기 이전에 일어났던 한 작은 사건을 이야기함으로써 설명해 볼 작정입니다.

내가 태어나고 세 살이 되는 해에 떠났던 한 작은 모라비아 마을[4] 근처에, 아름다운 초원 위에 펼쳐진 아주 괜찮은 휴양지가 있었습니다. 나는 김나지움 시절, 휴양차 몇 번 그곳에 갔던 적이 있습니다. 약 20년 후에 가까운 친척 중 한 사람이 병이 나게 되어 나는 다시 그곳에 갈 기회를 얻게 되었습니다. 나의 친척을 치료하고 있던 그 휴양지의 의사와 대화를 하던 나는, 겨울 동안이면 오직 단 하나의 환자군이 되어 주었던 — 내 생각으로는 — 슬로바키아 농부들과 그의 관계에 대해서 물어보았습니다. 그는 나에게 자신의 의학적 처치는 다음과 같이 이루어지고 있다고 말해

---

3 아들러의 견해에 대한 프로이트의 비판은 「정신분석 운동의 역사」 제3장에 나와 있다. 본 강의에서 융과의 결별에(나중에 암시하기는 하지만) 대해 전혀 언급하지 않은 것이나, 프로이트가 독자들에게 아들러의 견해를 먼저 제시한 것은 다소 놀라운 사실로 여겨질 것이다. 그런데 이런 사실은 「정신분석 운동의 역사」에서 논의되고 있는 두 운동 가운데 아들러의 운동이 분명 훨씬 더 중요하다고 언급한 대목과 일치한다.
4 프라이베르크Freiberg를 말하는 것으로, 나중에 프리보르Pribor로 개명됨.

주었습니다. 진료 시간이 되면 환자들은 그의 방에 들어와서 일렬로 죽 늘어섭니다. 한 사람씩 앞으로 나와서 자신의 불편함에 대해 이야기를 하게 되는데, 어떤 사람은 요통을, 또 어떤 사람은 위경련을, 또는 다리에 힘이 없다는 등등의 증상을 말하는 것입니다. 그러고 나서 그는 그들을 진찰해 보고 나름대로 결론을 내리고는 모든 사람에게 똑같은 처방을 불러 준다는 것입니다. 그는 나에게 그 단어를 번역해 주었는데, 그것은 〈주술에 걸린〉이라는 뜻과 다름없는 것이었습니다. 나는 몹시 놀라서 그가 모든 환자들에게서 똑같은 병명을 찾아내는 것에 대해 그 농부들이 분노하지 않더냐고 물어보았습니다. 〈오, 아닙니다〉라고 그는 대답했습니다. 〈그들은 그것에 대해서 매우 만족해하곤 했습니다. 그것은 바로 그들이 기대하던 대답이었으니까요. 자기 자리로 다시 돌아가는 모든 이들이 다른 사람들에게 표정과 몸짓으로 《그래, 저 사람은 뭐가 뭔지 잘 아는 사람이야》라고 말하곤 했습니다.〉 그 당시에 나는 어떤 상황에서 그와 비슷한 상태를 다시 만나게 될 것인지 전혀 예감할 수 없었던 것입니다.

어떤 사람이 동성애자이거나 혹은 시간자(屍姦者)이거나, 겁에 질린 히스테리 환자, 폐쇄 강박 신경증 환자 혹은 이리저리 날뛰는 정신병자이거나 그 어느 경우든, 아들러 쪽 방향의 개인 심리학자는 자기 자신을 인정받으려고 한다거나 자신의 열등감을 과잉 보상하려고 한다거나 꼭 우두머리가 되려고 한다거나 혹은 여성적 성향에서 남성적 성향으로 가고자 한다거나 하는 따위의, 그의 상태를 그렇게 몰고 가는 모티프를 지적하려고 노력합니다. 이와 비슷한 것들을 우리는 학생 시절에 병원에서 어떤 히스테리 환자의 사례가 소개될 때마다 들어 왔습니다. 히스테리 환자들은 자신을 재미있게 보이도록 하기 위하여 혹은 다른 사람의 관심을 끌기 위해서 자신만의 증상들을 만들어 낸다는 것입니다. 옛 시절의 지혜가 어쩌면 이렇게 언제나 다시 돌아오는 것인지요! 그러나 심리학의 이런 부분은 그 당시에도 히스테리의 수수께끼를 풀지 못했던 것처럼 보입니다. 다시 말해서 그 환자들이 자신의 의도를 달성하기 위한 과정에서 왜 다른 방법은 사용하지 않은 것인지에 대해 설명하지 않은 채로 남겨 두었다는 것입니다. 개인 심리학자들의 이러한 이론 중 어떤 요소들은 물론 맞을 수도 있지만 그것은 전체의 지극히 적은 부분에 지나지 않습니다. 자기 보존 본능은 모든 상황을 자기에게 유리하게 바꾸려고 합니다. 자아는 병이 나게 된 상태까지도 유리한 장점으로 바꾸고자 합니다. 정신분석학에서 우리는 이것을 〈제2차적 질병-이익〉이라고 부릅니다.[5] 마조히즘의 사례들을 생각해 보거나 무의식적인 처벌 욕구, 신경증적인 자기 손상 경향성들을 고려해 보면, 이 모든 것들은 자기 보존 본능과는 반대의 본능 충동이 존재하고 있다는 것을 상정하게 하며, 개인 심리학의 학문적 구조가 세워져 있는 저 진부한 상투적 지식들의 보편타당성을 의심하게 만듭니다. 그러나 많은 사람에게 그러한 이론은 열광하면서 환영할 만한 것입니다. 그것들은 아무런 복잡성도 인정하지 않으려 하고, 새롭거나 이해하기 힘든 개념들은 소개하지도 않고, 무의식에 대해서는 아무것도 알지 못하며, 모든 사람들을 짓누르는 성(性)의 문제조차 단칼에 제거해 버리고, 사람들이 그것으로 삶을 편안하게 만들기를 원하는 어떤 술책을 발견하게 하는 것으로 만족하려는 이론들인 것입니다. 왜냐하면 인류의 집단은 그 스스로가 편안하고 무엇을 이해하기 위해서 하나 이상의 이유를 요구하지 않으며, 상세한 설명들을 제시해 주는 학문에 대해서 고마워하지도 않고

5 『정신분석 강의』 중 스물네 번째 강의 참조.

단순한 해답만을 원하며, 자신들의 문제가 완전히 해결되었다고 느끼기를 원할 따름이기 때문입니다. 개인 심리학이 이러한 요구들에 얼마나 가까이 접근해 가려고 노력하는지를 생각해 보면, 실러의 『발렌슈타인Wallenstein』에 나오는 다음과 같은 시구를 떠올리지 않을 수 없습니다.

그 생각이 그처럼 빌어먹게 기발하지만 않았다면,
그것을 실로 멍청하다고 말할 수도 있었을 것을.[6]

정신분석에 대해서는 그렇게도 무자비했던 전문가들의 비판도 일반적으로 개인 심리학에 대해서는 빌로드 장갑을 끼고 살짝 건드리듯이 그렇게 부드럽게 다뤘을 뿐입니다. 미국에서 대단히 유명한 심리 치료사 중 한 사람이 아들러에 대한 논문을 출판한 적이 있는데, 그것의 제목은 『충분해요Enough』였습니다. 그는 개인 심리학자들의 〈반복 강박〉에 대한 그 자신의 역겨움을 그처럼 강한 어조로 표출해 냈던 것입니다. 다른 사람들이 개인 심리학에 훨씬 호의적인 태도를 보인다면, 그것은 아마도 정신분석에 대한 반감 때문일 것입니다.

우리의 정신분석학으로부터 파생되어 나간 다른 학파들에 대해서는 별로 길게 이야기할 필요가 없습니다. 이러한 일이 일어났다는 사실 자체가 정신분석학의 내용들에 찬성하거나 반대하는 데 논거로 이용될 수는 없습니다. 많은 사람들에게 자신을 어느 자리에 위치시키거나 종속시키는 것을 어렵게 만드는 강한 정서적 요인들이 있다는 것을 생각해 보십시오. 또 〈머릿수가 많으

---

6 〈Wär' der Gedank' nicht so verwünscht gescheidt, Man wär' versucht, ihn herzlich dumm zu nennen〉 실러, 「피콜로미니Die Piccolomini」 제2막 7장.

면 생각도 여럿이다*quot capita tot sensus*)[7]라는 격언에 함축되어 있는 더욱 큰 어려움을 상기하시기 바랍니다. 의견의 다양함이 어느 정도를 넘어서게 되면 그로부터 갈라져서 각자 다른 길을 가는 것이 가장 현명할 것입니다. 특히 이론적인 차이가 실제적인 분석 행위의 변화를 가져올 경우엔 더욱 그렇습니다. 예를 들어 어떤 분석가[8]가 개인적인 과거의 영향을 하찮게 생각하고, 신경증의 유발 원인을 오로지 현재적인 동기나 미래를 향한 기대 같은 것들에서만 찾고 있다고 가정해 보십시오. 그렇게 되면 그는 어린 시절의 분석 작업을 게을리하게 되고 전혀 새로운 테크닉을 찾아내어, 유년 시절의 분석으로부터 나올 수 있는 결과의 부재를 그 자신의 교훈적인 영향을 증가시키고 특정한 생의 목표에 대한 직접적인 암시를 통해 메우려 할 것이 틀림없습니다. 우리 측에서는 그에 대해 〈그것은 지혜의 학교에는 어울릴지 모르지만 더 이상 분석이라고는 할 수 없다〉라고 말하게 될 것입니다. 또 다른 분석가[9]는 출생 시의 불안 체험이 이후의 모든 신경증적 장애의 맹아라는 인식에 이르게 되어, 분석 작업을 이러한 하나의 경험적 영향에만 제한하는 것이 가장 적절하리라 생각하고, 3개월 내지 4개월 정도의 치료를 받게 되면 치료 효과를 보게 되리라고 장담하는 경우도 있겠습니다. 여러분은 내가 정반대의 전제 조건으로부터 출발하는 두 개의 사례를 선택했다는 사실을 눈치챘을 것입니다. 각자가 정신분석에서 찾을 수 있는 수많은 모티프 중 단 한 조각, 예를 들어 권력 본능, 윤리적 갈등, 어머니, 성기에 대한 관심 집중 등을 제 나름대로 집어 들고, 이를 근거로 학파

7  흔히 *Quot homines tot sententiae*로 쓴다.
8  카를 융Carl G. Jung을 지칭.
9  랑크에 대한 언급.

를 형성해 독립해 나가는 것은 이러한 〈분파 운동〉의 일반적인 양상이라고 할 수 있습니다. 그러한 분리주의가 정신분석의 역사에서는 다른 사상적 운동에서보다 훨씬 더 빈번하다는 생각을 여러분이 갖게 된다고 했을 때, 내가 그러한 생각에 동의해야 할지 어떨지 잘 모르겠습니다. 만일 그렇다면 정신분석학 내부에 존재하고 있는 이론적 견해들과 치료적 처치 사이의 긴밀한 관계에서 그 원인을 찾아야 할 것입니다. 의견상의 차이뿐일 경우는 훨씬 더 오래 견뎌 낼 수 있을 것입니다. 사람들은 우리 정신분석가들에게 우리가 다른 의견을 관용하지 못한다고 비난하곤 합니다. 의견을 달리하는 사람들과 구별된다는 것이 이 같은 좋지 못한 평판의 유일한 논거입니다. 이것만을 제외한다면 우리는 그들에게 아무것도 가한 것이 없습니다. 반대로 그들은 예전보다 훨씬 형편이 좋아져서 이제는 아주 안락한 상태에 있습니다. 그들은 우리와 갈라지면서 대개의 경우, 우리가 아직도 그것들 때문에 고통받고 있는 — 예를 들어 유아적 성(性)의 혐오나 상징의 우스꽝스러움 같은 것들 — 여러 가지 부담 중의 한 가지로부터 자유로워졌기 때문입니다. 그리고 이제는 대부분의 세상 사람들에 의해 반쯤은 신뢰할 만한 것으로 간주되고 있습니다. 그러나 우리는 뒤에 남겨진 채 아직 그렇게 되어 볼 엄두조차 못 내고 있습니다. 그렇게 갈라져 나간 것은 — 아주 중요한 한 가지 경우만을 예외로 하고[10] — 그들 자신이었던 것입니다.

관용이라는 이름 아래 여러분은 어떠한 요구들을 더 하시렵니까? 우리가 근본적으로 틀리다고 생각하는 어떤 의견을 어느 누군가가 내세웠을 때 우리는 그에게 이렇게 말해야만 한다는 것입니까? 〈당신이 이러한 반대 의견을 내준 데 대해 매우 감사하게

10 아마도 슈테켈Stekel을 염두에 둔 듯함.

생각하는 바입니다. 당신은 자기만족에 빠지게 될 수 있는 위험으로부터 우리를 보호해 주셨으며, 우리가 미국 사람들이 항상 바라던 바처럼 그렇게《관대한 가슴을 가졌다》는 사실을 그들에게 증명해 보일 수 있는 기회를 주셨습니다. 우리는 당신이 말하는 사실 중 어느 하나도 믿지 않습니다. 그러나 그것은 아무 상관이 없습니다. 어쩌면 당신도 우리와 똑같이 옳을지도 모릅니다. 누가 옳은지 도대체 누가 판단할 수 있겠습니까? 당신의 생각에는 반대하지만 당신의 견해를 우리의 책에 소개하는 것을 허락해 주십시오. 당신도 당신이 거부하는 우리의 의견을 지지하는 친절을 베풀어 주시기를 바랍니다〉라고? 이와 같은 행동은 아인슈타인의 상대성 원리를 남용하는 행위가 완전히 일반화되면 앞으로는 학문적인 테두리 내에서도 틀림없이 관례가 되어 버릴 것입니다. 지금 이 순간에는 우리가 그와 같은 경지에까지 이르지 못한 것이 사실입니다. 우리는 옛날 방식대로 단지 우리 자신의 확신만을 주장하는 것으로 그치겠습니다. 아무도 오류로부터 자유로울 수 없기 때문에 우리 자신도 오류의 위험에 빠질 수 있다는 것은 인정하지만 우리의 이론에 반대되는 것은 거부할 것입니다. 무언가 더 나은 것을 발견했다고 믿을 때, 우리의 견해를 바꿀 수 있는 권리는 정신분석학에서 매우 광범위하게 사용되어 왔습니다.

정신분석학에서 이루어진 최초의 응용 사례 중 하나는 우리가 정신분석적 활동을 하고 있으므로 마주치게 된, 우리의 동시대인들이 우리에게 증명해 보인 그 반대 의견들을 우리가 이해할 수 있게 되었다는 것입니다. 다른 의견들은, 객관적 성격을 가진 것으로서 보다 더 일반적인 관심을 끌어모을 수 있는 것입니다. 여러분이 아시다시피 우리의 첫 번째 의도는, 인간들의 정신생활의 곤란들을 이해하는 것이었습니다. 매우 특이한 경험이 이 경우에 이해와 치료는 거의 일치한다는 것을, 어떤 하나로부터 다른 것으로 통하는 길이 열려 있다는 사실을 가르쳐 주었기 때문입니다.[11] 그것은 오랫동안 유일한 목표였습니다. 그러다가 우리는 병리학적인 심리 과정과 이른바 정상적인 심리 과정 사이의 밀접한 관계들을, 그 내적인 동질성을 인식하게 되었습니다. 정신분석학은 심층 심리학이 되었고 인간들이 만들어 내거나 추구하는 것들 중에 심리학의 도움 없이 이해할 수 있는 것은 아무것도 없기 때문에, 정신분석학은 수많은 학문 분야, 특히 정신과학에 응용되었고 자동적으로 그에 대한 필요가 생기고 또 요구되었습니다. 그러나 불행하게도 이러한 과제는 바로 그 사태의 성격으로부터 비롯되는 어려움에 부딪히게 되며, 그것은 오늘날까지도 극복되지 않고 있습니다. 그러한 응용을 수행하기 위해서는 전문적인 지식이 전제되어야 하는데, 분석가들에게는 그것이 없고, 또 그러한 지식이 있는 전문가들은 분석 작업에 대해 아무것도 아는 것이 없고 또 알려고 하지도 않습니다. 그 결과는 서둘러 긁어모은 다소 충분하거나 혹은 충분치 않은 사전 지식을 가진 딜레탕트로서의 분석가들이 신화, 문화사, 민족학 혹은 종교학 등과 같은 학문 분야로 발을 들여놓게 된다는 것입니다. 그들은 거기에서 제대로 자리를 차지하고 있는 전문가들에 의해 침입자 이상으로 취급되지 않으며, 그들의 방법론과 결과는 어떻게 주목을 끌게 되더라도 처음에는 거부당합니다. 그러나 이러한 상황은 점점 나아지게 되고 식민주의자들이 초기의 개척자들을 교대하게 되는 것처럼, 모든 분야에서 자신들의 전공 분야에 사용하기 위해

---

11  브로이어의 첫 환자 치료를 언급한 것임. 『정신분석 강의』 중 열여덟 번째 강의 참조.

정신분석을 연구하는 사람들의 숫자가 늘어나게 됩니다. 우리는 여기서 새로운 통찰의 풍요로운 수확을 기대해도 좋을 것입니다. 분석의 응용은 항상 그것의 확인이나 다름없습니다. 학문적인 작업이 실제적인 활동과 더 멀리 떨어져 있는 분야에서는 그에 따른 피할 수 없는 의견의 갈등이 덜 분노스러울 것입니다.

나는 여러분에게 정신과학에서 이루어진 정신분석의 모든 응용 사례를 일일이 다 설명해 드리고 싶은 강한 유혹을 느낍니다. 그것은 지적인 것에 관심이 있는 사람이라면 누구나 알아 둘 가치가 있는 것들이며, 잠시 동안만이라도 비정상이나 병에 관해서 아무것도 듣지 않게 되는 것은 아마도 당연히 누릴 만한 휴식이 될 것입니다. 그러나 부득이하게 포기할 수밖에 없는 것은 그것이 다시금 우리 강의의 테두리를 넘어서기 때문이며, 솔직히 고백하자면 나는 그만큼 할 수 있기에는 아직 능력이 모자랍니다. 내가 이러한 분야의 몇 군데에 첫걸음을 내디뎌 본 것은 사실이지만, 현재에 이르러서는 그 분야를 전체적으로 조망하는 것도 더 이상 가능하지 않으며, 내가 처음 나의 학문을 시작한 이래로 그 후에 더해진 것들을 모두 다 파악할 수 있기 위해서는 대단히 많은 공부를 해야 할 것입니다. 내가 그렇게 하는 것을 거부한다는 사실에 실망한 사람들이 있다면, 분석학의 비의학적인 응용 분야만을 다루고 있는 우리의 잡지 『이마고Imago』에서 원하는 것을 보충하시기 바랍니다.[12]

단 하나의 주제에 대해서만은 그렇게 쉽게 비켜 갈 수가 없는데, 그것은 내가 그 분야에 대해 특별히 많이 알고 있거나 그것에 대한 연구를 많이 했기 때문은 아닙니다. 정반대로 나는 그것에

12 『정신분석 강의』 중 열 번째 강의 참조.

거의 몰두해 본 적이 없습니다.[13] 그러나 그것은 대단히 중요한 것으로서 거기에는 미래를 위한 희망적인 것도 많으며, 분석학이 추구하는 모든 것 중에서 아마도 가장 중요한 것이 되리라고 생각합니다. 내가 말하는 것은 교육학 분야에서 정신분석을 응용하는 것인데, 말하자면 다음 세대의 교육에 관한 문제입니다. 적어도 제 딸 아나 프로이트Anna Freud가 이 일을 자신의 평생의 과업으로 삼았음을 여러분에게 말씀드릴 수 있는 것만으로도 나는 행복합니다. 그녀는 그 분야에서 나의 게으름을 보상해 줄 수 있을 것입니다.

이러한 응용 분야로 인도해 준 길은 쉽게 조망해 볼 수 있습니다. 성인 신경증 환자를 다루면서 그의 증상을 결정지은 것을 추적하다 보면, 우리는 언제나 그의 최초의 어린 시절까지 거슬러 올라가게 됩니다. 이후의 병인에 대한 지식은 그의 상황을 이해하는 데 있어서나 치료적인 효과에 있어서 다 충분하지 않습니다. 그래서 우리는 부득이하게 어린 시절의 심리적 특성에 대해서 알려고 할 수밖에 없었습니다. 그리고는 분석 작업을 통하지 않았더라면 결코 알아낼 수 없었던 많은 사실을 알게 되었고, 어린 시절에 대해서 일반적으로 받아들여져 왔던 많은 믿음을 바로잡을 수 있게 되었습니다. 우리는 유아기 초기의 몇 년 동안(대략 다섯 살이 될 때까지)이 여러 가지 이유에서 매우 중요한 의미가 있다는 사실을 인식하게 되었습니다. 첫째로, 그것은 성숙한 뒤의 성생활에 결정적인 인자를 남겨 놓는 성의 최초 개화기의 내용을

13   이것이 아마도 분석과 교육의 관계에 대한 프로이트 자신의 가장 긴 논의겠지만, 비교적 길게는 〈꼬마 한스〉의 사례 연구 제3장에서 언급된다. 성교육과 관련된 구체적인 문제들은 「어린아이의 성교육에 관하여」(프로이트 전집 7, 열린책들)에서 다루어지고 있으며, 종교 교육에 대해서는 「어느 환상의 미래」(프로이트 전집 12, 열린책들)의 제9장과 10장에서 거론된다.

포함하고 있기 때문입니다. 둘째로, 이 시기의 인상은 채 완성되지 못한 허약한 자아와 맞닥뜨리게 해주며 정신적 외상처럼 자아에 영향을 주기 때문입니다. 자아는 그것들이 불러일으키는 정서적 폭풍에 억압 이외의 다른 방법으로는 대처할 수가 없고, 그렇게 하여 어린 시절에 이후의 질병과 기능 장애의 모든 소인을 얻게 되는 것입니다. 어린 시절의 어려움이란 어린아이가 짧은 시기에 수천만 년에 걸쳐 계속되어 온 문화 발달의 모든 결과를 습득해야 하며, 본능의 통제와 사회적인 적응, 적어도 그 둘의 처음 부분만이라도 할 수 있어야 한다는 데 그 원인이 있음을 이해하게 되었습니다. 아이는 이 중에서 단지 한 부분만을 자기 자신의 발달을 통해서 도달할 수 있으며, 많은 것들은 교육에 의해서 그에게 주입되어야만 합니다.[14] 우리는 아이들이 종종 자신들의 일을 불완전하게 수행한다고 해도 전혀 놀라지 않습니다. 이 초기의 시기에 많은 아이들은 신경증과 비교될 수 있는 상황들을 경과합니다. 그리고 이 점은 나중에 가서 확실하게 병을 앓게 되는 사람들에게는 모두 사실입니다. 또 적지 않은 경우에 신경증적인 질환은 아이들이 성숙해질 때까지 기다리지 않습니다. 그것은 어린 시절에 벌써 터져 나와서 부모들과 의사들을 당혹케 합니다.

우리는 명확하게 신경증 증상을 보이는 아이들이나 별로 좋지 않은 성격 형성의 도중에 있는 아이들에게 분석적 치료 방법을 적용하는 데 어떠한 의구심도 갖지 않았습니다. 분석 행위로 인하여 아이에게 손상을 입히게 되지 않을까 하는 우려를 분석학에 반대하는 사람들이 내비친 바 있는데, 이는 근거 없는 것으로 드러났습니다. 이러한 시도로부터 얻게 된 우리의 이득은, 성인의

14   이 강의에서 〈교육〉으로 번역되는 독일어 Erziehung은 사실 교육 이상의 의미를 내포한다. 이 단어는 일반적인 의미의 〈양육〉이라는 뜻도 지니고 있기 때문이다.

경우에는 이른바 역사적인 문서에서부터 추론해 낸 것들을 살아 있는 대상에서 확인할 수 있었다는 사실입니다. 그리고 또한 아이들이 얻게 된 이익도 매우 기쁜 것이었습니다. 어린이는 분석적 치료를 위한 가장 적절한 대상이며, 그 성공의 효과는 근본적인 것이며 오래 지속된다는 결과가 나왔습니다. 물론 어른을 위해 고안된 처치의 기술은 어린이를 위한 것으로 광범위하게 바꾸어 가야만 합니다. 어린이는 성인과는 심리적으로 전혀 다른 존재입니다. 그는 아직도 초자아를 갖고 있지 못하며 자유 연상의 방법도 별 도움이 안 되고, 친부모가 아직 존재하고 있으므로 전이는 다른 역할을 하게 됩니다. 우리가 성인들의 경우에 싸워 내야 하는 내적인 저항감은 아이들에게는 외부적인 어려움으로 대체됩니다. 부모가 그 저항감의 직접적인 담지자일 경우에는 빈번하게 분석의 목표나 분석 과정 자체가 위험에 처하게 되기 때문에, 아이들의 분석과 부모의 분석적 효과의 한 부분을 연결시키는 것이 필요하게 됩니다. 한편으로 아동 분석과 성인 분석의 피할 수 없는 차이들은 우리의 많은 환자가 아직도 유아적 성격 특성들을 유지하고 있다는 사실로 많은 부분 감소됩니다. 그러므로 다시금 대상에 자신을 적응시켜야 하는 분석가는 그들에게 아동 분석의 어떤 테크닉을 사용하지 않을 수 없게 됩니다. 아동 분석이 여성 분석가들의 영역이 되어 버린 사실은 자동적으로 일어난 일로, 아마도 그러한 현상은 계속될 것 같습니다.

우리 아이들의 대부분이 그들의 발전 과정에서 신경증적인 단계를 거쳐 간다는 인식은 건강 연구의 맹아를 그 속에 간직하고 있습니다. 오늘날 건강한 아이들에게, 아이들이 디프테리아에 걸리게 될 때까지 기다리지 않고 디프테리아 예방 주사를 놓는 것처럼, 어린이가 어떤 정신적 이상 징후를 보이지 않더라도 건강을 위한 예방 조치의 하나로 아이들에게 분석 행위를 통한 도움을 주는 것이 현명하지 않겠느냐는 물음을 제기해 볼 수 있겠습니다. 이러한 물음에 대한 논의는 현재 그저 학계의 관심사일 뿐입니다. 우리 동시대인들의 대다수에게는 이러한 계획이 너무나도 어처구니없는 불법으로 간주될 것이며, 대부분의 부모들이 취하는 분석 치료에 대한 태도를 고려해 보면 차라리 지금 그것이 실현되리라는 어떤 희망도 포기하는 편이 좋을 것이라는 사실을 여러분에게 감히 밝혀 드립니다. 틀림없이 매우 높은 효과를 가져올 신경 불안증의 그러한 예방은 전체 사회의 완전히 새로운 구성을 전제로 합니다. 정신분석을 교육에 적용해야 한다는 슬로건은 오늘날 완전히 다른 곳에서 찾아져야 합니다. 교육의 최우선 과제는 무엇인지 한번 명확하게 짚어 봅시다. 아이는 본능을 억제하는 법을 배워야만 합니다. 그에게 제한받지 않는, 자기의 모든 충동을 따라갈 수 있는 자유를 준다는 것은 불가능한 일입니다. 그것은 아동 심리학자들에게는 많은 가르침을 받을 수 있는 교육적 실험이 될 것입니다. 그러나 그럴 경우 부모는 정상적으로 살아갈 수 없고 아이들 자신도 심각한 피해를 입게 되는데, 부분적으로는 즉시, 또 어떤 부분은 그 이후에 나타나게 될 것입니다. 그러므로 교육은 억제시키고, 금지하고, 억압하는 기능들을 언제나 모든 순간에 훌륭히 수행했습니다. 그러나 우리는 분석에서 나온 결과로부터 바로 이러한 본능의 억압이 신경증적인 질환의 위험을 내포하고 있다는 사실을 알게 되었습니다. 어떻게 하여 이러한 현상이 일어나게 되는지를 우리가 정밀하게 연구해 왔다는 것을 여러분은 기억하실 것입니다. 그러므로 교육은 허용하는 것과 금지하는 것 사이에 진퇴유곡이 된 상태에서 자신의 길을 찾아내야 하는 것입니다. 그 일이 전혀 풀리지 않을 때는 가장 많은 이익을 가져오면서도 가장 적은 손해를 끼칠 교육을 위한 최선의 조건을 찾아야 합니다. 그러므로 얼마나 많이, 어떤 순간에, 어떤 방법으로 금지해야 될 것인가를 결정짓는 것이 문제가 됩니다. 또한 어린이들은 각자 매우 다른 체질적인 소인들을 갖고 있기 때문에, 교육자의 똑같은 방식이 모든 아이들에게 똑같이 좋을 수는 없다는 사실을 계산에 넣어야 합니다. 깊이 생각해 보면 교육은 지금까지 자신의 과제를 아주 형편없이 수행해 왔고, 아이들에게 엄청난 피해를 주어 왔다는 것을 알 수 있습니다. 최선의 교육 조건을 찾아내고 그 과제를 이상적으로 풀게 된다면, 정신 질환의 병인 중 한 가지 요소, 즉 유년기의 우연적인 외상의 영향을 지워 없앨 수 있다고 희망해 볼 수 있습니다. 다른 것들, 반항하는 본능적 체질의 힘 등은 어떻게 해도 제거할 수 없습니다. 어린이의 체질적인 특성을 인식하고, 그의 불완전한 정신생활에서 무엇이 일어나고 있는지를 아주 작은 징조에서부터 알아내며, 그에게 적당한 만큼의 사랑을 주면서도 효과적인 권위를 세우는 등 교육자들이 직면하고 있는 그 어려운 과제들을 생각해 보면, 교육자라는 직업을 위한 유일하게 적절한 준비 장치는 철저한 정신분석적인 훈련이라고 말할 수 있습니다. 가장 좋은 것은 그가 스스로 분석의 대상이 되어 보는 것입니다. 자기 자신에 대한 경험이 없이는 분석적 치료 방법을 습득할 수 없기 때문입니다. 교사와 교육자의 분석은 어린이들에 대한 분석보다 훨씬 효과적인 예방 조치가 될 것이며, 그것을 수행할 때도 큰 어려움은 없을 것입니다.

부차적으로 말하고 싶은 것은, 어린이들의 교육에 분석 작업이 가져올 간접적인 이익은 점차적으로 상당한 중요성을 가지게 될 것이라는 겁니다. 부모들이 스스로 분석 치료를 경험하고 그것에 몹시 감사하는 마음을 가지게 될 때, 그들 자신의 교육에 잘못된 부분을 인식하게 된 부모들은 자신의 아이들을 더욱 많은 이해심을 가지고 다루게 될 것이며, 자신들이 겪을 수밖에 없었던 일들의 많은 부분을 아이들이 당하지 않게 할 수 있을 겁니다.

교육에 영향을 미치고자 하는 분석가들의 노력과 함께 일탈 행동과 범죄의 원인과 예방을 위한 다른 연구들도 진행되었습니다. 그러나 여기서도 나는 여러분에게 단지 문을 열어 그 뒤에 있는 방들을 보여 주기만 할 것이며, 그 안으로 인도하지는 않겠습니다. 여러분의 관심이 정신분석에 충실하게 머물러 있게 되면 여러분은 이러한 것들에 대해 많은 새로운 사실과 가치 있는 정보를 들을 수 있게 될 것입니다. 그러나 나는 특별한 한 가지 문제를 심각하게 생각해 보지 않은 채, 이 교육이라는 주제를 떠나고 싶지는 않습니다. 모든 교육은 어떤 특정 방향을 향하고 있으며, 그것이 얼마나 가치 있는 것인지 또는 그 자체로서 얼마나 지속 가능한 것인지에 대한 고려는 전혀 없이, 어린이를 이미 존재하고 있는 사회 질서에 편입시키는 것을 지향하고 있다는 것이 — 맞는 말이긴 하지만 — 대부분 사람들의 생각입니다. 현재 우리의 사회적 장치들이 얼마나 많은 것들을 결여하고 있는지 절실하게 느끼고 있더라도, 정신분석적인 입장을 가진 교육으로 그것을 유지하는 데 공헌해야 한다는 생각에는 모두 반대할 것입니다. 우리는 그보다는 현재의 지배적인 사회적 요구들에서 해방된 또 다른 더 높은 목표를 세워야 할 것입니다. 그러나 나는 이러한 논의점들이 여기에는 들어맞지 않는다고 생각합니다. 그 요구는 분석학의 기능적 정당성을 뛰어넘는 것입니다. 폐렴의 치료를 위해 초빙된 의사는 그 환자가 좋은 사람인지, 자살자인지 혹은 범죄자인지, 그가 살아남을 자격이 있는 사람인지, 사람들이 그가 살아 주기를 바라는 사람인지 고민할 필요가 없습니다. 사람들이 교육의 목표로 설정하고자 하는 이 같은 다른 목표도 분파적인 것일 수 있습니다. 각 분파 사이에 어느 것을 결정할 것인지는 분석가의 업무가 아닙니다. 사람들이 기존의 사회적 질서와 일치하지 않는 정신분석적 의도를 알아차릴 경우, 정신분석학이 교육에 미치는 어떠한 영향도 거부하게 될 것이라는 사실은 지금 아예 제쳐 놓은 상태입니다. 정신분석적인 교육이 학생들을 혁명가로 선동하려고 기도할 경우 그것은 청하지 않은 책임을 떠맡게 됩니다. 정신분석적인 교육이 그들을 가능한 한 건강하고 능력 있는 학생으로 만들어 떠나보낸다면 그것은 자기의 할 일을 다한 것입니다. 그 교육 자체에는 자신이 길러 낸 이들이 이후의 삶에서 반동이나 억압의 편에 서지 않도록 보장해 주는 혁명적인 요소가 이미 충분히 내재되어 있습니다. 나는 심지어, 혁명적인 아이들은 어떤 관점에서 보더라도 바람직하지 않다고 말씀드리고 싶습니다.

신사 숙녀 여러분, 나는 여러분에게 치료 방법으로서의 정신분석에 대해서 몇 가지를 더 말씀드리려고 생각하고 있습니다. 이론적인 측면에 대해서는 15년 전에 이미 많은 논의를 했고 지금도 달리 어떻게 바뀐 것은 없습니다. 그러나 이 시기 동안의 실천적인 경험에 대해서는 몇 가지를 얘기하고 넘어가야 하겠습니다. 여러분도 아시다시피 정신분석은 원래 치료적 과정으로서 생겨난 것입니다. 그로부터 눈부신 발전을 이룩했지만 그 모체를 포기해 본 적은 없고, 그것의 심화와 계속적인 발전을 위해 여전히 임상적인 문제들과 씨름하고 있습니다. 그로부터 우리가 우리의 이론을 발전시켜 온 축적된 경험적 자료들은 다른 방법으로는 도저히 얻을 수 없는 것들이었습니다. 치료자로서 우리가 경험했던 실패들은 우리에게 언제나 새로운 과제를 던져 주었고, 실재적 삶의 요구들은 작업 중 겪게 되는 피할 수 없는 사변적인 회의가 지나치게 커져 가는 것을 막아 주는 효과적인 보호 장치였습니다. 정신분석이 아픈 사람들을 어떤 수단으로 도와주는지, 도와준다면 어떤 방법으로 그렇게 하는지에 대해서는 이미 예전에 논의한 바 있습니다. 오늘 우리가 묻고 싶은 것은 그것이 얼마나 많은 일을 수행하느냐는 것입니다.

내가 결코 치료적인 문제에만 매달리는 광신자가 아니라는 사실을 여러분은 알고 계실 것입니다. 이 강의를 내가 찬사를 끌어모으는 기회로 남용할 위험은 결코 없습니다. 나는 너무 많이 말하기보다는 적게 말하는 편을 택하겠습니다. 나 혼자만이 유일한 분석가였던 그런 시기에 나는 나의 일에 대해 호의적으로 생각하는 사람들로부터 〈그거 정말 멋있고, 사상적으로 풍부한 것을 담고 있는 것 같군요. 그런데 당신이 그러한 분석 행위를 통해 치료해 준 사례를 하나만 보여 주시지 않겠습니까?〉라는 말을 듣곤 했습니다. 이것은 편안치 않은 새로운 사실을 제쳐 버리기 위해서 차례차례로 그 역할이 약간씩 바뀌면서 들먹였던 수많은 공식들 중의 하나입니다. 오늘날에 와서 그런 말은 다른 많은 것들처럼 시대에 뒤떨어진 것입니다. 다른 분석 치료사들도 병에서 치유된 환자들로부터 받은 감사의 편지들을 많이 갖고 있습니다. 비슷한 현상은 그것으로 끝나는 것이 아닙니다. 정신분석은 다른 방법들과 마찬가지로 수많은 치료 방법 중 하나입니다. 그것은 실패와 함께 승리도 맛보고 어려움도 있고 제한도 받으며 시사적 의미를 깊기도 합니다. 사람들은 한때 분석학에 대해서, 자신들의 성공사례에 대한 통계를 공표하지 않는 정신분석은 치료 방법으로 간주해 줄 수가 없다고 비난하기도 했습니다. 그로부터 막스 아이팅곤Max Eitingon 박사에 의해 설립된 베를린의 정신분석 연구소는 그들의 첫 10년간의 작업에 대한 보고를 출판해 내기 시작했습니다. 성공 사례의 비율은 우리가 그것 때문에 과시해야 할 이유도, 부끄러워해야 할 이유도 없는 것이었습니다. 그러나 그러한 통계는 학문적으로 그다지 의미 있는 것이 못 됩니다. 그들이 다루는 내용이 너무나 이질적이어서 뭔가 통계적으로 의미 있는 것이 되려면 굉장히 많은 사례를 요구하기 때문입니다. 오히려 개개의 경험들을 정확하게 조사하는 편이 훨씬 좋은 방법입니다. 우리의 성공 사례들을 — 성모가 나타나 기적을 보였다는 — 루르드Lourdes의 사례들과 비교할 수는 없다고 생각합니다. 무의식의 존재를 믿는 사람들보다는 성모 마리아의 기적을 믿는 사람들이 훨씬 더 많을 것입니다. 세속적인 경쟁을 하자고 한다면, 우리의 정신분석적 치료 방법과 심리 치료Psychotherapie의 다른 방법들을 비교할 수도 있습니다. 신경증적 상태의 유기체적, 물리학적 처치에 대해서는 언급할 필요가 없습니다. 분석학의 심리 치료적인 처치 방법이 의료적 전문 분야의 다른 방법들과 대립하는 위치에 있는 것은 아닙니다. 분석학은 그것을 무가치하게 여기지도 않으며 그것을 배제하지도 않습니다. 심리 치료사를 자임하는 어떤 의사가 그 경우의 특별한 성격과, 또 유리하거나 혹은 그렇지 않은 외부적 상황을 고려하면서 다른 치료 방법과 병행해서 그의 환자에게 분석적 방법을 도입한다고 해도 이론적으로 아무런 문제가 없을 것입니다. 실제로 그것은 의료적 활동의 전문화에 강요되는 테크닉의 문제입니다. 외과 분야와 정형외과가 분리되어 나온 것도 그러한 이유 때문이었습니다. 정신분석적인 작업은 어렵고 매우 까다롭습니다. 그것은 책을 읽을 땐 꼈다가 산보를 나갈 때는 벗어 놓을 수 있는 안경처럼 그렇게 손에 쉽게 잡히는 것이 아닙니다. 일반적으로 정신분석은 의사가 완전히 전념하거나 아니면 포기해야 합니다. 때에 따라서 분석적인 방법을 사용하는 심리 치료사는 내가 아는 한 확실한 분석적 토대 위에 서 있지 못합니다. 그들은 분석법을 온전히 그대로 받아들이지도 않고, 그것을 희석시키거나 어떨 땐 그 핵심을 제거해 버리기도 합니다. 그들은 분석가로 분류될 수 없습니다. 그것은 참으로 안타까운 일입니다. 그러나 분석가와 자기 전공에 속하는 분석 치료 이외의 방법만을 가지고 작업하는 심리 치료사와의 의료적 협동은 대체적으로 유익한 결과를 가져올 것입니다.

심리 치료의 다른 과정들과 비교해 본다면 정신분석은 말할 것도 없이 가장 강력한 치료 방법입니다. 그도 그럴 것이 그것은 대단히 힘들고 많은 시간을 요하는 작업이어서, 경미한 경우에는 사람들이 그것을 응용하지 않는 것이 나을 정도입니다. 최적의 경우에 그것은 심적 장애들을 없애 주고, 분석적인 방법이 나오기 전까지는 바랄 수도 없었던 변화를 불러옵니다. 그러나 그것은 확실하게 느낄 수 있는 장벽도 갖고 있습니다. 많은 나의 추종자들의 치료적 처치에 대한 공명심은 이러한 장애를 뛰어넘으려는 많은 노력을 경주하게 했습니다. 그 결과로 모든 신경증적인 심적 장애가 정신분석을 통해 치료될 수 있을 것처럼 보였습니다. 그들은 명백한 치료 효과를 보기 위해서 분석적인 작업을 아주 짧은 시간으로 응축시키고, 전이 작용을 증가시켜서 그것이 모든 저항감을 뛰어넘게 하고, 다른 종류의 영향을 결합시키는 등의 작업을 시도했습니다. 이러한 노력들은 참으로 칭찬할 만한 것이 있습니다. 그러나 그것들은 헛된 것이었습니다. 그것은 또한 사람들을 분석 작업의 밖으로 내몰고 끝없이 실험만 하게 하는 위험성이 있었습니다.[15] 모든 신경증 증상을 치료할 수 있다는 기대

15  이 대목에서 프로이트는 그의 친구였던 페렌치를 염두에 둔 듯하다.

는, 신경증 환자를 존재하는 어떤 권리도 갖고 있지 않은 잉여적인 사람들로 간주하는 저 문외한들의 믿음으로부터 비롯된 것이라는 의심을 하지 않을 수 없게 만듭니다. 실제로 그것은 심각하고 체질적으로 고착된 감정들로서, 몇 번의 발작으로 끝나는 일이 거의 없는, 대개는 매우 오래 계속되며 심지어 전 생애를 통해 지속되기도 하는 증상들입니다. 질환을 촉발시킨 역사적인 계기와 우연적인 보조 요소를 알아내게 되면, 그들에게 계속적인 영향을 미칠 수 있다는 분석적인 경험은 실제 치료 현장에서 체질적인 요소를 소홀히 다루게 만들었습니다. 우리는 사실상 그것을 다룰 힘이 없습니다만 이론적으로 그것을 항상 마음속에 간직하고 있어야 합니다. 일반적으로 정신 질환자들은 분석적 치료로 접근하기 힘든데, 이 요인으로 말미암아, 또 그것이 신경증 증상과 매우 가까운 근사성(近似性)을 갖고 있기 때문에 치료 효과가 후자의 경우에도 제한되는 결과가 초래되었으며, 이로써 정신분석학의 자기주장은 한계가 있습니다. 정신분석의 치료적 효과는 여러 가지 중요하고 다루기 어려운 요소들에 의해 제약을 받습니다. 가장 커다란 치료적 성공이 기대되는 어린아이에게 있어서, 제약은 대개 부모들이 만들어 주는 외부적 어려움들인 경우가 많습니다. 그러나 그것은 어린아이이기 때문에 어쩔 수 없는 것이기도 합니다. 성인에게는 우선적으로 두 가지 요소가 문제되는데, 심리적 경직성의 정도와 질병의 배후에서 질병 유형들에 매우 깊숙한 영향을 끼치고 있는 그 모든 다른 요소들입니다.

첫 번째 요소는 부당하게도 자주 간과되어 버립니다. 정신생활이 아무리 신축적이고, 과거의 상태가 다시 새로워질 가능성 또한 많다고 해도 모든 것들이 다 다시 태어날 수는 없습니다. 많은 변화들은 궁극적인 형태를 띠게 되고, 그 과정이 다 지나가 버리고 나면 그것이 남긴 상처의 흔적과 비슷해집니다. 다른 경우에 우리는 또 정신생활의 일반적인 경직성에 대한 인상도 받게 되는데, 다른 길로도 방향을 돌릴 수 있을 듯한 심적 과정은 그러나 그 옛날의 길을 떠날 수 없는 듯이 보입니다. 그렇지만 이것도 사실은 바로 전에 우리가 얘기했던 것과 똑같은 것인지도 모릅니다. 다만 다른 관점에서 보았을 뿐일지도 모릅니다. 치료 과정에 변화를 가져오기 위해 꼭 필요한 추진력이 결핍되어 있다는 느낌을 받을 때가 너무 많다는 것이 문제입니다. 어떤 특별한 의존성, 어떤 본능적 요소들이 우리가 움직일 수 있는 반대 힘에 비해 너무 강한 것입니다. 정신 질환자들에게 그것은 너무 일반적인 경우입니다. 우리는 어떤 손잡이를 잡아당겨야 할지를 아는 정도인데 환자들은 그 무게 자체를 들어 올리지 못하는 것입니다. 바로 여기에 미래에 대한 희망이 놓여 있습니다. 그것은 호르몬의 작용에 대한 지식이 — 여러분은 그것이 무엇을 의미하는지 잘 알고 계십니다 — 이 질환 속에 내포되어 있는 양적 요소를 고려하면서 성공적으로 싸울 수 있는 방법을 가르쳐 주리라는 것입니다. 그렇지만 현재 우리는 그로부터 너무나 멀리 떨어져 있습니다. 이 모든 상황에서의 불확실성은 분석의 테크닉과, 특히 전이의 테크닉을 완전하게 만드는 끊임없는 동인을 주게 되리라고 나는 생각합니다. 분석학의 초심자는 실패하게 될 경우, 그것이 그 사례의 특성에 기인하는 것인지 아니면 자신의 미숙한 치료적 처치 기술을 탓해야 할 것인지를 의심하게 됩니다. 그러나 나는 이런 식의 노력을 통해 많은 것을 이룩할 수 있다고는 믿지 않는다고 말한 바 있습니다.

분석적 치료의 성공을 제한시키는 두 번째 요소는 질병의 형태에서 연유합니다. 분석적 치료의 응용 분야는 전이 신경증, 공포증, 히스테리, 강박 신경증, 더 나아가 그러한 질환 대신 나타나는 성격 이상 등입니다. 이런 것들과 다른 모든 것들, 예를 들어 자아 도취적이고 정신 이상적인 상황들은 분석적 치료를 응용하기에 다소 부적합합니다. 그러므로 그러한 경우들을 조심스럽게 배제 시킴으로써 실패를 줄이는 것도 합리적일 것 같습니다. 분석학의 통계들은 이러한 조심성을 통하여 훨씬 더 나은 결과를 얻게 될 것입니다. 그렇습니다. 그러나 그것은 생각처럼 그렇게 쉽지 않 습니다. 우리의 진단은 나중에야 이루어지는 게 보통이고, 언젠 가 빅토르 위고Victor Hugo의 책에서 읽은 스코틀랜드 왕에 의한 마녀 재판과도 같습니다. 이 왕은 마녀를 판별해 낼 수 있는 확실 한 방법을 알고 있다고 주장했던 것입니다. 그는 물이 끓고 있는 냄비에 그녀를 집어넣고 끓인 다음 그것을 맛봅니다. 그러고는 〈이 사람은 마녀이고 이 사람은 마녀가 아닙니다〉라고 말하는 것 입니다. 그와 비슷한 상황이 우리에게 일어나고 있습니다. 다른 점이라곤 우리가 그 피해자라는 것입니다. 치료받기 위해 오는 환자나 실습을 하기 위해 오는 지원자들에 대해서 몇 주 내지 몇 달 동안 그들을 분석해 보지 않고는 그들을 판단할 수가 없습니 다. 우리는 사실상 충동구매를 하는 것입니다. 환자는 불확실하 고 일반적인 증상들을 우리에게 설명하지만 그것으로는 보다 확 실한 진단을 내리기가 쉽지 않습니다. 이러한 시험 기간이 끝나 고 나서 그것은 부적당한 사례라는 것이 밝혀지기도 합니다. 그 러면 우리는 그 후보자를 보내고, 그 대상이 환자일 경우는 좀 더 오랜 시간 지켜보면서 그에게서 보다 유리한 판단을 끌어내기 위 해 노력합니다. 그러나 환자는 우리의 실패 목록을 더욱 길게 해 줌으로써 우리에게 복수를 하며, 그가 만약 편집증 환자일 경우 거부된 후보는 그 자신이 정신분석에 대한 책을 집필함으로써 이러한 행위에 동조합니다. 여러분은 우리의 조심성이 결국 우리에게 아무 도움도 되지 않았다는 것을 확인한 것입니다.

이러한 자세한 서술이 여러분의 관심을 넘어서는 것은 아니었는지 걱정스럽습니다. 그러나 치료 과정으로서의 정신분석에 대한 여러분의 존경심에 상처를 주려는 것이 나의 의도라고 생각하게 된다면 그것은 나를 더욱 괴롭힐 것입니다. 어쩌면 내가 실제로 잘못해서 그렇게 했는지도 모릅니다. 그러나 내가 의도한 바는 그와 정반대입니다. 나는 단지 그것의 불가피함을 설명함으로써 분석적 치료 결과의 제한성을 변명하고 싶었던 것입니다. 그와 똑같은 의도에서 언급하고 싶은 또 한 가지 사실은, 분석 작업이 상황에 맞지 않게 너무 오래 시간을 끈다는 불평에 관한 것입니다. 그러나 덧붙여서 말하거니와, 심리적 변화는 그처럼 매우 오랜 시간에 걸쳐 이루어진다는 것입니다. 만일 그것이 갑작스럽게 재빨리 나타나게 되면 그것은 나쁜 징조입니다. 중증 신경증의 치료는 몇 년씩이나 계속되기도 합니다. 성공적인 결과가 나왔을 때, 이렇게 치료되지 않았더라면 그 병 자체가 얼마나 더 오래 지속되었을까를 여러분 자신에게 자문해 보십시오. 어쩌면 한 해의 치료 기간이 10년 정도의 단축 기간을 가져오는지도 모릅니다. 치료받지 않은 환자의 경우에서 보듯이, 그렇게라도 치료를 받지 않으면 그 병이 결코 끝나지 않을 것임을 의미한다고 보아야 할 것입니다. 많은 경우에는 몇 년이 지난 뒤에 다시 또 분석 치료를 받아야 할 필요성이 발생하기도 하는데, 그사이에는 환자가 건강했지만 환자의 삶 속에서 새로운 계기가 나타나고 그로 인해 새로운 병적 반응이 생겨날 경우입니다. 처음의 분석이 그의 모든 병적 소인들을 다 밝혀내지 못했는데도 환자가 좀 낫게 되면 분석을 중지하는 것이 예사입니다. 그러나 매우 심각한 병을 앓는 사람들의 경우는 그의 전 생애를 분석 치료의 보호막 아래 두고 때때로 분석을 해보아야 합니다. 이러한 사람들은 그렇게 하지 않을 때 결코 살아갈 능력이 없는 사람들이며, 그나마 이렇게 단속적이고 정기적으로 계속되는 치료를 통하여 그를 지탱해 줄 수 있다는 사실에 기뻐해야만 합니다. 성격 장애의 분석도 매우 오랜 치료 기간을 요하는데, 성공적일 때가 많습니다. 그런데 여러분은 이러한 문제를 다루려고 그저 시도만이라도 할 수 있는 또 다른 치료 방법을 알고 계십니까? 치료의 결과에 대한 공명심이 크면 이러한 결과에 대해 불만족스러워할지도 모릅니다. 그러나 폐결핵이나 기관지염의 경우에서 배운 사실은, 치료 방법이 병의 성격에 부합되었을 때에만 성공을 거둘 수 있다는 것입니다.

정신분석이 치료적 과정으로 시작됐다는 이야기는 이미 한 바 있습니다. 그러나 내가 여러분의 관심에 호소하고 싶은 측면은 그러한 치료 과정이 아니라, 그것이 함축하고 있는 진실성과 인류에게 가장 큰 중요성을 갖고 있는 것이 무엇인가 하는 인간의 본질 등에 관해 정신분석은 해결의 열쇠를 줄 수 있다는 것, 각양각색의 그들의 활동들 사이에 놓여 있는 연관성을 밝혀 줄 수 있다는 사실, 바로 그것입니다. 치료 과정으로서의 정신분석은 여러 개 중의 하나일 뿐입니다. 물론 그것이 제1차적인 것이라 해도 말입니다. 만일 정신분석이 치료적인 가치를 갖고 있지 않다고 한다면 환자들 사이에서 그 문제를 발견하지도 못했을 것이고, 30여 년 동안이나 발전되어 오지도 못했을 것입니다.

## 서른다섯 번째 강의
# 세계관에 대하여[1]

신사 숙녀 여러분, 지난번의 모임에서 우리는 사소한 일상적 관심사들을 주로 다루었으며 동시에 우리 자신의 〈집안〉을 정돈했습니다. 우리는 이제 더 대담한 도약을 하려고 하는데, 비분석적 입장에 있는 사람들이 계속해서 제기해 오는 문제, 즉 정신분석이 우리를 특정한 세계관*Weltanschauung*으로 인도하는가, 그리고 세계관으로 우리를 이끈다면 그것이 도대체 어떤 것인가에 대한 물음에 대답하고자 합니다.

세계관이란 대단히 까다로운 독일어 개념으로서 그것을 다른 언어로 번역하는 것은 매우 어려울 수밖에 없습니다. 내가 만일 그에 대해 어떤 정의를 내린다면 그것은 또 여러분에게는 잘 맞지 않는 것처럼 생각될 수도 있습니다. 세계관이란 하나의 지적 구성체로서 우리 존재의 모든 문제들을 고차원의 전제에 의해 통일적으로 해결해 주는 것이며, 그럼으로써 어떤 물음도 대답되지 않은 채로 남아 있지 않게 하고, 우리의 관심을 끄는 모든 것이 그 안에서 자신의 특정한 위상을 차지하는 상태를 의미합니다. 그러한 세계관을 소유한다는 것은 인간의 이상적인 소망에 속하는 일이라는 사실이 쉽게 이해될 수 있습니다. 그에 대한 믿음 속에서

1 본 강의의 주제는 「억압, 증상 그리고 불안」의 제2장 끝에 이미 거론되었다.

인간은 자신들의 삶 속에서 안전함을 느끼며, 무엇을 추구해야 하고, 어떻게 자신의 감정과 관심을 가장 합목적적으로 운용할 것인가를 알게 됩니다.

이것이 세계관의 성격이라면 정신분석에 대한 대답은 쉽게 풀립니다. 전문적인 과학으로서 심리학의 한 갈래, 즉 심층 심리학 혹은 무의식의 심리학으로서 정신분석이 자신만의 세계관을 구축하는 것은 불가능합니다. 정신분석은 과학의 일반적인 세계관을 받아들여야 합니다. 그러나 과학적인 세계관은 이미 눈에 띄게 우리의 정의와 멀리 떨어져 있습니다. 세계 해석의 통일성 문제는 물론 과학에 의해서도 인정되고 있지만 단지 하나의 예정된 계획에 불과할 뿐이고, 그것의 성취는 미래 속의 시간으로 유예된 것입니다. 그 밖에도 그것은 현재 알 수 있는 것만으로 제한하고 자신에게는 낯선 요소들을 거부하는 등의 부정적인 성격들에 의해서 구별됩니다. 과학은 조심스럽게 검증된 관찰 자료들에 대한 지적인 작업, 즉 우리가 연구라고 부르는 것 이외에는 이 세상에 그 어떤 지식의 원천도 존재하지 않는다고 주장하고 있습니다. 계시에 의하거나 직관 혹은 예감에 의한 지식은 인정하지 않는 것입니다. 바로 전(前) 세기까지만 하더라도 이러한 관점은 일반적인 인정을 받을 수 있는 상태에 바싹 다가선 듯이 보였습니다. 우리의 세기에 와서 그 관점은 유보된 상태에서 여기저기로부터 반박을 당하고 있습니다. 그러한 세계관은 너무나도 빈약하고 무익한 것으로서, 인간 정신의 요구들과 인간 영혼의 욕구들을 외면하고 있다는 것입니다.

이러한 반론을 아무리 정열적으로 거부한다 해도 지나치다 할 수 없습니다. 그것은 완전히 근거 없는 것입니다. 왜냐하면 정신과 영혼도 인간에게 낯선 모종의 사물들처럼 똑같이 과학적인 연구의 대상이기 때문입니다. 정신분석은 이러한 연관성 속에서 과학적 세계관이라는 용어를 도입해야 한다고 요구할 수 있는 특별한 권리를 갖고 있습니다. 그렇게 하면 그에 대해서 세계상(世界像)에 정신적인 측면이 고려되지 않았다는 따위의 비난은 할 수 없을 것이기 때문입니다. 과학에 대한 정신분석의 공헌은 연구 영역을 정신의 분야로까지 확장했다는 바로 그 사실에 있습니다. 그러한 심리학이 없었다면 과학이란 어쨌든 매우 불완전한 학문이었을 것입니다. 그러나 과학 속에 인간의 (또 동물의) 지적이고 정서적인 기능에 대한 연구를 포함시킨다 해도, 과학의 일반적인 전체 구조에 관한 한 아무것도 변하는 것이 없습니다. 새로운 지식의 원천이나 연구 방법이 발견되지 않기 때문입니다. 설사 그것이 존재한다고 해도 직관이나 예감은 소망 충동의 성취와 같은 망상으로 쉽게 분류될 수 있는 것입니다. 그러므로 세계관에 대한 저 요구들은 그저 감정적인 토대만을 갖고 있다는 사실을 쉽게 알 수 있습니다. 과학은 인간의 영혼 활동이 그러한 요구들을 만들어 낸다는 사실을 인지하며, 그 근원을 검증할 자세는 되어 있습니다. 그러나 과학은 그 요구들을 정당한 것으로 인정해야 할 아무런 이유도 갖고 있지 않은 것입니다. 반대로 과학은 이러한 견해를 지식으로부터 망상과 이 같은 감정적 요구의 산물들을 주의 깊게 걸러 내라는 경고로 이해합니다.

이는 결코 이러한 소원들을 경멸적으로 옆으로 제쳐 놓거나, 인간의 삶에 대한 그 소원들의 가치를 과소평가해야 한다는 것을 의미하지는 않습니다. 이러한 것들이 예술적 업적이나 종교나 철학의 체계 속에서 어떠한 성과를 이룩해 왔는지 추적해 갈 준비는 되어 있습니다. 그러나 이러한 것들을 인식의 영역으로 받아들이는 것은 정당하지 못하고 매우 비합리적이라는 사실 또한 간과할 수 없습니다. 왜냐하면 그렇게 함으로써 그것이 개인적인 형태이든 집단적인 형태이든 정신 이상의 영역으로 통하는 길로 접어들게 될 것이며, 가능한 한 그 현실 속에서 소망과 요구들을 충족시키는 데 돌려져야 할 노력으로부터 많은 정력들을 빼앗아 가기 때문입니다.

과학의 관점에서 보면, 이 경우 불가피하게 우리의 비판적 힘을 사용할 수밖에 없고 거부하고 부정하는 것을 두려워해서는 안 됩니다. 과학은 인간의 지적 활동의 한 분야이고, 종교와 철학은 또 다른 분야로서 적어도 과학과 동등하며, 과학은 이 두 영역에 대해 아무것도 간섭할 수 없고, 그것들은 모두 진실에 대한 동등한 요구들을 가지며, 모든 사람들은 자신의 신념을 어디서 취하고 또 어디에다 자신의 믿음을 세울 것인지를 자유롭게 선택할 권리가 있다는 등등의 말을 하는 것은 허용될 수 없습니다. 그러한 관점은 대단히 존경할 만하고 관용적이며 포괄적이고 모든 속 좁은 편견으로부터 자유로운 것처럼 보이기도 합니다. 그러나 유감스럽게도 그것은 근거가 없는 것이고 아주 비과학적인 세계관의 모든 유해성을 공유하는 것이며, 실제에 있어서 그것과 똑같은 것이기도 합니다. 진실이란 관용적일 수가 없으며 타협이나 제한을 인정할 수 없고, 과학적 연구는 그 자체로서 모든 분야의 인간 활동을 그 대상으로 하고 있으며, 그 영역을 침범하려고 하는 어떤 다른 힘에 대해서도 비타협적인 비판적 태도를 견지해야 하는 것입니다.

과학의 근거와 토대에 이의를 제기하는 세 개의 힘들 중에서 종교는 유일하게 가장 심각한 적이라고 할 수 있습니다. 예술은 거의 언제나 무해하고 유용한 것입니다. 그것은 가상(假象)에 지나지 않으며 그 이상을 원하지 않습니다. 사람들이 말하는 대로 예술에 사로잡힌 몇몇 사람을 제외하고는 현실의 영역으로 침범해 들어오려고 하지 않습니다. 철학은 과학에 반대하지 않습니다. 그것은 스스로도 과학인 것처럼 행세하면서 부분적으로는 같은 방법으로 작업을 하기도 합니다. 그러나 그것은 우리의 지식이 조금씩 새로운 진보를 거듭할 때마다 붕괴될 수밖에 없음에도 불구하고, 완벽하고 긴밀한 세계상을 사람들에게 제공할 수 있다는 환상에 사로잡힘으로써 과학으로부터 멀어집니다. 방법론적으로 그것은 우리의 논리적 조작의 인식 가치를 과대평가하면서, 또 한편으로는 직관과 같은 다른 인식의 근원을 인정함으로써 오류에 빠질 수밖에 없습니다. 철학자에 대한 어느 시인의 다음과 같은 조롱에 대해서 무조건 부당하다고 말할 수 없다고 느낍니다.

> 잠잘 때 쓰는 엉성한 모자와 누더기 같은 가운으로
> 그는 세계의 구조물의 틈을 메우고 있네.[2]

그러나 철학은 인류의 대다수에게 직접적인 영향을 주지는 않습니다. 그것은 지식 계급의 얇은 상층부에 있는 매우 적은 수의 사람들의 관심사일 뿐이며, 다른 모든 사람들에게는 거의 이해할 수 없는 것입니다. 그와 반대로 종교는 엄청나게 큰 힘이며 인간의 가장 강한 정서들을 손안에 쥐고 있습니다. 잘 아시다시피 그것은 한때 인간의 삶 속에서 정신적인 역할을 수행하는 모든 것을 포괄했고 과학의 자리를 차지했으며, 과학이 아직 존재하기 전에는 비교할 수도 없는 논리성과 짜임새를 가지고 놀랍게도 오

---

2  하이네의 시 「귀향Die Heimkehr」의 한 구절임. 〈*Mit seinen Nachtmützen und Schlafrockfetzen / Stopft er die Lücken des Weltenbaus.*〉

늘날까지 이어지는 세계관을 만들어 내기도 했습니다.

종교의 웅대한 본질에 대해서 진실된 평가를 내리고자 한다면 그것이 인간에게 무엇을 해주려고 하는가를 유념해야만 합니다. 종교는 인간에게 세상의 유래와 생성에 관한 열쇠를 주고, 인생의 화복 속에서 그들에게 피난처와 궁극적인 행복을 보장해 주며, 전적인 권위를 가지고 표방하는 계율을 통해서 그들의 생각과 행위들을 조종해 나갑니다. 그러므로 그것은 세 가지 기능을 수행합니다. 첫 번째, 그것은 인간의 앎의 욕구를 충족시킵니다. 과학이 시도하는 그러한 방법으로 그와 똑같은 것을 수행하고, 그 때문에 과학과 경쟁 관계 속에 놓이게 됩니다. 종교가 사람들에게 막대한 영향력을 갖게 되는 이유는 두 번째 기능 덕분입니다. 종교가 위험에 대한 인간의 불안과 인생의 화복에 대한 불안을 잠재우고, 그들에게 좋은 결말을 약속하면서 불행 속에 있는 그들에게 위안을 주고 있는 한, 과학은 종교와 경쟁할 수 없습니다. 과학은 사람들이 어떻게 하면 위험을 피할 수 있고, 어떻게 하면 많은 고통을 성공적으로 물리칠 수 있는지 가르쳐 줍니다. 과학이 인간들에게 매우 고마운 조력자인 것은 사실이지만, 많은 경우에 인간들을 그들의 고통 속에 내버려 두고 인간들에게 피할 수 없는 사태에 그대로 굴복하기만을 충고할 수 있을 뿐이라는 것입니다. 계율을 정하고 금지와 제한을 가하는 세 번째 기능에서 종교는 과학으로부터 가장 멀리 떨어져 나가게 됩니다. 과학은 그저 연구하고 설명하는 것으로 만족하기 때문입니다. 그것을 응용함으로써 인생살이에 대한 규칙과 충고들을 끌어낼 수 있더라도 말입니다. 경우에 따라서 이러한 규칙과 충고는 종교에서 정해 놓은 것과 똑같을 수도 있지만, 그것과는 다른 근거에 따른 것입니다.

종교의 이러한 세 가지 내용의 결합은 투명하게 들여다보이지는 않습니다. 세상의 생성에 관한 해명이 특정한 윤리적 계율들을 명쾌하게 가다듬는 일과 무슨 관계가 있습니까? 보호하고 행복하게 해준다는 보장은 윤리적 요구들과 밀접하게 연관되어 있습니다. 그것은 이러한 계율을 지키는 것에 대한 보상입니다. 그 계율에 복종하는 사람만이 이러한 축복을 받을 수 있고, 복종하지 않는 사람들에게는 처벌이 기다리고 있을 뿐입니다. 과학의 경우에도 그와 비슷한 것들이 있습니다. 과학적 추론의 결과를 무시하는 사람은 위험에 처하게 된다는 것입니다.

종교의 이러한 가르침과 위안과 요구들의 현저한 결합은 발생학적 분석을 통해서만 이해될 수 있습니다. 그중 가장 눈에 띄는 점인 세계의 생성에 관한 교훈으로부터 시작하는 것이 좋겠습니다. (천지) 창조설은 왜 항상 모든 종교적인 체계에 꼭 필요한 구성 요소이어야만 하는 것입니까? 그 논리는 이른바, 우주는 인간과 비슷하지만 힘, 지혜, 정열의 세기 등 모든 점에서 더욱 큰 존재, 즉 이상적인 초인(超人)에 의해서 창조되었다는 것입니다. 동물들을 세상의 창조자로 보는 시각은 토테미즘의 영향을 가리키는 것으로서, 이에 대해서는 나중에 적어도 간략한 주석을 곁들여서 다루게 될 것입니다. 그런데 사람들이 여러 신을 믿는 경우에도 세계의 창조주는 언제나 하나라는 사실이 재미있습니다. 또 흥미로운 사실은 여성 신의 존재를 시사하는 부분이 빠지는 법은 없지만 창조주는 거의 항상 남성이라는 것입니다. 또 신화들은 세계의 창조를 남성 신이 여성 신과 싸워 이기고, 그 결과로 여성 신이 괴물이 되는 것으로 시작하는 경우가 많습니다.[3] 여기에서 가장 흥미로운 개별적 문제들이 연관되어 나타나지만, 우리는 서

---

3  프로이트는 「인간 모세와 유일신교」(프로이트 전집 13, 열린책들)의 세 번째 시론 제1부에서 여성 신에 관해 보다 자세히 언급한다.

둘러 가야만 합니다. 그다음 이야기는 우리에게 잘 알려져 있습니다. 즉 이러한 창조주-신이 곧바로 아버지로 불린다는 것입니다. 정신분석이 내리는 결론은, 그는 실제로 작은 어린아이에게 이전에 나타난 바 있는 어마어마하게 큰 아버지의 모습이라는 것입니다. 종교적인 사람은 세계의 창조를 자기 자신의 생성과 똑같이 상상하는 것입니다.

이렇게 되면 정서적 위안을 보장해 주는 엄격한 윤리적 요구들이 천지 창조와 어떤 연관이 있는지 쉽게 설명됩니다. 아이가 자기 자신의 존재를 빚지고 있는 똑같은 사람인 아버지(보다 정확하게 말하자면 아버지와 어머니를 합친 부모의 심급)는 그 약하고 무력하며 외부 세계에 도사리고 있는 모든 위험에 내맡겨진 아이를 보호하고 지키며, 그의 보호 아래서 아이는 편안함을 느끼기 때문입니다. 성인이 된 뒤에 인간은 자신이 더 큰 힘을 소유하게 되었다는 것을 알지만 삶의 위험에 대한 그의 통찰은 더욱 커져서, 그는 자연스럽게 자신이 근본적으로는 아직도 어린 시절의 그때처럼 무력하고 보호받지 않은 상태이며 세계에 대해서는 아직도 어린아이라는 결론을 내립니다. 그는 예전에 그가 아이로서 누려 왔던 보호를 포기하고 싶어 하지 않습니다. 그는 이미 자신의 아버지가 매우 제한된 힘을 가진 존재이며, 소망스러운 모든 자질을 다 갖춘 존재는 결코 아니라는 사실을 깨닫게 되었습니다. 그렇게 해서 그는 어린 시절에 그토록 자신에게 대단하게 보였던 기억 속의 아버지상(像)을 붙잡고는 그것을 신의 존재로 높이고 현재와 현실 속으로 가져옵니다. 이러한 기억 심상의 정서적 강도와 보호 욕구의 지속은 서로 함께 신에 대한 그의 믿음을 지탱시켜 주는 두 개의 지주입니다.

종교적 프로그램의 세 번째 주안점은 윤리적 계율로서, 그것은 아무 어려움 없이 어린 시절의 상황과 연계될 수 있습니다. 여러분은 칸트의 그 유명한 언명인 〈이마 위에는 별이 반짝이는 하늘과 우리 가슴속의 도덕률〉이 왜 하나의 연관성 속에서 언급되는지를 기억하실 것입니다. 이러한 병렬이 좀 이상하게 보일지는 몰라도 ── 어떤 인간의 아이가 누구를 사랑하든지, 아니면 그를 죽이든지 하는 문제와 천체(天體)가 무슨 상관이 있습니까? ── 그러나 그것은 위대한 심리학적 진실을 건드리고 있습니다. 아이에게 생명을 선사하고 그를 인생의 위험으로부터 보호했던 동일한 아버지가(부모의 심급) 아이에게 무엇은 해도 좋은지 또 무엇은 해선 안 되는 것인지를 가르치고, 그의 본능적 소원에 일정한 제한을 가할 것을 지시하며, 그가 가족 성원의 일부로, 더 나아가 더 큰 사회 조직의 일원으로 용인되고 사랑받기 위해서는 그가 부모나 형제자매에게 어떠한 고려를 해야 할지를 알게 해줍니다. 아이는 사랑의 보상과 처벌이라는 체계를 통해서 자신의 사회적 의무를 알도록 교육되며, 부모와 다른 사람들이 그를 사랑하고 그들이 자신들에 대한 그의 사랑을 믿을 수 있는지 없는지에 그의 삶의 안전이 달려 있다는 가르침을 받게 됩니다.

인간들은 이 모든 상황들을 바꾸지 않은 채 그대로 종교 속으로 투사합니다. 부모의 금지와 요구들은 그의 가슴속에서 인륜적인 양심으로 계속 살아 있습니다. 보상과 처벌이라는 똑같은 체계의 도움으로 신은 인간의 세계를 다스립니다. 개개인들에게 어느 정도의 보호와 행복감이 나뉘는지는 그 개인들이 윤리적 요구를 얼마나 준수하는가에 달려 있으며, 신에 대한 사랑과 그에 의해 사랑을 받고 있다는 의식 속에서 안전에 대한 확신이 확보되고, 그것으로 그는 외부 세계의 위험과 인간의 공동체 속에서 일어나는 위험에 대처할 수 있게 됩니다. 결국 그는 기도 속에서 신성한 의지에 대한 직접적인 영향력을 갖게 되고, 그것으로써 신의 전능함의 일정한 몫을 보장받습니다.

　나의 말을 듣고 계시는 동안 여러분의 마음속에는 여러 가지 물음들이 몰려오고, 그에 대해 여러분은 가능한 한 대답을 듣고 싶어 하실 것입니다. 그 대답을 여기서, 또 오늘 하지는 않겠습니다. 그러나 내가 확신하는 것은 이러한 세부 질문들 중 그 어떤 것도, 종교적 세계관은 어린 시절의 상황에 의해 결정된다는 우리의 논제를 뒤흔들어 놓지는 못하리라는 것입니다. 여기에서 또 주목할 사실은, 그 세계관의 유아적인 성격에도 불구하고 그것에는 선행자가 있었다는 것입니다. 종교가 없었던, 신이 존재하지 않았던 시절이 있었다는 것은 의심할 필요가 없습니다. 사람들은 그것을 애니미즘의 시대라고 부릅니다. 세계는 그 당시에도 인간과 닮은 정신적인 존재들 ― 우리가 정령이라고 부르는 ― 로 가득 차 있었습니다. 외부 세계의 모든 대상들은 그들의 거처였거나 그들과 동일하지만, 그들 모두를 창조하고 지배하고 그들이 보호와 도움을 요청할 수 있는 초월적 힘은 존재하지 않았습니다. 애니미즘의 정령들은 대개 인간들에 대해 적대적이었습니다. 그런데도 그 당시의 사람들은 후세의 인간들보다 자기 자신을 더 신뢰했던 것처럼 보입니다. 인간은 끊임없이 이러한 악한 정령들에 대한 무거운 공포에 시달렸고, 또 그들을 쫓아 버릴 수 있는 힘을 부여한 특정한 행위들을 하면서 그들에 대항해 나갔습니다. 또한 자신들이 전혀 힘이 없는 것으로는 생각하지 않았습니다. 그가 자연에 대해 어떤 소원을 제기하고 싶을 때, 예를 들어 비가 오기를 바랄 때에는 날씨의 신에게 기도를 하는 것이 아니라 자연에 직접적인 영향을 끼칠 수 있다고 기대되는 일종의 마술을 부렸습니다. 즉 스스로 비와 비슷한 것을 만들어 냈습니다. 환경의 힘에 대한 투쟁에서 그의 첫 번째 무기는 마술이었는데, 그것은 우리의 현대적 기술의 첫 번째 선행자라고 볼 수 있습니다. 마술에 대한 신뢰는 자신의 지적인 조작 행위에 대한 과대평가와 우리가 강박 신경증 환자들[4]에게서 흔히 발견하게 되는 〈생각의 전능〉에 대한 믿음으로부터 연유하는 것이라고 가정할 수 있습니다. 그때의 인간들은 특히 자신의 언어 습득을 자랑스럽게 생각했으며, 그에 따라 사고하기가 훨씬 용이해졌을 것이라고 상상해 봅니다. 그들은 언어에 마술적 힘을 부여했습니다. 이러한 특성은 후에 가서 종교에도 받아들여졌습니다. 〈하느님께서《빛이 생겨라!》하시자 빛이 생겨났다〉라는 구절에서 그것을 발견할 수 있습니다. 그러나 마술과 같은 행위를 한 것을 보면, 애니미즘을 믿는 인간이 자신의 소원의 힘을 그대로 믿기만 하지는 않았다는 사실을 알 수 있습니다. 반대로 그는 자연으로 하여금 자신의 행동을 따라 하게 하려는 의도에서 마술적 행위를 했고, 그로부터 더욱 성공을 기대했는지도 모릅니다. 그가 비를 원할 때는 스스로 물을 뿌려 댔습니다. 또 땅을 비옥하게 만들려고 할 때는 들판 위에서 성교를 하는 연극을 보여 주기도 했던 것입니다.

한번 심리적으로 표현된 것은 대단히 끈질기게 지속되곤 합니다. 애니미즘의 많은 행태가 대부분 미신의 형태를 띠고서 종교의 옆이나 뒤에서 오늘날까지도 그 생명을 유지하고 있다고 해서 놀라실 필요는 없습니다. 그러나 그보다도 더 여러분은 우리의 철학이, 예를 들어 언어의 마술에 관한 것이라든지, 세상의 현실적인 과정들이 우리의 사고가 그들에게 지정해 주는 길을 그대로

---

4  이 문제에 관해서는 「토템과 터부」(프로이트 전집 13, 열린책들)의 세 번째 논문을 참조.

따라간다는 믿음 같은 것들을 과대평가하는 등의 애니미즘적인 사고방식의 근본적 특성들을 그대로 갖고 있다는 판단에 대해 반박하지 못하실 것입니다. 그것은 물론 마술적 행위가 없는 애니미즘일 것입니다. 한편으론 이미 그 당시에도 어떤 종류든 윤리학이 있었고, 인간들 사이의 교류를 지배하는 규칙 같은 것들이 있었을 것이라고 생각해 볼 수도 있습니다. 그러나 그것이 내부적으로는 애니미즘적인 믿음과 연결되어 있다는 것을 확인해 주는 것은 아무것도 없습니다. 아마도 그것들은 권력 관계와 실질적인 욕구의 직접적인 표현인지도 모릅니다.

애니미즘으로부터 종교로 이행되도록 만든 것은 무엇인가 하는 것을 알아보는 것은 가치 있는 일일 것입니다. 그러나 얼마나 짙은 어둠이 아직까지도 인간의 영혼이 진화해 온 맨 처음 순간을 덮어씌우고 있는가를 상상하는 것은 어렵지 않습니다. 종교의 처음 형태는 동물에 대한 숭배라고 할 수 있는 그 기이한 토테미즘이었을 것이라는 추측은 사실인 듯이 보입니다. 그에 이어서 최초의 윤리적 계명인 금기들이 등장했을 것입니다. 나는 한때 『토템과 터부*Totem und Tabu*』라는 책에서, 이러한 변화는 인간적인 가족 관계에서의 격변에 그 원인이 있을 것이라는 가정을 세워 본 적이 있습니다. 애니미즘과 비교해서 종교의 주요 성과는 정령에 대한 공포의 심리적 속박에 바탕을 두고 있습니다. 그러나 과거 초기 역사의 잔류물로서의 그 악령은 종교의 체계 속에 한자리를 차지하고 잔존해 왔습니다.

이것이 종교적인 세계관의 전사(前史)라면, 이제는 그 이후로부터 일어났고 아직 우리의 눈앞에서 벌어지고 있는 사태로 관심을 돌려 봅시다. 자연의 과정에 대한 관찰에 의해 강화된 과학적인 정신은 시간이 지남에 따라 종교를 하나의 인간적 관심사처럼 다루기 시작했고, 그것을 비판적인 검증 대상으로 삼았습니다. 종교는 이 시험을 통과할 수 없었습니다. 첫째로, 종교의 기적에 대한 보고들은 놀라움과 불신을 불러일으켰습니다. 그것은 냉정한 관찰에서 배운 모든 것들과 모순되고 인간의 상상에 영향받았다는 사실을 과도하게 노출시켰기 때문입니다. 다음으로 현존 세계에 대해 해명하는 이론들도 거부감을 일으켰는데, 왜냐하면 과거 오래전 시대의 흔적을 지니고 있던 이러한 이론들은 자연 법칙에 대해 보다 많이 알게 된 인류에게 스스로의 무지를 드러냈기 때문입니다. 세계가 그 스스로의 생성 행위에 의해 혹은 창조 행위에 의해 생성되었다는 가설도, 개개 인간의 탄생과 유추시켜 보았을 때 더 이상 최우선의 자명한 결론이 아닐지도 모른다는 생각이 생겨나기 시작했고, 인간이 살아 있는 영혼을 가진 존재와 살아 있지 않은 자연을 구별하기 시작한 이후, 원래의 애니미즘에 매달리는 것은 이제 불가능해졌던 것입니다. 여러 다른 종교 체계에 대한 비교 연구의 영향과 서로 간의 적대적인 배척과 서로에 대한 편협성으로부터 받게 된 인상도 여기서 간과되어서는 안 됩니다.

이러한 예행 연습에서 힘을 얻은 과학적 정신은 드디어 종교적 세계관의 가장 중요하고도 정서적으로 가장 핵심적인 부분에 대해 검증을 시도하기로 작정하게 되었습니다. 인간이 어떤 윤리적 과제들을 제대로 수행하기만 하면 그에게 보호와 행복을 약속해 준다는 종교의 주장들도 믿을 수 없는 것이라는 사실을 인간들은 어쩌면 이미 알고 있었는지도 모릅니다. 그러나 그것을 입 밖에 낼 수 있게 되기까지가 오래 걸렸던 것입니다. 부모와 같은 배려로 개인의 행복을 지켜 주고, 그에 관한 모든 것이 좋은 결말을 맺을 수 있도록 인도하는 어떤 힘이 이 세상에 있다는 것도 들어맞지 않는 것처럼 생각되었습니다. 오히려 인간의 운명은 세계의 선함이나 — 부분적으로는 그에 모순되는 — 세상의 공평함이라는 원리와 일치되지 않는 듯이 보였습니다. 지진이나 대홍수, 대화재 같은 것들은 선하고 경건한 사람이나 악하고 믿지 않는 사람들 사이에 아무런 구별도 두지 않기 때문입니다. 생명이 없는 비유기체적인 자연이 문제되지 않을 때에도 개개인의 운명이 다른 사람과의 관계에 의존하고 있는 한, 미덕이 보상을 받고 악은 처벌된다는 규칙이 통하지 않는 것처럼 보이고 너무나 자주 무법자, 교활한 자, 무자비한 자들이 부러움의 대상이 되는 세상의 재물을 차지하고, 반대로 경건한 사람들은 빈손으로 떠나게 되는 일이 일어나곤 했던 것입니다. 모호하고 냉정하며 무자비한 힘들이 인간의 운명을 지배하고 있는 것입니다. 보상과 처벌의 체계, 그로 말미암아 종교로부터 세상의 지배권을 위임받은 그 체계는 존재하지 않는 것처럼 보이는 것입니다. 여기에서 또다시 애니미즘에서 시작해 종교 속에서 그 피난처를 찾았던 혼 불어넣기*Beseelung*, 즉 세계를 정신이 존재하는 장소로 보는 특정한 세계관이 사라지는 계기가 마련되는 것입니다.

종교적인 세계관에 대한 비판에 마지막으로 공헌한 것은 정신분석이었습니다. 정신분석은 종교의 원천을 유아적인 무력감에서 찾아냈고, 그 내용은 성숙한 뒤의 삶 속으로까지 계속되는 어린 시절의 소원과 욕구에서 연유한다는 것을 밝혀낸 것입니다. 이러한 인식이 꼭 종교의 부정을 의미하는 것은 아니지만, 그것은 종교에 대해 알고 있는 우리의 지식을 가다듬는 작업으로서 필요한 것이었으며, 적어도 한 가지 점에서는 반론이 될 것입니다. 왜냐하면 종교는 스스로 신으로부터의 유래를 주장하고 있기 때문입니다. 물론 신에 대한 우리의 해석이 받아들여진다면 그것은 전혀 틀렸다고도 할 수 없을 것입니다.

　종교적인 세계관에 대한 과학의 최종적인 판단은 다음과 같습니다. 각자 다른 종교들 간에 어느 것이 진리를 소유하고 있는가 하는 문제로 서로 다투고 있지만, 우리의 생각으로는 종교의 진리 내용은 대체로 무시해도 좋다는 것입니다. 종교란 우리가 서 있는 이 현실적인 세계를 생물학적이고 심리학적인 필요에 의해 우리 가슴속에서 발전시켜 온 소원의 세계를 매개로 제어하고자 하는 시도라고 볼 수 있습니다. 그러나 종교는 그런 일을 수행할 수가 없습니다. 종교의 가르침들은 그것들이 생겨난 시대, 인류가 무지했던 어린 시절의 각인들을 그대로 포함하고 있습니다. 종교의 위안은 신뢰받을 만한 것이 아닙니다. 경험이 우리에게 가르쳐 주고 있는 것은 세상이란 어린아이의 놀이방이 아니라는 것입니다. 종교가 특히 강조하고 있는 윤리적 명령들은 오히려 다른 근거들을 요구합니다. 인간의 사회에는 그것이 필수 불가결한 것이기 때문입니다. 또한 그것을 준수하는 것을 종교적인 신앙과 연결시키는 것은 위험한 일입니다. 종교를 인류의 발전 과정의 어느 부분에 자리매김할 수 있을지 시도해 보면, 그것은 지속적인 습득물이 아니고 신경증의 대응물 같은 것으로서, 문화화의 과정에 있는 어떤 개인이 유년 시절로부터 성숙으로 가는 길 위에서 거쳐 지나가는 어떤 과정처럼 보인다는 것입니다.[5]

　나의 이와 같은 서술에 대하여 여러분이 어떤 비판을 가한다고 하더라도 그것은 여러분의 자유에 속하는 일입니다. 그때 나도

　5　개인과 마찬가지로 사회도 신경증을 겪을 가능성이 있다는 점은 「어느 환상의 미래」 제8장과 「문명 속의 불만」 끝부분에서 언급된다. 더 자세하게는 「인간 모세와 유일신교」의 세 번째 시론 제1부에서 논의된다. 종교 의식과 강박 행위 사이의 유사성은 「강박 행동과 종교 행위」(프로이트 전집 13, 열린책들)에서 이미 거론되었다.

여러분의 반론을 외면하지 않고 고려할 것입니다. 종교적인 세계관이 점차로 해체되어 가는 현상에 대해 내가 여러분에게 설명해 드린 것은 축약된 것이기 때문에 말할 나위도 없이 불완전한 것입니다. 개별적인 과정들이 어떤 순서에 입각해서 등장하는지도 정확하게 설명되지 않았으며, 과학적 정신의 각성을 향한 여러 가지 힘이 어떻게 작용했는지에 대해서도 자세하게 추적하지 않았습니다. 또 종교가 논란의 여지 없이 완전하게 세상을 지배하고 있었던 그때조차 종교적인 세계관의 내부에서 일어났던 변화들과, 또 조금씩 눈떠 가는 종교에 대한 비판의 영향 아래에서 일어났던 여러 가지 변화는 고려하지 않았습니다.

마지막으로 나는 나의 연구를 엄격히 말해서 한 가지 형태의 종교, 즉 서양 사람들의 종교에만 국한시켰다는 것을 지적하고 싶습니다. 속성으로 가능한 한 깊은 인상을 줄 수 있는 논증을 위해 나는 일종의 가상적인 설명의 모형을 구성해 본 것입니다. 나의 지식이 그것을 더욱 잘, 또한 더 완전하게 제시할 수 있을 정도로 대체로 충분한 것인지 아닌지에 대한 물음은 옆으로 제쳐 놓읍시다. 내가 여러분에게 설명해 드린 이 모든 것은 여러분이 또 다른 어느 곳에서 보다 잘 설명된 상태로도 발견할 수 있을 것입니다. 그 어느 것도 새로운 것은 없습니다. 그러나 내가 확신하는 것은 종교적 문제의 이런 자료들을 아무리 자세히 연구해 보아도 우리의 이 결과를 뒤흔들어 놓지는 못하리라는 것입니다.

여러분도 잘 아시다시피, 종교적 세계관과 과학적 정신과의 이 싸움은 아직 끝나지 않았습니다. 그것은 현재 바로 우리의 눈앞에서도 계속되고 있습니다. 정신분석이 대체로 논쟁적인 무기들을 자주 사용하지는 않지만, 이러한 싸움에서 무언가를 통찰할 수 있는 기회마저 단념할 필요는 없을 것 같습니다. 우리는 거기에서 세계관들에 대한 우리의 입장과 관련해서 더욱 깊은 이해에 도달하게 될 수도 있습니다. 종교의 추종자들이 내놓는 여러 논점 가운데서 어떤 것들은 얼마나 쉽게 반박될 수 있는 것인지를 여러분은 보셨습니다. 그러나 다른 것들은 반박의 대상에서 제외될 수도 있습니다.

사람들이 들을 수 있는 제일 첫 번째 반론은, 종교를 자신들의 연구 대상으로 삼은 것은 과학으로서는 주제넘은 짓일 뿐이며, 종교는 그 자체로 절대적인 것으로서 인간적인 모든 정신 활동의 위에 있고, 궤변적인 비판으로는 가까이 다가갈 수 없는 것이라는 주장일 것입니다. 다른 말로 한다면 과학은 종교를 판단할 수 없다는 것입니다. 과학이 자기 자신의 영역에만 머물러 있을 때는 매우 쓸모 있고 평가할 만하지만, 종교는 그것의 영역이 아니며 거기서 과학이 할 일은 아무것도 없다는 것입니다. 이러한 무뚝뚝한 거부에 물러서지 않고 인간적인 모든 관심사들 가운데 유독 이렇게 예외적인 위치를 주장하는 이유가 도대체 어디에 있는가 하는 것을 계속 의문시하면, 우리가 듣게 되는 대답은 — 인간이 그에 대한 대답을 들을 자격이 있다고 할 때 — 종교는 인간적인 척도로는 잴 수 없는 것이다, 왜냐하면 그것은 신으로부터 나온 것이고, 우리에게는 성령에 의한 계시에 의해 주어졌으며, 그것은 인간의 정신으로는 이해할 수 없는 것이다, 등등입니다. 사람들은 이러한 주장보다 더 쉽게 거부할 수 있는 것은 또 없을 것이라고 생각할 것입니다. 그것은 정말 명백한 논점 회피 *petitio principii, begging the question*입니다. 나는 그에 대한 좋은 표현을 독일어로 알지 못합니다. 신의 정신과 그의 계시가 정말 있는 것인지에 대한 물음이 제기되었지만, 그런 것은 묻는 것이 아니다, 신에 대한 물음은 제기될 수 없다라고 대답한다면 정말 어떻게 할 수가 없습니다. 여기서 우리가 만나게 되는 것은 분석적인 작업 속에서 때때로 우리가 마주하는 그런 경우와도 같습니다. 다른 때에는 매우 이성적인 어떤 환자가 특별히 사리에 맞지 않는 이유로 어떤 가정을 부정하게 되면, 이러한 논리적 허약함은 결국 저항할 수밖에 없는 특별히 강한 동기가 거기에 존재한다는 것을 드러낼 뿐입니다. 그것은 정서적인 형태의 것이며 감정적으로 결합된 그 무엇일 것입니다.

그러한 모티프가 분명하게 드러나는 다른 대답이 나올 수도 있습니다. 종교는 비판적으로 검증될 수 없는 것이다, 그것은 인간의 영혼이 만들어 낸 가장 높은 것, 가장 가치 있고 숭고한 것이며, 가장 깊은 감정을 표현해 내고, 세상을 참을 수 있게 만들어 주며, 삶을 인간다운 것으로 만들어 주는 것은 오직 그것뿐이라는 것입니다. 종교의 가치를 평가하는 문제를 갖고 논란을 벌이면서 그것에 대답할 필요는 없습니다. 오히려 문제의 다른 측면에 주의를 돌리면서 대답하는 편이 낫습니다. 종교의 영역에 대한 과학적 정신의 간섭이 문제가 되는 것이 아니라, 종교의 과학적인 사고 영역에 대한 간섭이 문제되는 것이라고 강조해야만 합니다. 종교의 가치와 의미가 무엇이든지 사고를 어떤 식으로든 제한할 권리는 종교에 없는 것이고, 또한 자신을 사고의 응용 영역으로부터 제외시킬 권리가 없다는 사실이 강조되어야 합니다.

과학적인 사고는 본질적으로 우리들, 믿는 사람들이나 안 믿는 사람들이 우리의 일상사를 처리하면서 사용하는 평범한 사고 활동과 다르지 않습니다. 과학적인 사고는 몇 가지 점에서만 특별히 다른 형태를 띱니다. 그것은 직접적이고 구체적인 이익이 없는 것들에 대해서까지도 관심을 가지며, 개인적인 요소와 감정적인 영향들을 조심스럽게 분리하려고 노력하며, 감각적인 지각을 검사하고, 엄격하게 그 신뢰성에 따라 그것의 토대 위에 자신의 결론을 구축하며, 일상의 방법으로는 도달할 수 없는 새로운 지각을 창조해 내고, 이러한 새로운 경험의 조건들을 의도적으로 변화시킨 실험 속에서 분리해 냅니다. 그것이 추구하는 목적은 현실과의 일치에 도달하는 것입니다. 다시 말해서 우리의 외부에 존재하는 것과 우리와는 독립적인 것, 경험이 가르쳐 준 바대로 우리의 소원을 성취하고 좌절시키는 데 결정적인 것과의 일치에 도달하는 것입니다. 실재하는 외부 세계와의 이러한 일치를 우리는 진리라고 부릅니다. 그것은 우리가 그 실제적인 가치를 무시할 때에도 학문적 작업의 목표로 남아 있습니다. 종교가 과학을 대신할 수 있다고 주장한다면, 또 그것이 유익하고 숭고하기 때문에 종교는 진실함에 틀림없다고 주장한다면, 이는 사실상 가장 일반적인 관점에서 볼 때 물리쳐야만 하는 권리의 침해입니다. 자신의 일상사를 경험의 법칙과 현실을 고려하여 처리하는 것을 배운 사람에게, 마치 그것이 자신의 특권이라도 되는 양 합리적인 사고의 규칙들로부터 해방될 것을 요구하는 다른 권위에게 자신의 가장 내밀한 관심사의 처리를 위임하라고 하는 것은 너무 뻔뻔스러운 요구임에 틀림없습니다. 또한 종교가 자신의 신자들에게 약속하는 보호와 관련시켜 보았을 때에도, 운전자가 자신은 교통 법규를 완전히 무시하고 무섭게 흔들리는 환상의 충동에 따라 운전하게 될 것이라고 얘기한다면, 우리들 중 아무도 그 차에 올라타려고 하지 않을 것이라고 생각합니다.

종교가 그 자신을 유지하기 위해서 전제하는 사고의 제약은 개인들을 위해서나 인간적인 공동체를 위해서나 결코 위험하지 않은 것이 아닙니다. 분석적인 경험에서 밝혀진 바에 의하면, 원래는 어떤 특정한 분야에만 한정되었던 그러한 제약은 전파성(傳播

性)이 있어서 개인의 생활 자세에서 무거운 심리적 제약의 한 원인이 된다는 것입니다. 이러한 영향은 생각 속에서조차 성에 관심을 갖지 못하게 하는 금지의 결과로 여성에게서 흔히 발견됩니다. 어떤 특정한 생각을 하지 못하게 하는 종교적인 금지의 이러한 해악성은 지난 시대의 거의 모든 뛰어난 사람들의 삶의 이력을 묘사한 자서전들이 증명해 주고 있습니다. 다른 한편으로 지성*Intellekt*은 — 우리에게 친숙해져 있는 이름으로 부르자면 이성 *Vernunft*이 되는데, — 하나로 모이게 하기가 힘들고, 그러므로 지배하기가 쉽지 않은 인간들을 가장 먼저 통일시켜 주는 영향력을 갖고 있을 것으로 기대되는 그런 힘들 중의 하나입니다. 모든 사람들이 전부 자기 자신만의 계산 방법과 자신만의 특별한 길이와 무게 단위를 갖고 있다고 했을 때, 인간들의 세상이 얼마나 이상하게 될 것인지를 상상해 보면 될 것입니다. 지성 — 과학적 정신, 이성 — 이 시간이 흐름에 따라 인간의 정신생활 속에서 독재자의 위치를 차지하게 되리라는 것이 우리의 가장 멋진 미래의 꿈입니다. 이성의 본질은 인간의 감정적 흥분과 또 그에 의해 규정되는 것들에게 합당한 위치를 부여하는 데 결코 실패하지 않으리라는 것을 보장해 주고 있습니다. 그러나 이성이 그러한 지배를 행사하는 데 있어서의 공통된 강요는 인간들 사이를 가장 강하게 묶어 주면서 다른 결합들을 준비시켜 주는 힘으로 밝혀졌습니다. 종교에서의 사고의 금지와 마찬가지로 그러한 발전을 가로막는 것은 인류의 미래에 대한 위험입니다.

종교는 왜 이렇게 전망 없는 싸움을 솔직하게 다음과 같이 공표함으로써 종식을 고하지 못하는 것일까 하고 사람들은 의아심을 품을 것입니다. 〈사람들이 보통 진리라고 부르는 것을 내가 여러분에게 줄 수 없다는 것은 사실입니다. 그것을 위해서라면 여러분은 과학에 매달려야 할 것입니다. 그러나 내가 줄 수 있는 것은 여러분이 과학으로부터 얻을 수 있는 모든 것들과는 비교할 수 없을 정도로 더 아름답고 더 위안을 주며 더 숭고합니다. 그러므로 나는 여러분에게 그것은 다른 의미에서, 그리고 보다 더 높은 의미에서 진리라고 말씀드리려고 하는 것입니다.〉 그에 대한 대답은 쉽게 찾을 수 있습니다. 종교는 이러한 고백을 할 수 없습니다. 그렇게 되면 그것은 대중에 대한 모든 영향력을 잃어버리게 되기 때문입니다. 평범한 사람은 말 그대로 평범한 의미에서 단 하나의 진리만을 알고 있습니다. 무엇이 더 높고 또 가장 높은 진리일 수 있는지를 그는 상상할 수 없습니다. 진리는 그에게 죽음이 그러하듯이 비교될 수 있는 대상이 아닙니다. 그리고 아름다운 것으로부터 참된 것으로의 도약을 그는 따라 할 수 없습니다. 아마도 여러분은 그런 의미에서 그가 옳다고 생각하는 데 나처럼 동의하실 것입니다.

그러므로 그 싸움은 끝나지 않았습니다. 종교적인 세계관의 추종자들은 〈최선의 방어는 공격이다〉라는 낡은 격언에 따라 행동합니다. 그들은 다음과 같이 묻습니다. 〈수천 년 동안 우리 수백만의 인간들에게 축복과 위안을 주어 온 우리의 종교를 감히 평가절하하려고 나서는 이 과학이란 것은 도대체 무엇이란 말입니까? 그들이 이제까지 자기들 편에서 이룩한 것은 무엇입니까? 우리가 그들로부터 더 기대할 수 있는 것이 무엇입니까? 자기들의 고백에 의하면 그것은 위안과 기쁨을 주지도 못합니다. 간단히 체념할 일은 아니더라도 그 문제는 일단 제쳐 놓는다고 합시다. 그런데 그 이론이란 것은 도대체 무엇입니까? 이 세상이 어떻게 만들어졌는지, 또 어떤 운명을 향해 가고 있는지, 그런 사실에 대해 우리에게 뭐라고 말해 줄 수 있습니까? 그것이 우리에게 연관성 있는 하나의 세계상을 그려 보일 수 있습니까? 삶의 불가해한 현상들이 무엇 때문인지, 정신적인 힘이 아무 뜻 없는 물질에 어떻게 작용될 수 있는지 설명해 줄 수 있습니까? 만일 그렇게 할 수 있다면 우리는 그것을 존경해 마지않겠습니다. 그러나 그것은 아무것도 할 수 없습니다. 이러한 종류의 문제 중 그 어느 것도 풀지 못했습니다. 그것은 우리에게 소위 말하는 인식의 파편들을 주었습니다. 그것은 인식의 파편들을 서로 일치할 수 있게 조합하지 못합니다. 어떤 일이 생겨나는 과정 중에 규칙성을 갖고 있는 사례들을 모으고, 그것들에게 법칙이라는 이름을 붙여 주고, 거기에다 과감한 해석을 덧붙입니다. 그러나 그 결론이란 얼마나 미미한 정확성으로 무장된 것인지요? 그들이 가르치는 모든 것은 그저 잠정적으로만 유효할 뿐입니다. 오늘날 사람들이 가장 높은 진리라고 찬미하는 것이 내일이 되면 부정되고, 또다시 시험적으로 다른 것으로 대체되곤 합니다. 그러고 나서 가장 마지막의 오류가 진리라고 불려집니다. 그리고 이 진리에는 우리의 가장 높은 선(善)이 희생으로 바쳐지게 되는 것입니다!〉

신사 숙녀 여러분, 여러분 자신이 여기에서 공격을 받고 있는 과학적 세계관에 동조하고 있는 한 이러한 비판에도 심하게 동요하지 않으셨으리라고 생각합니다. 이것과 연관해서 지금 나에게 떠오른 기억은 황제 통치 시대 오스트리아의 일화 한 토막입니다. 무슨 일로 황제[6]는 그가 싫어하는 정치 세력으로부터 보내진 대표단을 맞이하게 되었는데, 〈이건 더 이상 보통의 반대가 아니야. 이건 극단적인 반대란 말이야!〉라고 소리 질렀습니다. 이것과 비슷하게 여러분도 세상의 수수께끼를 아직 풀지 못했다는 과학에 대한 비난이 공정치 못하고 악의로 가득 찬 과장된 비난이라는 느

6 프란츠 요제프 황제를 일컫는데, 그는 보통 〈늙은 신사 *der alte Herr*〉로 불렸다.

낌을 받을 것입니다. 과학이 이제까지 이룩한 놀라운 업적에 비해 그것이 사용한 시간은 지금까지 너무 적습니다. 과학은 아직 젊고 아주 뒤늦게 발전된 인간의 활동입니다. 몇 가지 자료만을 뽑아 보아도, 케플러Kepler가 행성의 운동 법칙을 발견한 것은 불과 3백 년 남짓 되었을 뿐이라는 사실을 기억합시다. 빛을 가시광선으로 분리하고 중력의 원리를 세운 뉴턴Newton의 생애는 1727년에 끝났습니다. 그러니까 불과 2백 년 전쯤의 일입니다. 라부아지에Lavoisier는 프랑스 혁명이 발발하기 바로 전에 산소의 존재를 인식했습니다. 인류 역사의 기간과 비교해서 한 인간의 생은 너무나도 짧습니다. 현재의 시점으로 따져서 나는 꽤 늙은 편입니다.[7] 그러나 찰스 다윈Charles Darwin이 종의 기원에 관한 자신의 논문을 발표했을 때 나는 이미 이 세상에 있었습니다. 바로 같은 해인 1859년에 라듐을 발견한 피에르 퀴리Pierre Curie가 태어났습니다. 이런 식으로 계속 뒤로 가다 보면 그리스에서의 정밀 자연 과학의 초기에 다다르게 되고, 또 아르키메데스Archimedes나 코페르니쿠스Copernicus의 선행자인 사모스의 아리스타르코스Aristarchos(기원전 250년경), 아니면 바빌로니아 천문학의 처음 기원에까지 이르게 될 것입니다. 그러나 그렇다고 해도 그것은 그저 인류학이 인간의 역사를 원숭이와 비슷한 유인원으로부터 시작된 것으로 보았을 때, 확실히 10만 년 이상으로 추산되는 기간 중의 작은 조각에 불과한 짧은 기간일 뿐입니다. 또한 지난 세기에는 엄청난 양의 새로운 발견이 이루어졌고, 과학적 발전도 가속적으로 앞당겨졌다는 것을 잊지 맙시다. 그러므로 우리는 과학의 미래를 신뢰감을 갖고 바라볼 수 있는 것입니다.

그러나 다른 반론들은 어느 한계 안에서는 진실이라는 것을 인

---

7  이 글을 쓸 당시 프로이트의 나이는 76세였다.

정해야 합니다. 과학의 길은 느리고 이렇게 조심스럽고 힘든 것입니다. 그것은 어떻게 부정할 수도 바꿀 수도 없는 것입니다. 다른 쪽에 있는 사람들이 불만족스러워하는 것도 이상한 일이 아닙니다. 그들은 잘못된 버릇에 길들여져 있고, 계시에 의해서 쉽게 원하는 것을 받았던 것입니다. 과학적인 작업에서의 발전은 분석학에서와 같이 비슷하게 이루어집니다. 과학자는 기대를 갖고서 작업을 하지만, 곧 그것을 억눌러야 합니다. 관찰을 통해 여기저기서 새로운 것들을 발견하지만 그 조각들은 처음에는 잘 맞지 않습니다. 가설을 세우고, 보조적인 가설을 구성해 보고, 확인되지 않았을 때는 그것을 곧 포기합니다. 과학자에게는 많은 인내심이 필요하고, 또 그는 모든 가능성에 대비해야 합니다. 필요하다면 예전의 확신을 포기할 수 있어야만 합니다. 왜냐하면 그 영향 아래서 새롭고 기대하지 않았던 요소를 간과하지 않기 위해서입니다. 결국에 가서 그 모든 수고는 보상을 받습니다. 흩어져 있던 자료들은 들어맞게 되고, 또 정신적인 사건의 모든 부분에 대한 통찰에 이르게 됩니다. 과제는 이제 완수됐고, 또 다음 과제를 위해 자유로운 시간을 갖습니다. 분석가는 이러한 연구의 실험이 제공하는 도움 없이 일을 해야만 한다는 사실이 오직 다를 뿐입니다.

과학에 대한 좀 전의 비판에도 역시 많은 부분은 과장되어 있습니다. 그것이 한 실험에서 다른 실험으로 눈이 먼 채로 비틀거리며 오락가락하고, 하나의 오류를 다른 오류로 바꿔치기한다는 비판은 사실이 아닙니다. 대체로 과학자는 점토 모델을 가지고 작업하는 조각가처럼 일을 합니다. 그는 그가 지각하거나 상상했던 대상과 자신이 제작한 것이 서로 만족할 만한 유사성을 보일 때까지 처음 제작한 작품을 지칠 줄 모르는 채 바꾸고 덧붙이고 떼기를 반복합니다. 그러나 적어도 보다 오래되고 성숙한 과학에서는 이미 견고한 기본 토대가 있습니다. 그것은 조금 수정되고 정교하게 다듬어질 뿐 더 이상 파괴되지는 않습니다. 과학의 세계에서 전망은 그리 나쁜 것이 아닙니다.

이제 마지막으로 과학에 대한 이러한 지나친 중상은 도대체 무엇을 목표로 하고 있는지 알아보아야 할 차례입니다. 오늘날의 불완전성과 그에 연관되는 어려움에도 불구하고, 과학은 우리에게 필수 불가결한 것이며 다른 어떤 것으로도 대체될 수 없는 것입니다. 그것은 개량의 가능성에 제한이 없습니다. 그러나 이것은 종교적 세계관에는 해당되지 않습니다. 후자는 근본에 있어서 완결된 것입니다. 혹시나 그것이 오류였다고 해도 그것은 그렇게 영원히 남아 있어야 합니다. 과학의 중요성을 축소하려는 어떤 시도도 그것이 현실적 외부 세계에 대한 우리의 의존성을 충실하게 규명하려고 노력한다는 사실을 변경시킬 수는 없습니다. 반면에 종교는 환상이며, 그 힘은 그것이 우리의 본능적 욕구와 맞아떨어진다는 사실로부터 나오는 것입니다.[8]

과학적인 세계관과 반대적인 입장에 있는 몇 개의 다른 세계관을 계속해서 언급해야만, 하겠지만 여기서는 그것을 다루고 싶지 않습니다. 왜냐하면 그런 판단을 할 수 있는 제대로 된 능력이 나에게 없기 때문입니다. 그러므로 여러분은 나의 이러한 고백을 마음속에 간직한 채 다음에 내가 하려는 말을 잘 들으십시오. 그리고 여러분에게 관심이 있다면 다른 곳에서 보다 나은 가르침을 찾으시기 바랍니다.

우선적으로 여기에서, 대부분의 세계로부터 눈을 돌려 버린 사

---

8  종교에 대한 프로이트 자신의 가장 정교한 평가는 「어느 환상의 미래」에서 이루어진다.

상가들의 정신 속에서 그것이 어떤 모습으로 반영되고 있는지 세계의 상(像)을 그려 보려고 시도하는 여러 가지 철학적인 체계를 언급할 수 있겠습니다. 나는 이미 철학과 그 방법론이 보여 주는 일반적인 특성을 제시하려고 시도해 보았습니다. 그러나 나도 다른 사람들과 똑같이 그러한 철학의 몇 가지 체계를 평가하는 데 적합하지 않습니다. 그러므로 나와 함께 우리의 시대에서는 스쳐 지나갈 수 없는 두 개의 상이한 현상에 눈을 돌려 봅시다.

이러한 세계관들 중의 하나는 말하자면 정치적 무정부주의와 상응되는 것입니다. 어쩌면 그것은 그 무정부주의로부터 뿜어져 나온 빛인지도 모릅니다. 예전에도 그와 같은 지적인 허무주의자들은 있었습니다. 그러나 이제는 현대 물리학의 상대성 이론이 그들의 머리 꼭대기에 올라가 있는 것 같습니다. 그들은 원래 과학으로부터 출발했으나 과학이 자기를 포기하는 자멸의 길로 들어서게 만들었습니다. 다시 말해 그들은 자신들의 주장을 부정함으로써 자기 자신을 제거하는 과제를 과학에 부여했던 것입니다. 사람들은 이러한 사실들로부터 종종, 이 허무주의는 그러한 과제를 해결할 때까지만 지탱되는 그저 일시적인 견해인지도 모른다는 인상을 받게 됩니다. 과학을 제거해 버리면, 그렇게 해서 자유로워진 공간 안으로 어떤 신비주의나 혹은 다시금 그 낡은 종교적 세계관이 퍼지게 됩니다. 무정부주의적 견해에 의하면 진리도 없고 세계에 대한 어떤 확고한 인식도 없다는 것입니다. 우리가 무엇을 과학적 진리라고 언명하든 그것은 그저 변화하는 외적 조건들에 따라 나타나는 우리 욕구의 산물이며, 그러므로 결국 환상에 불과하다는 것입니다. 근본적으로는 우리가 필요로 하는 것만을 발견하게 되고, 우리가 보고 싶은 것만을 본다는 것입니다.

달리 어떻게 할 수가 없다는 것입니다. 외부 세계와의 일치를 지향하는 진리의 표준이라는 것이 사라지기 때문에 우리가 어떤 견해를 갖고 있든지 상관없습니다. 모든 것은 똑같이 사실일 수도 있고, 똑같이 틀렸을 수도 있으며, 누구도 다른 사람의 오류를 비난할 권리가 없다는 것입니다.

인식론적인 입장에 서 있는 정신에게는 무정부주의자들이 어떤 방법으로, 어떤 궤변을 통해 과학으로부터 그러한 최종 결론을 도출해 내는 데 성공하게 되는지 검사해 보고 싶은 유혹이 생길 수도 있습니다. 그렇게 되면 어떤 크레타 사람이 〈모든 크레타 사람들은 거짓말쟁이다〉라고 말했다는 그 유명한 예[9]에서처럼 그와 비슷한 상황에 부딪히게 될 것입니다. 그러나 나는 여기에서 더 깊이 파고들어 가고 싶은 생각도, 능력도 없습니다. 내가 말할 수 있는 것은 오직 그것이 추상적인 것들에 대한 견해와 관련되는 한, 이 무정부주의적 이론은 꽤 우위에 있는 듯이 보인다는 것입니다. 그러나 그것은 실제적인 삶에 발을 들여놓는 그 순간, 바로 거기에서부터 실패하고 맙니다. 그런데 사람들의 행위는 그 사람의 생각이나 지식에 따라 좌우됩니다. 원자의 구조나 인간의 유래에 대해 숙고하는 그 똑같은 과학의 정신이 또 튼튼한 다리의 구조를 설계하고 있는 것입니다. 우리가 무엇을 생각하든 실제로 상관없는 문제라고 한다면, 우리의 생각들 중에서 현실과의 일치성으로 인해 구분되는 지식과 같은 것들이 존재하지 않는다면, 돌로 다리를 만들 수 있는 것처럼 딱딱한 마분지로도 다리를 만들 수 있을 것이고, 아픈 사람에게 센티그램(1/100g)의 모르핀

---

9   이 궤변의 가장 단순한 형태는 〈나는 거짓말을 하고 있다〉라는 진술이다. 진술의 화자가 거짓말을 한다면 진실을 말하는 것이고, 진실을 말한다면 거짓말을 하는 것이다.

을 주사하는 대신에 데시그램(1/10g)의 모르핀을 주사해도 되며, 에틸알코올 대신에 최루 가스를 마셔 때 사용해도 될 것입니다. 그러나 지적인 무정부주의자들은 자신들의 이론을 그러한 실제적인 용도에 사용하는 것에 대해 강하게 반대할 것입니다.

다른 반대 이론은 더욱 심각히 고려해야 할 대상입니다. 그러나 이 경우에도 그에 대한 나의 지식이 불충분한 것을 몹시도 유감스럽게 생각할 따름입니다. 여러분은 이 이론에 대하여 나보다도 더 많이 알고 계시리라 생각합니다. 또한 이 마르크스주의 *Marxismus*에 대해 찬성이나 반대의 입장을 이미 정해 놓고 계실 것입니다. 카를 마르크스Karl Marx의 사회의 경제적 구조에 관한 연구와, 인간 생활의 모든 영역에 미치는 여러 가지 경제 형태의 영향에 관한 연구는 우리 시대에서 반박할 수 없는 권위를 가지고 있습니다. 개별적으로 세세한 부분에서 그것이 어느 정도까지 꼭 들어맞는 것인지 아니면 틀리는 것인지에 대해 물론 나는 잘 알지 못합니다. 그에 대해 더 잘 알고 있는 사람들에게도 이를 판단하는 것이 쉽지 않다는 얘기를 들었습니다. 마르크스주의 이론 중에서 사회 형태의 발전은 자연사적인 과정이며, 사회 계층 간의 변화는 변증법적인 과정에 의해서 제각기 이루어진다는 논리 등은 나에게 너무나도 낯선 것이었습니다. 내가 이러한 주장들을 제대로 이해했는지에 대해서도 확신이 안 서며, 이 이론들은 〈유물론적〉인 것 같지도 않고 오히려 마르크스가 나왔던 학파인 저 어두운 헤겔 철학의 흔적인 것처럼 보입니다. 사회 안에서의 계급 형성은 역사가 시작된 이래로 아주 경미한 차이밖에 없는 여러 가지 인간 집단 사이에서 있어 온 투쟁에 그 원인이 있는 것으로 생각하는 문외한들의 사고방식을 공유하고 있는 나는, 어떻게 내 생각으로부터 자유로워질 수 있을지 알지 못합니다. 내가 생각하기에는 사회적인 차이는 원래 종족이나 민족의 차이입니다. 기질적인 공격성의 정도와 같은 심리적인 요인과 집단 내 조직의 견고함, 또 보다 나은 무기를 소유했는지와 같은 물질적인 요인들이 승리를 결정지었습니다. 같은 영토 위 공동의 삶 속에서 승리자는 주인이 되었고, 패배자들은 노예가 되었습니다. 이때 자연 법칙이나 개념의 변화와 같은 것은 아무것도 발견할 수 없었습니다. 반대로 자연의 힘을 제어할 수 있는 능력의 발달은 새로운 힘의 수단을 획득할 수 있게 해주었고, 이를 공격에 사용하고 서로에게 대항하여 싸우는 데 사용함으로써 인간들 사이의 사회적 관계는 현격하게 달라지기 시작했습니다. 금속 물질인 동, 철이 도입되면서 전체적인 문화의 시기와 그 사회적 체계에 하나의 획이 그어졌습니다. 화약과 총포가 기사 제도와 귀족 정치의 폐기를 가져왔고, 전쟁에 지기 전에도 이미 러시아의 전제 정치는 그 몰락이 예정되어 있었던 것이라고 나는 믿습니다. 왜냐하면 유럽을 다스리고 있던 왕족들 내부에서의 동종 교배는 다이너마이트의 폭발력을 이겨 낼 수 있는 차르와 같은 종족을 생산해 낼 수 없었기 때문입니다.

현재, 세계 대전이 끝난 뒤 발생한 연이은 경제 위기를 통해서 우리는 어쩌면 자연에 대한 최근의 엄청난 승리와 공중*Luftraum*의 정복에 대한 대가를 치르고 있는지도 모릅니다. 이 말은 설득력이 없어 보일 수도 있습니다. 그러나 적어도 전체적인 연관 속의 첫 번째 사태만큼은 분명히 인식할 수 있습니다. 영국의 정치는 해안을 휘감는 바다가 보장해 주는 안전성에 기초하고 있습니다. 블레리오Bleriot[10]가 비행기를 타고 영국 해협을 가로질러

10  프랑스의 항공 기술자로 1909년 7월 25일 도버 해협을 횡단하는 데 성공했다.

비행하던 바로 그 순간에 이렇게 보호받던 고립 현상은 깨어지고 말았고, 평화 시의 어느 날 밤에 시험적으로 독일의 체펠린 Zeppelin 비행선이 런던의 하늘 위로 날아갔을 때 독일에 대한 선전 포고는 내려진 것이나 다름없었습니다.[11] 잠수함의 위협도 잊혀져서는 안 됩니다.

이렇게 중요하고도 복잡한 문제를 충분치 못한 예를 들어 설명하는 것에 대해 부끄러움이 느껴질 정도입니다. 여러분에게 얘기한 것 중에서 새로운 것은 하나도 없다는 것 또한 잘 알고 있습니다. 나는 오직 여러분이 다음과 같은 사실에 주목해 주기를 바랄 뿐입니다. 인간은 같은 인간들에 맞서 투쟁하기 위한 무기들을 자연에서 얻는데, 인간의 자연 지배에 대한 관계는 필연적으로 경제적 질서에도 영향을 미칠 수밖에 없습니다. 여기까지 오면서 우리는 세계관의 문제로부터 너무 멀리 떨어져 나오게 된 것 같습니다. 그러나 곧 다시 그 문제로 돌아가게 될 것입니다. 마르크스주의의 강점은 역사에 대한 입장이나 이에 근원을 둔 미래에 대한 예측에 있는 것이 아니라, 인간의 경제적인 관계가 그들의 지적이고 윤리적이고 예술적인 견해에 미치는 결정적인 영향에 대한 예리한 통찰에 있다고 하겠습니다. 이제까지 거의 완전히 무시된 채로 있었던 일련의 상관관계와 의존성이 그와 더불어 발견되었습니다. 그러나 사회적 관계 속에서 인간의 행동을 규정하는 것이 오직 경제적인 동기 하나뿐이라는 가정은 받아들이기 어려운 것입니다. 다양한 사람이나 인종, 그리고 민족이 비슷한 경제적 조건하에서도 서로 다르게 행동한다는 의심할 수 없는 사실은 경제적 요인의 배타적인 지배 관계를 부정하고 있습니다. 살아 있는 인간 존재의 반응이 문제되는 부분에서 어떻게 심리적인

11 나는 이 이야기를 전쟁 발발 첫해 믿을 만한 정보원으로부터 들었다 — 원주.

요인들을 무시할 수 있는 것인지 이해되지 않습니다. 그러한 심리적인 요소는 이미 경제적인 관계들의 생성에 관여하고 있을 뿐만 아니라, 경제적 요소가 지배하고 있는 그 상황에서조차 인간들은 그들의 본래적인 본능 충동, 즉 자신의 자기 보존 본능, 공격 성향, 사랑에 대한 욕구, 쾌락을 얻고자 하는 충동, 불쾌한 것을 피하고 싶어 하는 본능 등을 억제할 수 없기 때문입니다. 우리는 이전의 연구에서 과거의 전통과 이상형을 대표하고, 새로운 경제적 상황으로부터 오는 자극들에 일정 기간 동안 저항하는 초자아의 의미심장한 자기주장의 중요성을 부각시킨 바 있습니다. 마지막으로 경제적 필요성에 굴복할 수밖에 없는 인간 대중들에게 문화 발전의 과정 — 다른 사람들은 문명이라고 부르고 있는 — 도 영향을 미친다는 사실을 잊지 말아야 합니다. 그것은 틀림없이 많은 요인들에 의해 영향을 받지만, 그 원천에 있어서는 확실하게 그들로부터 독립적인 것으로서 유기체적인 과정과 비교해 본다면 자기편에서 또 다른 요소들에 작용할 수도 있는 것입니다.[12] 그것은 본능적 요인들을 옆으로 밀쳐 내고 인간들로 하여금 그들에게 이제까지는 받아들이던 것들에 대해서도 적대적인 태도를 보이도록 만듭니다. 또한 과학적 정신이 계속해서 강화되는 현상은 거기에 본질적인 한 부분을 차지하고 있는 듯이 보입니다. 이러한 여러 가지 계기, 인간의 일반적인 본능적 기질, 그들의 종족적인 변화 양태, 또 문화적인 차이들이 다양한 사회 조직과 직업

12  여기에 언급된 〈문화(문명) 발전의 과정〉은 당시 프로이트의 사고를 지배하던 개념이었다. 그는 이 문제를 「문명 속의 불만」의 여러 군데(예를 들어 제3장, 4장의 결론과 8장의 중간 부분)에서 논의했으며, 아인슈타인에게 보내는 공개 서한 「왜 전쟁인가?」(프로이트 전집 12, 열린책들)에서도 다시 한번 거론했다. 그러나 그의 이런 생각은 유기적 과정으로서의 〈억압〉 가설과 밀접한 관련이 있기도 하다. 프로이트는 이 연관성을 「문명 속의 불만」 제4장의 처음과 끝에 나오는 두 개의 긴 주에서 충분히 개진한다.

활동, 그리고 소득 가능성들이라는 조건하에서 어떻게 다르게 나타나는가, 어떻게 서로를 억제하고 촉진시키는가를 자세하게 증명해 보일 수 있다면, 정말로 누군가가 그것을 할 수만 있다면, 그것은 마르크스주의의 단순한 보완에 그치지 않고 진정한 사회 과학으로의 발전을 완수한 것이나 다름없습니다. 왜냐하면 사회학 또한 사회 체계 안에서 일어나는 인간의 행위를 문제 삼는다는 점에서 응용 심리학과 다르지 않기 때문입니다. 엄격히 말해서 단 두 개의 학문만이 존재합니다. 그것은 순수 심리학과 응용 심리학으로 나뉘는 심리학과 자연 과학입니다.

경제적 조건이 점점 더 많은 중요성을 띠게 되고 그에 대한 인식이 새로이 증가함에 따라서, 그 조건이 역사적 발전에 따라 변화하도록 그냥 놓아두지 못하고 혁명적인 개입을 통해서 적극적으로 바꿔 놓고 싶어 하는 유혹이 생겨나게 되었습니다. 러시아 볼셰비즘 속에서 자신을 실현할 수 있게 된 이론적인 마르크스주의는 하나의 세계관으로서 정열과 단호함, 배타성을 갖게 되었고, 또한 그것이 투쟁하고 있는 대상과의 섬뜩한 유사성도 띠게 되었습니다. 원래는 학문의 한 부분으로 과학과 기술의 토대 위에 세워졌던 마르크스주의는, 예전에 종교가 그랬던 것처럼 가차 없이 사고를 엄격히 금지하게 되었습니다. 마르크스주의 이론에 대한 비판적인 연구는 금지되었고, 그 정당성에 대한 의심 또한 한때 가톨릭 교회에서 이단적 교파들이 받았던 것과 같은 보복적인 징벌을 받았습니다. 계시의 원천으로서 마르크스의 저술들은 성서와 코란의 지위를 차지하게 되었습니다. 그러나 그 저술들은 이 같은 옛날의 신성한 책들과 똑같이 모순과 모호함으로부터 자유로울 수 없는 것입니다.

실천적인 마르크스주의가 모든 이상주의적 체계들과 환상들을 가차 없이 제거해 버렸다고는 해도, 그것은 그 스스로 환상을 발전시켜 왔고 그 내용의 모호함과 증명 불가능함에 있어서 이전의 환상들에 결코 뒤지지 않습니다. 실천적 마르크스주의는 몇 세대를 거치지 않고도 새로운 사회 질서 속에서 인간들 사이의 마찰 없는 공동생활이 가능해지고, 아무런 강요 없이도 작업의 과제를 스스로 받아들일 수 있도록 인간들의 본성을 변화시킬 수 있으리라고 기대했습니다. 마르크스주의는 그동안 사회 안에서 필수적인 본능의 제약을 다른 곳으로 옮겨 놓았고, 모든 인간적 공동 사회를 위협하는 공격적인 성향을 밖으로 돌려놓았으며, 이제까지 이전의 권력자들에게 무력했을 뿐이던 가난한 사람들의 부자들에 대한 적개심에 모든 것을 걸었습니다. 그러나 인간 본성의 그러한 변화는 개연성이 매우 희박한 것입니다.

군중들이 현재 볼셰비즘적인 충동을 따르면서 보여 주는 열광은 새로운 질서가 아직 완결되지 않았고, 외부로부터 위협을 받는 한에 있어서만 가능한 것입니다. 그것은 새로운 질서가 확립된, 아무런 위협이 없는 미래에 대한 안전을 결코 보장해 주지 않습니다. 종교와 아주 흡사하게도 볼셰비즘은 그들의 신자들이 겪는 현재적 삶의 고통과 결핍, 충족되지 않은 욕구를 더 이상 존재하지 않을 보다 나은 저편에 대한 약속으로 보상해 줄 수밖에 없었습니다. 이 낙원은 어디까지나 현세적인 것으로서 이 지상 위에 세워져야 하고, 가까운 기간 내에 열려야 하는 것입니다. 그러나 유대인들의 종교 또한 내세에 대해서는 아무것도 모르며 이 땅 위로 메시아가 오기를 기대했고, 기독교적인 중세는 하느님의 나라가 바로 가까이 있음을 계속적으로 믿어 왔다는 사실을 기억해 봅시다.

이러한 비판에 대한 볼셰비즘의 대답이 어떠하리라는 것은 의심의 여지가 없습니다. 그것은 인간들의 본성이 변화하지 않는

한, 오늘날 그것에 영향을 끼칠 수 있는 다른 방법을 사용해야 한 다고 대답할 것입니다. 교육에 있어서도 어느 정도 강제를 피할 수가 없고, (비판적인) 사고를 금지하거나 피를 흘리는 데까지 이르는 폭력을 사용하는 것도 어쩔 수가 없다는 주장입니다. 만일 그들에게 저 환상을 불러일으키지 않는다면 이러한 강제에 그들을 몰아넣을 수 없다는 것입니다. 그리고 만일 그렇지 않다면 달리 어떻게 할 수 있는 방법을 가르쳐 줄 수 있겠느냐고 공손하게 물을 것입니다. 이것으로 우리는 패배한 것일까요? 이 상황에서 우리는 어떤 충고도 해줄 수가 없는 것 같습니다. 이 실험의 조건들은 나와 나 같은 사람들로 하여금 그것을 시도해 볼 수 없게 막았습니다. 그러나 그런 사람들은 우리뿐만이 아니라고 고백해야만 할 것입니다.

그렇지만 대단히 행동적인 사람들도 있습니다. 자신들의 신념에 전혀 흔들림이 없고, 회의 같은 것은 해본 적도 없으며, 자기들의 목적에 방해가 될 경우 다른 사람들의 고통에 둔감한 그런 사람들 말입니다. 러시아에서 지금 그러한 새로운 질서의 거대한 시도가 실제로 감행되고 있는 것은 바로 그들 덕분입니다. 기독교적인 경건성을 굳건히 붙드는 것에서만 오직 그들의 구원을 기대할 수 있다고 강대국들이 천명했던 그 시기에 러시아에서의 대변동은 ── 그 모든 유쾌하지 않은 세부적 특징에도 불구하고 ── 보다 나은 미래를 위한 복음처럼 들렸습니다. 그러나 불행하게도 우리 자신의 의심이나 다른 편의 광신적 믿음이나 그 어느 것으로부터도 그 실험이 어떻게 끝날 것인지에 대한 암시는 얻을 수 없었습니다. 미래가 우리에게 그것을 가르쳐 줄 것입니다. 새로운 발견이 자연적 힘에 대한 우리의 지배를 높이고 그것으로써 우리의 욕구 충족이 더 쉬워지지 않는 한 그 실험은 시기상조이며, 사회 질서의 근본적인 변화는 성공의 전망이 거의 없다는 것을 미래가 우리에게 곧 보여 줄 것입니다. 새로운 사회 질서가 대중의 물질적인 곤란을 일소해 줄 뿐만 아니라, 동시에 개인들의 문화적인 요구에도 부응할 때 새로운 사회 질서의 출현은 가능해질 것입니다. 우리는 모든 종류의 사회적 공동체에서 제어할 수 없는 인간적 본성이 빚어내는 모든 어려움들과 기약할 수 없는 오랜 기간 동안 투쟁해야 할 것입니다.

신사 숙녀 여러분, 세계관의 문제에 대한 정신분석학의 관계를 결론적으로 요약해 보겠습니다. 정신분석학은 어떤 특별한 세계관을 창조할 수 있는 위치에 있지는 않습니다. 정신분석학은 그것을 필요로 하지 않습니다. 그것은 과학의 한 부분이며 과학적인 세계관에 연계되어 있습니다. 과학은 어떤 굉장한 이름을 받을 만한 자격이 있는 것도 아닙니다. 그것은 모든 것을 조망해 볼 수 있는 것도 아니고 너무나도 불완전합니다. 또한 완전한 짜임새나 단일한 체계 형성에 대한 욕심도 없습니다. 과학적인 사고는 사람들 사이에서 아직도 너무 젊습니다. 풀 수 없는 커다란 문제들이 아직도 많습니다. 과학에 근거하고 있는 세계관은 현실적 외부 세계를 강조하는 것 이외에도 본질적으로 부정적인 특징들을 갖고 있습니다. 진실만을 엄격히 고집한다든가 환상을 철저히 배제하는 것 등입니다. 우리의 동시대인들 중에서 이러한 상태에 만족하지 못하는 사람들, 자신의 순간적인 마음의 안정을 위해 더 많은 것을 요구하는 사람들은 그것을 발견할 수 있는 곳에서 그것을 추구하면 됩니다. 그렇게 한다고 해서 그들을 나쁘게 생각하지는 않을 것이지만, 우리가 그들을 도와줄 수는 없으며 그 때문에 우리의 생각을 바꿀 수도 없습니다.

# 프로이트의 삶과 사상
— 제임스 스트레이치

지크문트 프로이트Sigmund Freud는 1856년 5월 6일, 그 당시에는 오스트리아-헝가리 제국의 일부였던 모라비아의 소도시 프라이베르크에서 출생했다. 83년에 걸친 그의 생애는 겉으로 보기에는 대체로 평온무사했고, 따라서 장황한 서술을 요하지 않는다.

그는 중산층 유대인 가정에서 두 번째 부인의 맏아들로 태어났지만, 집안에서 그의 위치는 좀 이상했다. 프로이트 위로 첫 번째 부인 소생의 다 자란 두 아들이 있었기 때문이다. 그들은 프로이트보다 스무 살 이상 나이가 많았고, 그중 하나는 이미 결혼해서 어린 아들을 두고 있었다. 그랬기에 프로이트는 사실상 삼촌으로 태어난 셈이었지만, 적어도 그의 유년 시절에는 프로이트 밑으로 태어난 일곱 명의 남동생과 여동생 못지않게 조카가 중요한 역할을 했다.

그의 아버지는 모피 상인이었는데, 프로이트가 태어난 후 얼마 지나지 않아 사업이 어려워지기 시작했다. 그래서 프로이트가 겨우 세 살이었을 때 그는 프라이베르크를 떠나기로 결심했고, 1년 뒤에는 온 가족이 빈으로 이주했다. 이주하지 않은 사람은 영국 맨체스터에 정착한 두 이복형과 그들의 아이들뿐이었다. 프로이트는 몇 번인가 영국으로 건너가서 그들과 합류해 볼까 하는 생각을 했지만, 그것은 거의 80년 동안 실행에 옮겨지지 못했다.

프로이트가 빈에서 어린 시절을 보내는 동안 그의 집안은 몹시 궁핍한 상태였지만, 어려운 형편에도 불구하고 그의 아버지는 언제나 셋째 아들의 교육비를 최우선으로 꼽았다. 프로이트가 매우 총명했을 뿐 아니라 공부도 아주 열심히 했기 때문이다. 그 결과 그는 아홉 살이라는 어린 나이에 김나지움에 입학했고, 그 학교에서 보낸 8년 가운데 처음 2년을 제외하고는 자기 학년에서 수석을 놓친 적이 없었다. 그는 열일곱 살 때 아직 어떤 진로를 택할 것인지 결정을 하지 못한 채 김나지움을 졸업했다. 그때까지 그가 받았던 교육은 지극히 일반적인 것이어서, 어떤 경우에든 대학에 진학할 것으로 보였으며, 서너 곳의 학부로 진학할 길이 그에게 열려 있었다.

프로이트는 수차례에 걸쳐, 자기는 평생 동안 단 한 번도 〈의사라는 직업에 선입관을 가지고 특별히 선호한 적이 없었다〉고 주장했다.

나는 그보다는 오히려 일종의 호기심을 느꼈다. 하지만 그것은 자연계의 물체들보다는 인간의 관심사에 쏠린 것이었다.[1]

그리고 어딘가에서는 이렇게 적었다.

어린 시절에 나는 고통받는 인간을 도우려는 어떤 강한 열망도 가졌던 기억이 없다. (……) 그러나 젊은이가 되어서는 우리가 살고 있는 세상의 수수께끼들 가운데 몇 가지를 이해하고, 가능하다면 그 해결책으로 뭔가 기여도 하고 싶은 억누를 수 없는 욕망을

---

1 「나의 이력서」(1925) 앞부분 참조.

느꼈다.[2]

또 그가 만년에 수행했던 사회학적 연구를 논의하는 다른 글에서는 이렇게 적기도 했다.

나의 관심은 평생에 걸쳐 자연 과학과 의학과 심리 요법을 두루 거친 뒤에 오래전, 그러니까 내가 숙고할 수 있을 만큼 충분히 나이가 들지 않았던 젊은 시절에 나를 매혹시켰던 문화적인 문제들로 돌아왔다.[3]

프로이트가 자연 과학을 직업으로 택하는 데 직접적인 계기가 되었던 사건은 — 그의 말대로라면 — 김나지움을 졸업할 무렵 괴테가 썼다고 하는(아마도 잘못된 것으로 보인다) 〈자연〉에 관한 매우 화려한 문체의 에세이를 낭독하는 독회에 참석한 일이었다고 한다. 하지만 그 선택이 자연 과학이긴 했지만, 실제로는 의학으로 좁혀졌다. 그리고 프로이트가 열일곱 살 때인 1873년 가을, 대학에 등록했던 것도 의과대 학생으로서였다. 하지만 그는 서둘러 의사 자격을 취득하려고 하지는 않았다. 한두 해 동안 그가 다양한 과목의 강의에 출석했던 것만 보더라도 이를 알 수 있다. 그러나 차츰차츰 관심을 기울여 처음에는 생물학에, 다음에는 생리학에 노력을 집중했다. 그가 맨 처음 연구 논문을 쓴 것은 대학 3학년 때였다. 당시 그는 비교 해부학과 교수에게 뱀장어를 해부해서 세부 사항을 조사하라는 위임을 받았는데, 그 일에는 약 4백 마리의 표본을 해부하는 일이 포함되었다. 그로부터 얼마 지

2 「비전문가 분석의 문제」(1927)에 대한 후기 참조.
3 「나의 이력서」에 대한 후기 참조.

나지 않아서 그는 브뤼케Brücke가 지도하는 생리학 연구소로 들어가 그곳에서 6년 동안 근무했다. 그가 자연 과학 전반에 대해 보이는 태도의 주요한 윤곽들이 브뤼케에게서 습득되었다는 것은 의심할 여지가 없는 일이다. 그 기간 동안 프로이트는 주로 중추 신경계의 해부에 대해서 연구했고, 이미 책들을 출판하고 있었다. 그러나 실험실 연구자로서 벌어들이는 수입은 대가족을 부양하기에는 충분하지 못했다. 그래서 마침내 1881년 그는 의사 자격을 따기로 결정했고, 그로부터 1년 뒤에는 많은 아쉬움을 남긴 채 브뤼케의 연구소를 떠나 빈 종합 병원에서 근무하기 시작했다.

그러나 결국 프로이트의 삶에 변화를 가져다준 결정적인 계기가 있었다면, 그것은 생각보다도 더 절박한 가족에 대한 것이었다. 1882년에 그는 약혼을 했고, 그 이후 결혼을 성사시키는 데 모든 노력을 기울였다. 그의 약혼녀 마르타 베르나이스Martha Bernays는 함부르크의 이름 있는 유대인 집안 출신으로, 한동안 빈에서 지내고 있었지만 얼마 안 가서 곧 머나먼 독일 북부에 있는 그녀의 집으로 돌아가야 했다. 그 뒤로 4년 동안 두 사람이 서로를 만나 볼 수 있었던 것은 짧은 방문이 있을 때뿐이었고, 두 연인은 거의 매일같이 주고받는 서신 교환으로 만족해야 했다. 그 무렵 프로이트는 의학계에서 지위와 명성을 확립해 가고 있었다. 그는 병원의 여러 부서에서 근무했지만, 얼마 지나지 않아 곧 신경 해부학과 신경 병리학에 몰두하기 시작했다. 또 그 기간 중에 코카인을 의학적으로 유용하게 이용하는 첫 번째 연구서를 출간했고, 그렇게 해서 콜러에게 그 약물을 국부 마취제로 사용하도록 제안하기도 했다. 바로 뒤이어 그는 두 가지 즉각적인 계획을 수립했다. 하나는 객원 교수 자리에 지명을 받는 것이었고, 다른 하나는 장학금을 받아 얼마 동안 파리로 가서 지내려는 것이었다. 그곳에서는 위대한 신경 병리학자 샤르코Charcot가 의학계를 주도하고 있었다. 프로이트는 그 두 가지 목적이 실현된다면 자기에게 커다란 도움이 될 것이라고 생각했고, 열심히 노력한 끝에 1885년에 두 가지 모두를 얻어 냈다.

프로이트가 파리 살페트리에르 병원(신경 질환 치료로 유명한 병원)의 샤르코 밑에서 보냈던 몇 달 동안, 그의 삶에는 또 다른 변화가 있었다. 이번에는 실로 혁명적인 변화였다. 그때까지 그의 일은 전적으로 자연 과학에만 관련되었고, 파리에 있는 동안에도 그는 여전히 뇌에 관한 병력학(病歷學) 연구를 계속하고 있었다. 그 당시 샤르코의 관심은 주로 히스테리와 최면술에 쏠려 있었는데, 빈에서는 그런 주제들이 거의 생각할 만한 가치가 없는 것으로 여겨졌다. 그러나 프로이트는 그 일에 몰두하게 되었다. 비록 샤르코 자신조차 그것들을 순전히 신경 병리학의 지엽적인 부문으로 보았지만, 프로이트에게는 그것이 정신의 탐구를 향한 첫걸음인 셈이었다.

1886년 봄, 빈으로 돌아온 프로이트는 신경 질환 상담가로서 개인 병원을 열고, 뒤이어 오랫동안 미루어 왔던 결혼식을 올렸다. 하지만 그렇다고 해서 그가 당장 자기가 하던 모든 신경 병리학 업무를 그만둔 것은 아니었다. 그는 몇 년 더 어린아이들의 뇌성 마비에 관한 연구를 계속했고, 그 분야에서 주도적인 권위자가 되었다. 또 그 시기에 실어증에 관해서 중요한 연구 논문을 쓰기도 했지만, 최종적으로는 신경증의 치료에 더욱 노력을 집중했다. 전기 충격 요법 실험이 허사로 돌아간 뒤 그는 최면 암시로 방향을 돌려서, 1888년에 낭시를 방문하여 리에보Liébeault와 베르넴Bernheim이 그곳에서 괄목할 만한 성공을 거두는 데 이용한 기법을 배웠다. 하지만 그 기법 역시 불만족스러운 것으로 밝혀지자, 또 다른 접근 방법을 강구하지 않을 수 없었다. 그는 빈의 상담가이자 상당히 손위 연배인 요제프 브로이어Josef Breuer 박사가 10년 전쯤 아주 새로운 치료법으로 어떤 젊은 여자의 히스테리 증세를 치료했다는 사실을 알고 있었다. 그는 브로이어에게 그 방법을 한 번 더 써보도록 설득하는 한편, 그 스스로도 새로운 사례에 그 방법을 몇 차례 적용해서 가망성 있는 결과를 얻었다. 그 방법은 히스테리가 환자에게 잊힌 어떤 육체적 충격의 결과라는 가정에 근거를 둔 것이었다. 그리고 치료법은 잊힌 충격을 떠올리기 위해 적절한 감정을 수반하여 환자를 최면 상태로 유도하는 것으로 이루어져 있었다. 얼마 지나지 않아 프로이트는 그 과정과 저변에 깔린 이론 모두에서 변화를 일으키기 시작했고, 마침내는 그 일로 브로이어와 갈라설 정도까지 되었지만, 자기가 이루어 낸 모든 사상 체계의 궁극적인 발전에 곧 정신분석학이라는 이름을 붙였다.

그때부터 — 아마도 1895년부터 — 생을 마감할 때까지 프로이트의 모든 지성적인 삶은 정신분석학의 발전과 그 광범위한 언외(言外)의 의미, 그리고 그 학문의 이론적이고 실제적인 영향을 탐구하는 데 바쳐졌다. 프로이트의 발견과 사상에 대해서 몇 마디 말로 일관된 언급을 하기란 물론 불가능하겠지만, 그가 우리의 사고 습관에 불러일으킨 몇 가지 주요한 변화를 단절된 양상으로나마 지적하기 위한 시도는 얼마 안 가서 곧 이루어질 것이다. 그러는 동안 우리는 그가 살아온 삶의 외면적인 과정을 계속 좇을 수 있을 것이다.

빈에서 그가 영위했던 가정생활에는 본질적으로 에피소드가 결여되어 있다. 1891년부터 47년 뒤 그가 영국으로 떠날 때까지 그의 집과 면담실이 같은 건물에 있었기 때문이다. 그러나 행복한 결혼 생활과 불어나는 가족 — 세 명의 아들과 세 명의 딸 — 은 그가 겪는 어려움들, 적어도 그의 직업적 경력을 둘러싼 어려움들에 견실한 평형추가 되어 주었다. 의학계에서 프로이트에 대해 편견을 가지고 있었던 이유는 그가 발견한 것들의 본질 때문만이 아니라, 어쩌면 그에 못지않게 빈의 관료 사회를 지배하고 있던 강한 반유대 감정의 영향 때문이기도 했을 것이다. 그가 대학교수로 취임하는 일도 정치적 영향력 탓으로 끊임없이 철회되었다.

그러한 초기 시절의 특별한 일화 한 가지는 그 결과 때문에 언급할 필요가 있다. 그것은 프로이트와, 명석하되 정서가 불안정한 베를린의 의사 빌헬름 플리스Wilhelm Fließ의 우정에 관한 것이다. 플리스는 이비인후과를 전공했지만 인간 생태학과 생명 과정에서 일어나는 주기적 현상의 영향에 이르기까지 관심 범위가 매우 넓었다. 1887년부터 1902년까지 15년 동안 프로이트는 그와 정기적으로 편지를 교환하면서 자기의 발전된 생각을 알렸고, 자기가 앞으로 쓸 책들의 윤곽을 개술한 긴 원고를 그에게 미리 보냈다. 그리고 무엇보다도 중요한 것은 「과학적 심리학 초고」라는 제목이 붙은 약 4만 단어짜리 논문을 보낸 것이었다. 이 논문은 프로이트의 경력에서 분수령이라고도 할 수 있는, 즉 그가 어쩔 수 없이 생리학에서 심리학으로 옮겨 가고 있던 1895년에 작성된 것으로, 심리학의 사실들을 순전히 신경학적 용어들로 서술하려는 시도였다. 다행스럽게도 이 논문과 프로이트가 플리스에게 보낸 다른 편지들도 모두 보존되어 있는데, 그것들은 프로이트의 사상이 어떻게 발전되었는가에 대해 매혹적인 빛을 던질 뿐아니라, 정신분석학에서 나중에 발견된 것들 중 얼마나 많은 것이 초기 시절부터 이미 그의 마음속에 있었는지를 보여 준다.

플리스와의 관계를 제외한다면, 프로이트는 처음에는 외부의 지원을 거의 받지 못했다. 빈에서 점차 프로이트 주위로 몇몇 문하생이 모여들었지만, 그것은 대략 10년쯤 후인 1906년경, 즉 다수의 스위스 정신 의학자가 그의 견해에 동조함으로써 분명한 변화가 이루어진 뒤의 일이었다. 그들 가운데 중요한 인물로는 취리히 정신 병원장인 블로일러E. Bleuler와 그의 조수인 융C. G. Jung이 있었는데, 그것으로 우리는 정신분석학이 처음으로 확산되기 시작했음을 알 수 있다. 1908년에는 잘츠부르크에서 정신분석학자들의 국제적인 모임이 열린 데 이어, 1909년에는 미국에서 프로이트와 융을 초청해 여러 차례의 강연회를 열어 주었다. 프로이트의 저서들이 여러 나라 말로 번역되기 시작했고, 정신분석을 실행하는 그룹들이 세계 각지에서 생겨났다. 그러나 정신분석학의 발전에 장애가 없지는 않았다. 그 학문의 내용이 정신에 불러일으킨 흐름들은 쉽게 받아들이기에는 너무 깊이 흐르고 있었던 것이다. 1911년 빈의 저명한 프로이트 지지자들 중 한 명인 알프레트 아들러Alfred Adler가 그에게서 떨어져 나갔고, 이삼 년 뒤에는 융도 프로이트와의 견해 차이로 결별했다. 그 일에 바로 뒤이어 제1차 세계 대전이 발발하자, 정신분석의 국제적인 확산은 중단되었다. 그리고 얼마 안 가서 곧 가장 중대한 개인적 비극이 닥쳤다. 딸과 사랑하는 손자의 죽음, 그리고 삶의 마지막 16년 동안 그를 가차 없이 쫓아다닌 악성 질환의 발병이었다. 그러나 어떤 질병도 프로이트의 관찰과 추론의 발전을 막을 수는 없었다. 그의 사상 체계는 계속 확장되었고, 특히 사회학 분야에서 더욱더 넓은 적용 범위를 찾았다. 그때쯤 그는 세계적인 명사로서 인정받는 인물이 되어 있었는데, 1936년 그가 여든 번째 생일을 맞던 해에 영국 왕립 학회Royal Society의 객원 회원으로 선출된 명예보다 그를 더 기쁘게 한 일은 없었다. 1938년 히틀러가 오스트리아를 침공했을 때 국가 사회주의자들의 가차 없는 박해로부터 그를 보호해 주었던 것도 — 비록 그들이 프로이트의 저서들을 몰수해서 없애 버리기는 했지만 — 들리는 말로는 루스벨트 대통령까지 포함된, 영향력 있는 찬양자들의 노력으로 뒷받침된 그의 명성이었다. 그렇다 하더라도 프로이트는 어쩔 수 없이 빈을 떠나 그해 6월 몇몇 가족과 함께 영국으로 건너갔고, 그로부터 1년 뒤인 1939년 9월 23일 그곳에서 세상을 떠났다.

프로이트를 현대 사상의 혁명적인 창립자들 중 한 사람으로 일컬으며, 그의 이름을 아인슈타인Albert Einstein에 결부시켜 생각하는 것은 신문이나 잡지에 실릴 법한 진부한 이야기가 되었다. 그러나 대부분의 사람은 그나 아인슈타인에 의해 도입된 변화들을 간략하게 설명하기가 매우 어려울 것이다.

프로이트의 발견들은 물론 서로 연관되어 있기는 하지만 크게 세 가지로 묶을 수 있다. 연구의 수단, 그 수단에 의해 생겨난 발견들, 그리고 그 발견들에서 추론할 수 있는 이론적 가설들이 그것이다. 그런데 여기서 우리는 프로이트가 수행했던 모든 연구 이면에 결정론 법칙의 보편적 타당성에 대한 믿음이 있었다는 사실을 인정해야 한다. 자연 과학 현상과 관련해서는 이 믿음이 아마도 브뤼케의 연구소에서 근무한 경험에서 생겨났을 것이고, 궁극적으로는 헬름홀츠Helmholtz 학파로부터 생겨났을 것이다. 그러나 프로이트는 단호히 그 믿음을 정신 현상의 분야로 확장시켰는데, 그러는 데는 자기의 스승이자 정신 의학자인 마이네르트Meynert에게서, 그리고 간접적으로는 헤르바르트Herbart의 철학에서 영향을 받았을 수도 있다.

무엇보다도 먼저 프로이트는 인간의 정신을 과학적으로 탐구하기 위한 첫 번째 도구를 찾아낸 사람이었다. 천재적이고 창조적인 작가들은 단편적으로 정신 과정을 통찰해 왔지만, 프로이트 이전에는 어떤 체계적인 탐구 방법도 없었다. 그는 이 방법을 단지 점차적으로 완성시켰을 뿐인데, 그것은 그러한 탐구에서 장애가 되는 어려움들이 점차적으로 분명해졌기 때문이다. 브로이어가 히스테리에서 설명한 잊힌 충격은 가장 최초의 문제점을 제기했고, 어쩌면 가장 근본적인 문제점을 제기했을 수도 있다. 관찰자나 환자 본인 모두에 의해서 검사에 즉각적으로 개방되지 않는, 정신의 활동적인 부분들이 있다는 것을 결정적으로 보여 주었기 때문이다. 정신의 그러한 부분들을 프로이트는 형이상학적 논쟁이나 용어상의 논쟁을 고려하지 않고 〈무의식〉이라고 기술했다. 무의식의 존재는 최면 후의 암시라는 사실로도 증명되는데, 이 경우 환자는 암시 그 자체를 완전히 잊었다 하더라도 충분히 깨어 있는 상태에서 조금 전 그에게 암시되었던 행동을 수행한다. 그러므로 어떠한 정신의 탐구도 그 범위에 이 무의식적인 부분이 포함되지 않고는 완전한 것으로 여겨질 수 없었다. 그렇다면 이것이 어떻게 완전해질 수 있었을까? 명백한 해답은 〈최면 암시라는 수단에 의해서〉인 것처럼 보였다. 그리고 이 방법은 처음엔 브로이어에 의해, 다음에는 프로이트에 의해 이용된 수단이었다. 그러나 얼마 안 가서 곧 그 방법은 불규칙하거나 불명확하게 작용하고, 때로는 전혀 작용하지 않는 불완전한 것임이 밝혀졌다. 따라서 프로이트는 차츰차츰 암시의 이용을 그만두고 나중에 〈자유 연상〉이라고 알려진 완전히 새로운 방법을 도입했다. 즉 정신을 탐구하려는 상대방에게 단순히 무엇이든 머릿속에 떠오르는 것을 말하라고 요구하는, 전에는 들어 보지 못했던 계획을 채택했다. 이 중대한 결정 덕분에 곧바로 놀라운 결과가 도출되었다. 프로이트가 채택한 수단이 초보적인 형태였음에도 불구하고 그것은 새로운 통찰력을 제시했던 것이다. 한동안은 이런저런 연상들이 물 흐르듯 이어진다 하더라도 조만간 그 흐름은 고갈되기 마련이고, 환자는 더 말할 것을 아무것도 생각하지 않거나 또는 할 수 없게 된다. 그렇게 해서 저항의 진상, 즉 환자의 의식적인 의지와 분리되어 탐구에 협조하기를 거부하는 힘의 진상이 드러난다. 여기에 아주 근본적인 이론의 근거, 즉 정신을 뭔가 역동적인 것으로, 일부는 의식적이고 일부는 무의식적이며, 때로는 조화롭게 작용하고 때로는 서로 상반되는 다수의 정신적인 힘들로 이루어져 있다고 가정할 근거가 있었다.

그러한 현상들은 결국 보편적으로 생겨난다는 것이 밝혀지기는 했지만, 처음에는 신경증 환자들에게서만 관찰 연구되었고, 처음 몇 년 동안 프로이트의 연구는 주로 그러한 환자들의 〈저항〉을 극복하여 그 이면에 있는 것을 밝혀낼 수단을 발견하는 일과 관련되었다. 그 해결책은 오로지 프로이트 편에서 극히 이례적인 자기 관찰 — 지금에 와서는 자기 분석이라고 기술되어야 할 — 을 함으로써만 가능해졌다. 다행스럽게도 우리는 앞에서 얘기한, 그가 플리스에게 보냈던 편지로 그 당시의 상황을 직접적으로 알 수 있다. 즉 그는 분석 덕분에 정신에서 작용하는 무의식적인 과정의 본질을 발견하고, 어째서 그 무의식이 의식으로 바뀔 때 그처럼 강한 저항이 있는지를 이해할 수 있었다. 또 그의 환자들에게서 저항을 극복하거나 피해 갈 기법을 고안할 수 있었고, 무엇보다도 중요한 것, 즉 그러한 무의식적인 과정의 기능 방식과 익히 알려진 의식적인 과정의 기능 방식 사이에 아주 큰 차이점이 있음을 알아낼 수 있었다는 것이다. 다음 세 가지는 그 하나하나에 대해서 언급이 좀 필요할 것 같다. 왜냐하면 사실 그것들은 정신에 관한 우리의 지식에 프로이트가 미친 공적들의 핵심을 구성하고 있기 때문이다.

정신의 무의식적인 내용들은 대체로 원초적인 육체적 본능에서 직접 그 에너지를 이끌어 내는 능동적인 경향의 활동 ─ 욕망이나 소망 ─ 으로 이루어져 있는 것으로 보인다. 이 무의식은 즉각적인 만족을 얻는 것 외에는 전혀 아무것도 고려하지 않고 기능하며, 따라서 현실에 적응하고 외부적인 위험을 피하는 것과 관련된, 정신에서 더욱더 의식적인 요소들과 동떨어져 있기 마련이다. 더군다나 이러한 원초적인 경향은 훨씬 더 성적이거나 파괴적인 경향을 지니며, 좀 더 사회적이고 개화된 정신적인 힘들과 상충할 수밖에 없다. 이것을 계속 탐구함으로써 프로이트는 오랫동안 숨겨져 있던 어린아이들의 성적인 삶과 오이디푸스 콤플렉스의 비밀을 알아낼 수 있었다.

두 번째로, 그는 자기 분석을 함으로써 꿈의 본질을 탐구하기 시작했다. 이 꿈들은 신경증 증상들과 마찬가지로 원초적인 무의식적 충동과 2차적인 의식적 충동 사이에서 생겨나는 갈등과 타협의 산물임이 밝혀졌다. 그것들을 구성 요소별로 나누어 분석함으로써 프로이트는 숨어 있는 무의식적인 내용들을 추론할 수 있었으며, 꿈이 거의 모든 사람들에게 보편적으로 일어나는 공통된 현상인 만큼 꿈의 해석이 신경증 환자의 저항을 간파하기 위한 기술적 도구 중의 하나임을 밝혀냈다.

마지막으로, 꿈에 대해 면밀하게 고찰함으로써 프로이트는 그가 생각의 1차적 과정과 2차적 과정이라고 명명한 것, 즉 정신의 무의식적 영역에서 일어나는 일과 의식적 영역에서 일어나는 일

사이의 엄청난 차이점들을 분류할 수 있었다. 무의식에서는 조직이나 조화는 전혀 발견되지 않고, 하나하나의 독립적인 충동이 다른 모든 충동과 상관없이 만족을 추구한다. 그 충동들은 서로 영향을 받지 않고 진행되며, 모순은 전혀 작용하지 않고 가장 대립되는 충동들이 아무런 갈등 없이 병존한다. 그러므로 무의식에서는 또한 생각들의 연상이 논리와는 아무런 관련도 없는 노선들을 따라 진행되며, 유사한 것들은 동일한 것으로, 반대되는 것들은 긍정적으로 동등하게 다루어진다. 또 무의식에서는 능동적인 경향을 수반한 대상들이 아주 이례적으로 가변적이어서, 하나의 무의식이 아무런 합리적 근거도 없는 온갖 연상의 사슬을 따라 다른 무의식으로 대체될 수도 있다. 프로이트는 원래 1차적 과정에 속하는 심리 기제가 의식적인 생각으로 침투하는 것이 꿈뿐만 아니라 여러 가지 다른 정상적 또는 정신 병리학적인 정신적 사건의 기이한 점을 설명해 준다는 사실도 분명히 알아냈다.

프로이트가 했던 연구의 후반부는 모두 이러한 초기의 사상들을 무한히 확장하고 정교하게 다듬는 데 바쳐졌다고 해도 과언이 아닐 것이다. 그러한 사상들은 정신 신경증과 정신 이상의 심리 기제뿐 아니라 말이 헛나온다거나 농담을 한다거나 예술적 창조 행위라거나 정치 제도 같은 정상적인 과정의 심리 기제를 설명하는 데도 적용되었고, 여러 가지 응용과학 —— 고고학, 인류학, 범죄학, 교육학 —— 에 새로운 빛을 던지는 데도 일익을 담당했다. 그리고 정신분석 요법의 효과를 설명하는 데도 도움이 되었다. 마지막으로, 프로이트는 이러한 근본적인 관찰들을 근거로 해서 그가 〈초심리학〉이라고 명명한 좀 더 일반적인 개념의 이론적인 구조를 세우기도 했다. 그러나 많은 사람들이 이 일반적 개념을 매혹적이라고 생각할지라도, 프로이트는 언제나 그것이 잠정적인 가설의 속성을 띤다고 주장했다. 만년에 그는 〈무의식〉이라는 용어의 다의성과 그것의 여러 가지 모순되는 용법에 많은 영향을 받아 정신에 대한 새로운 구조적 설명 — 여러 가지 문제점을 해명하기 위해 만들어진 것이 분명한 새로운 설명 — 을 제시했는데, 거기에서는 조화되지 않은 본능적인 경향은 〈이드〉로, 조직된 현실적인 부분은 〈자아〉로, 비판적이고 도덕적인 기능은 〈초자아〉로 불렸다.

지금까지 훑어본 내용으로 독자들은 프로이트의 삶에 있었던 외면적인 사건들의 윤곽과 그가 발견한 것에 대해 어느 정도 조망했을 것이다. 그런데 더 많은 것을 요구하는 것이, 좀 더 깊이 파고들어 가서 프로이트가 어떤 부류의 사람이었는지를 알아보는 것이 과연 적절할까? 아마도 그렇지 않을 것이다. 그러나 위인에 대한 사람들의 호기심은 만족할 줄 모르며, 그 호기심이 진실된 설명으로 충족되지 않으면 필연적으로 꾸며 낸 이야기라도 붙잡으려고 할 것이다. 프로이트는 초기에 낸 두 권의 책(『꿈의 해석』과 『일상생활의 정신 병리학』)에서 그가 제기한 논제로 인해 개인적인 사항들을 예외적으로 많이 제시하지 않을 수 없었다. 그럼에도 불구하고, 또는 바로 그런 이유로 그는 자기의 사생활이 침해당하는 것을 완강히 거부했으며, 따라서 여러 가지 근거 없는 얘깃거리의 소재가 되었다. 일례로 처음에 떠돌았던 아주 단순한 소문에 따르자면, 그는 공공 도덕을 타락시키는 데 온 힘을 쏟는 방탕한 난봉꾼이라는 것이었다. 또 이와 정반대되는 터무니없는 평가도 없지 않았다. 그는 엄격한 도덕주의자, 가차 없는 원칙주의자, 독선가, 자기중심적이고 웃지도 않는 본질적으로 불행한 남자로 묘사되었다. 그를 조금이라도 알고 있는 사람들이라면 누구에게나 위의 두 가지 모습은 똑같이 얼토당토않은 것으로 보일 것이다. 두 번째 모습은 분명히 부분적으로는 그가 말년에 육체적으로 고통받았다는 것을 아는 데서 기인한 것이다. 그러나 또 한편으로는 가장 널리 퍼진 그의 몇몇 사진이 불러일으킨 불행해 보이는 인상에 기인한 것일 수도 있다. 그는 적어도 직업적인 사진사들에게는 사진 찍히기를 싫어했으며, 그의 모습은 때때로 그런 사실을 드러냈다. 화가들 역시 언제나 정신분석학의 창시자를 어떻게든 사납고 무서운 모습으로 표현할 필요를 느꼈던 것처럼 보인다. 그러나 다행히도 좀 더 다정하고 진실한 모습을 보여 주는 다른 증거물들도 있다. 예를 들면 그의 장남이 쓴 아버지에 대한 회고록(마르틴 프로이트Martin Freud, 『명예로운 회상』, 1957)에 실려 있는, 휴일에 손자들과 함께 찍은 스냅 사진 같은 것들이다. 이 매혹적이고 흥미로운 책은 실로 여러 가지 면에서 좀 더 형식적인 전기들 — 그것들도 매우 귀중하기는 하지만 — 의 내용에서 균형을 회복하는 데 도움을 주는 한편, 일상생활을 하는 프로이트의 모습도 얼마간 드러내 준다. 이러한 사진들 가운데 몇 장은 그가 젊은 시절에 매우 잘생긴 용모였다는 것을 보여 준다. 하지만 나중에 가서는, 그러니까 제1차 세계 대전 뒤 병이 그를 덮치기 얼마 전부터는 더 이상 그렇지 못했고, 그의 용모는 물론 전체적인 모습(대략 중간 키 정도인)도 주로 긴장된 힘과 빈틈없는 관찰력을 풍기는 인상으로 널리 알려졌다. 그는 공식적인 자리에서는 진지하되 다정하고 사려 깊었지만, 사사로운 곳에서는 역설적인 유머 감각을 지닌 유쾌하고 재미있는 사람이기도 했다. 그가 가족에게 헌신적인 애정을 기울인 사랑받을 만한 남자였다는 것을 알아보기란 그리 어려운 일이 아니다. 그는 다방면으로 여러 가지 취미가 있었고 — 그는 외국 여행과 시골에서 보내는 휴일, 그리고 등산을 좋아했다 ─ 미술, 고고학, 문학 등 좀 더 전념해야 하는 주제에도 관심이 많았다. 프로이트는 독일어 외에 여러 외국어에도 능통해서 영어와 프랑스어를 유창하게 구사했을 뿐 아니라, 스페인어와 이탈리아어에도 상당한 지식을 갖고 있었다. 또 그가 후기에 받은 교육은 주로 과학이었지만(대학에서 그가 잠시 철학을 공부했던 것은 사실이다), 김나지움에서 배웠던 고전들에 대한 애정 또한 잃지 않았다. 우리는 그가 열일곱 살 때 한 급우[4]에게 보냈던 편지를 가지고 있는데, 그 편지에서 그는 졸업 시험의 각기 다른 과목에서 거둔 성과들, 즉 로마의 시인 베르길리우스에게서 인용한 라틴어 구절, 그리고 무엇보다도 『오이디푸스왕』에서 인용한 30행의 그리스어 구절을 적고 있다.

한마디로 우리는 프로이트를, 영국에서라면 빅토리아 시대 교육의 가장 뛰어난 산물과 같은 인물로 볼 수도 있을 것이다. 그러므로 프로이트의 문학과 예술에 대한 취향은 분명 우리와 다를 것이며, 윤리에 대한 견해도 자유롭고 개방적일지언정 프로이트 이후 세대에 속하지는 않을 것이다. 그러나 우리는 그에게서 많은 고통을 겪으면서도 격한 태도를 보이지 않는, 충만한 감성을 지닌 인간형을 본다. 그에게서 두드러지는 특징들은 완전한 정직과 솔직성, 그리고 아무리 새롭거나 예외적이더라도 자기에게 제시된 사실을 어떤 것이든 기꺼이 받아들여 숙고할 준비가 되어 있는 지성이다. 그가 이처럼 놀라운 면을 지니게 된 것은, 아마도 표면적으로 사람들을 싫어하는 태도가 숨기지 못한 전반적인 너그러움을 그러한 특징들과 결합하여 확장시킨 필연적인 결과일 것이다. 미묘한 정신을 지녔음에도 불구하고 그는 본질적으로 순

4  에밀 플루스Emil Fluss. 이 편지는 『프로이트 서간집』(1960)에 들어 있다.

박했으며, 때로는 비판 능력에서 예기치 않은 착오를 일으키기도 했다. 예를 들어 이집트학이나 철학 같은 자기 분야가 아닌 주제에서 신빙성이 없는 전거(典據)를 받아들이는 실수를 한다든가, 그리고 무엇보다도 이상한 것은 그 정도의 인식력을 지닌 사람으로 믿기 어려울 만큼 때로는 그가 알고 있는 사람들의 결점을 보지 못한 것 등이 그렇다. 그러나 프로이트가 우리와 같은 인간이라고 단언함으로써 허영심을 만족시킬 수 있다 하더라도, 그 만족감은 쉽사리 도를 넘어설 수 있다. 이제까지는 정상적인 의식에서 제외되었던 정신적 실체의 모든 영역을 처음으로 알아볼 수 있었던 사람, 처음으로 꿈을 해석하고, 유아기의 성욕이라는 사실을 처음으로 인정하고, 사고의 1차적 과정과 2차적 과정을 처음으로 구분한 사람 — 우리에게 무의식을 처음으로 현실로 제시한 사람 — 에게는 사실상 매우 비범한 면들이 있었을 것이다.

1856년  5월 6일, 오스트리아 모라비아의 프라이베르크에서 태
어남.

1860년  가족들 빈으로 이주, 정착.

1865년  김나지움(중등학교 과정) 입학.

1873년  빈 대학 의학부에 입학.

1876년  1882년까지 빈 생리학 연구소에서 브뤼케의 지도 아래
연구 활동.

1877년  해부학과 생리학에 관한 첫 번째 논문 출판.

1881년  의학 박사 과정 졸업.

1882년  마르타 베르나이스와 약혼. 1885년까지 빈 종합 병원에
서 뇌 해부학을 집중 연구, 논문 다수 출판.

1884년  1887년까지 코카인의 임상적 용도에 관한 연구.

1885년  신경 병리학 강사 자격(프리바트도첸트) 획득. 10월부터
1886년 2월까지 파리의 살페트리에르 병원(신경 질환
전문 병원으로 유명)에서 샤르코의 지도 아래 연구. 히
스테리와 최면술에 대해 소개하기 시작.

1886년  마르타 베르나이스와 결혼. 빈에서 개업하여 신경 질환
환자를 치료하기 시작. 1893년까지 빈 카소비츠 연구소

에서 계속 신경학을 연구. 특히 어린이 뇌성 마비에 관심을 가지고 많은 출판 활동을 함. 신경학에서 점차 정신병리학으로 관심을 돌리게 됨.

1887년 장녀 마틸데 출생. 1902년까지 베를린의 빌헬름 플리스와 교분을 맺고 서신 왕래. 이 기간에 프로이트가 플리스에게 보낸 편지는 프로이트 사후인 1950년에 출판되어 그의 이론 발전 과정에 많은 시사점을 주고 있음. 최면 암시 요법을 치료에 사용하기 시작.

1888년 브로이어를 따라 카타르시스 요법을 통한 히스테리 치료에 최면술을 이용하기 시작. 그러나 점차 최면술 대신 자유 연상 기법을 시도하기 시작.

1889년 프랑스 낭시에 있는 베르넴을 방문. 그의 〈암시〉 요법을 연구. 장남 마르틴 출생.

1891년 실어증에 관한 연구 논문 발표. 차남 올리버 출생.

1892년 막내아들 에른스트 출생.

1893년 브로이어와 함께 히스테리의 심적 외상(外傷) 이론과 카타르시스 요법을 밝힌 『예비적 보고서』 출판. 차녀 소피 출생. 1896년까지 프로이트와 브로이어 사이에 점차 견해차가 생기기 시작. 방어와 억압의 개념, 그리고 자아와 리비도 사이의 갈등의 결과로 생기는 신경증 개념을 소개하기 시작. 1898년까지 히스테리, 강박증, 불안에 관한 연구와 짧은 논문 다수 발표.

1895년 브로이어와 함께 치료 기법에 대한 증례 연구와 설명을 담은 『히스테리 연구』 출판. 감정 전이 기법에 대한 설명이 이 책에서 처음으로 나옴. 『과학적 심리학 초고』 집필. 플리스에게 보내는 편지 속에 그 내용이 포함되어 있는 이 책은 1950년에야 비로소 첫 출판됨. 심리학을 신경학적인 용어로 서술하려는 이 시도는 처음에는 빛을 보지 못했지만 프로이트의 후기 이론에 관한 많은 시사점을 담고 있음. 막내딸 아나 출생.

1896년 〈정신분석〉이란 용어를 처음으로 소개. 부친 향년 80세로 사망.

1897년 프로이트의 자기 분석 끝에 심적 외상 이론을 포기하는 한편, 유아 성욕과 오이디푸스 콤플렉스에 대해 인식하게 됨.

1900년 『꿈의 해석』 출판. 책에 표시된 발행 연도는 1900년이지만 실제로 책이 나온 것은 1899년 11월임. 이 책의 마지막 장에서 정신 과정, 무의식, 〈쾌락 원칙〉 등에 대한 프로이트의 역동적인 관점이 처음으로 자세하게 설명됨.

1901년 『일상생활의 정신 병리학』 출판. 이 책은 꿈에 관한 저서와 함께 프로이트의 이론이 병적인 상태뿐만 아니라 정상적인 정신생활에까지 적용된다는 것을 분명히 보여주고 있음.

1902년 특별 명예 교수에 임명됨.

1905년 「성욕에 관한 세 편의 에세이」 발표. 유아에서 성인에 이르기까지 인간의 성적 본능의 발전 과정을 처음으로 추적함.

1906년 융이 정신분석학의 신봉자가 됨.

1908년 잘츠부르크에서 제1회 국제 정신분석학회가 열림.

1909년 프로이트와 융이 미국으로부터 강의 초청을 받음. 〈꼬마 한스〉라는 다섯 살 어린이의 병력(病歷) 연구를 통해 처음으로 어린이에 대한 정신분석을 시도. 이 연구를 통해

성인들에 대한 분석에서 수립된 추론들이 특히 유아의 성적 본능과 오이디푸스 콤플렉스 및 거세 콤플렉스에 까지 적용될 수 있음을 확인함.

1910년 〈나르시시즘〉 이론이 처음으로 등장함.

1911년 1915년까지 정신분석 기법에 관한 몇 가지 논문 발표. 아들러가 정신분석학회에서 탈퇴. 정신분석학 이론을 정신병 사례에 적용한 슈레버 박사의 자서전 연구 논문 이 나옴.

1912년 1913년까지 『토템과 터부』 출판. 정신분석학을 인류학 에 적용한 저서.

1914년 융의 학회 탈퇴. 「정신분석 운동의 역사」라는 논문 발표. 이 논문은 프로이트가 아들러 및 융과 벌인 논쟁을 담고 있음. 프로이트의 마지막 주요 개인 병력 연구서인 『늑 대 인간』(1918년에 비로소 출판됨) 집필.

1915년 기초적인 이론적 의문에 관한 〈초심리학〉 논문 12편을 시리즈로 씀. 현재 이 중 5편만 남아 있음. 1917년까지 『정신분석 강의』 출판. 제1차 세계 대전까지의 프로이트 의 관점을 광범위하고도 치밀하게 종합해 놓은 저서임.

1919년 나르시시즘 이론을 전쟁 신경증에 적용.

1920년 차녀 사망. 『쾌락 원칙을 넘어서』 출판. 〈반복 강박〉이라 는 개념과 〈죽음 본능〉 이론을 처음 명시적으로 소개.

1921년 『집단 심리학과 자아 분석』 출판. 자아에 대한 체계적이 고 분석적인 연구에 착수한 저서.

1923년 『자아와 이드』 출판. 종전의 이론을 크게 수정해 마음의 구조와 기능을 이드, 자아, 초자아로 나누어 설명. 암에 걸림.

1925년 여성의 성적 발전에 관한 관점을 수정.

1926년 『억압, 증상 그리고 불안』 출판. 불안의 문제에 대한 관점을 수정.

1927년 『어느 환상의 미래』 출판. 종교에 관한 논쟁을 담은 책. 프로이트가 말년에 전념했던 다수의 사회학적 저서 중 첫 번째 저서.

1930년 『문명 속의 불만』 출판. 이 책은 파괴 본능(〈죽음 본능〉의 표현으로 간주되는)에 대한 프로이트의 첫 번째 본격적인 연구서임. 프랑크푸르트시로부터 괴테상(賞)을 받음. 어머니 향년 95세로 사망.

1933년 히틀러 독일 내 권력 장악. 프로이트의 저서들이 베를린에서 공개적으로 소각됨.

1934년 1938년까지 『인간 모세와 유일신교(有一神敎)』 집필. 프로이트 생존 시 마지막으로 출판된 책.

1936년 80회 생일. 영국 왕립 학회의 객원 회원으로 선출됨.

1938년 히틀러의 오스트리아 침공. 빈을 떠나 런던으로 이주. 『정신분석학 개요』 집필. 미완성의 마지막 저작인 이 책은 정신분석학에 대한 결정판이라 할 수 있음.

1939년 9월 23일 런던에서 사망.

# 프로이트 후기 사상: 쟁점과 반론

프로이트의 이론과 정면으로 대결하지 않은 채, 20세기 이후의 지성사(知性史)를 제대로 이해할 수 있을까? 그의 심층 심리학이나 인간관에 대해서 동의하지 않는 사람들도 그가 인간의 영혼 세계에 대해 근본적인 문제 제기를 했다는 사실은 부정하지 못할 것이다. 프로이트의 정신분석학 자체가 하나의 문화적 사건이자 현상인 셈이다. 그러나 그 중요성에도 불구하고 정신분석학은 손쉬운 접근을 허용하지 않는다. 프로이트는 인간의 영혼을 일생에 걸쳐 집요하게 분석하는 과정에서 자신의 입장을 끊임없이 수정하고 새롭게 구축해 갔다. 그래서 더욱더 그 사상의 전모를 파악하기가 용이하지 않다. 그의 모든 주장들은 교과서적으로 정리하기 곤란할 뿐만 아니라, 여러 형태로 왜곡될 수 있는 위험에 직면해 왔다. 프로이트는 흔히 에로스의 해방을 주장한 학자로 혹은 이성에 대한 급진적인 비판에만 몰두한 반(反)이성주의자이자 포스트모더니즘의 정신적 대부로 각색되기도 한다. 물론 오해의 많은 부분은 정신분석학 운동의 초창기 — 모험적인 가설과 이론 등에 의존할 수밖에 없었던 — 의 특수한 상황에도 기인한다. 왜곡된 프로이트주의는 비단 프로이트 사후의 사태만이 아니다. 프로이트는 정신분석학이 태동하게 된 초창기부터 수많은 이단적인 흐름들과 씨름해 가면서 자신의 이론을 구축해 나갔다.

여기 번역된 『새로운 정신분석 강의』(1932)는 이보다 15년 앞서 출간된 『정신분석 강의』의 단순한 속편이 아니다. 『새로운 정신분석 강의』는 다음 두 측면에서 흥미롭다. 먼저 그는 이 작품에서 인격성(人格性)의 구조나 불안, 죽음에 관한 충동 등과 같은 중요한 문제들에 대한 그동안의 새로운 연구 성과들을 집약시켜 놓았다. 죽음에 대한 충동이나 불안과 억압의 관계 등에 대한 프로이트 자신의 입장 전환은 이미 1920년 「쾌락 원칙을 넘어서」이후에 발표된 일련의 작업들에서 발견된다. 따라서 이 『새로운 정신분석 강의』는 프로이트의 원숙한 사상 체계를 조망할 수 있는 훌륭한 기회를 제공한다.

또한 이 『새로운 정신분석 강의』는 앞선 작품의 내용들을 단순히 반복하지 않으면서도 정신분석학의 핵심적인 개념들을 놓치지 않고 소개해 준다. 가령 프로이트의 정신분석학에서 가장 주목할 만한 개념은 〈무의식〉인데, 이 무의식이 어떻게 꿈에 대한 분석 과정을 통해서 스스로의 비밀스러운 세계를 드러내는지 스물아홉 번째와 서른 번째 강의에서 보여 준다. 무의식의 개념 자체는 다른 인격성을 구성하는 차원들, 자아와 초자아, 그리고 이드의 세계와 함께 서른한 번째 강의 「심리적 인격의 해부」에서 명료하게 서술되고 있다. 무의식의 개념을 받아들이지 않으면서 정신분석학의 존재를 인정한다는 것은 한마디로 불가능하다. 물론 〈무의식〉의 개념 외에도 오이디푸스 콤플렉스나 유아기의 성적인 체험을 인정하는가의 여부에 따라서 정신분석학의 본류와 아류들을 구별할 수 있다.

무의식의 개념은 프로이트가 처음 사용했는가? 그렇지는 않다. 프로이트보다 앞서 장 마르탱 샤르코Jean Martin Charcot(1825~

1893)와 피에르 자네Pierre Janet(1859~1947) 등의 프랑스 심리 요법 학파에 속하는 학자들은 이 개념을 처음 이론적으로 체계화 했다. 나중에 자네는 무의식의 세계를 지나치게 성적 충동으로 환원시켜 해석하는 프로이트를 비판하기도 했다. 또 이들을 포함하는 프랑스의 심리학자들 못지않게 영국의 학자들에게서도 프로이트는 많은 영향을 받는다. 정신분석학의 인간관은 지나칠 정도로 다윈의 진화론적 인간관에 의존한다. 프로이트는 다윈과 함께 인간을 제한된 물질적 조건하에서 생존 경쟁을 통해 적응해 가야만 하는 존재로 간주한다. 프로이트의 정신분석학에서 인간의 심리 상태는 항상성Homöostase과 쾌락주의Hedonismus라는 두 가지 가설에 의해서 설명된다. 항상성이란 한 유기체가 내적인 평형 상태를 유지하려고 노력하는 경향성을 가리킨다. 이 개념은 20세기 전반기에 활약한 영국의 생리학자 월터 캐넌Walter Cannon에 의해서 도입되었다. 모든 심리적 욕구가 충족되어 평형 상태에 도달하게 되면 사람들은 쾌감을 느끼게 되며, 이 점에서 쾌락 원칙은 평형성의 원칙과 연결되어 있다. 동시에 인간을 철저하게 쾌락 지향의 존재로 규정한 점에서 프로이트는 제러미 벤담Jeremy Bentham과 같은 영국 공리주의자들의 주장을 계속하고 있다.

정신분석학적 인간관의 또 다른 연원은 경험적 결정론에서 찾아진다. 프로이트에 따르면, 인간은 일종의 폐쇄된 심리적 에너지의 시스템으로서 제각기 일정한 양의 리비도 에너지를 가진 채 태어나는데, 그 총량은 에너지 불변의 법칙처럼 변하지 않는다는 것이다. 그는 결국 당시 독일의 물리학자인 헤르만 폰 헬름홀츠 Hermann von Helmholtz의 견해를 따르고 있는 셈이다. 또 어떤 원하는 대상에 도달하지 못할 때 리비도 집중Besetzung이라는 심리적 에너지의 점유 현상이 나타난다는 것이다. 이제 무의식은 쾌락 원칙에 의해서 움직이는 일차적인 심리 과정이며, 의식은 무의식으로부터 파생되는 욕망과 기억을 잠시 보관하는 전의식(前意識)의 차원과 함께 이차적인 위상을 지닌다는 주장이다. 무의식이 의식에 우선한다는 주장은 종래의 이성 중심주의적인 인간관에 대한 도전임에 틀림없다. 게다가 무의식의 근본적인 동기가 성적인 체험에 있다는 주장은 당시 도덕주의를 표방했던 시민 사회의 스캔들로 확산되고, 이는 〈정신분석학 운동〉에 대한 사회적 외면과 억압의 구실을 지속적으로 제공한다.

사람의 행위는 여러 가지 복합적인 요소가 서로 타협해서 나온 결과일 뿐이다. 이드 Es로부터 비롯되는 쾌락 충동은 사회적 규범과 충돌할 수밖에 없고, 이는 대개의 경우 충족되지 못한 채 억압될 수밖에 없기 때문에 현실과의 타협을 통해서만 부분적으로 해소될 수 있다. 심리적인 욕망은 현실 세계의 조건들과 함께 권위를 지닌 도덕적인 이상과 타협할 수밖에 없으며, 이들 요소들은 인격성의 다양한 차원으로 구별된다. 따라서 자아는 이드로부터 촉발되는 쾌락의 요구를 초자아의 이상적인 표상과 현실로부터 비롯되는 제약들을 모두 고려하면서 만족시켜야 하는 과제를 떠맡는다. 인간의 마음을 서로 상충되는 심리적 에너지들 간의 갈등 구조로 보았다는 점이 프로이트의 인간관이 지니는 특징이기도 하다. 또 그의 전기 사상에서 발견되는 일원론적인 에로스 중심의 충동론은 인격성에 대한 환원론적인 해석으로도 간주된다. 반면에 후기로 갈수록 그의 사상은 마음의 여러 차원이 어떻게 자아에 의해서 통제되며, 또 현실 세계 및 에로스적 충동과 초자아적 양심의 세계를 어떻게 조화시킬 것인가에 초점이 맞추어졌다. 프로이트는 인류 전체의 역사에 대해서는 비관적으로 전망했으나, 인간 개개인의 영혼은 자기 치유의 과정을 경험하는 것이 종종 가능하다고 보았다.

여기서 프로이트의 전기 사상과 후기 사상의 차이에 대해 간략하게 일별할 필요가 있다. 사람들은 흔히 「쾌락 원칙을 넘어서」를 기점으로 전기 프로이트와 후기 프로이트로 구별하기도 한다. 전기에서 그는 마음을 기본적으로 의식과 무의식의 두 개념으로 설명하지만, 후기에는 자아와 초자아 그리고 발생학적으로 가장 오래된 이드로 구성된 삼원적인 마음의 모형에 상당 부분 의존한다. 초기에 그는 에로스라는 근본적인 충동을 중심으로 일원론적인 충동론에 경도되었으나, 이 『새로운 정신분석 강의』를 집필하던 1920년대 후반에서 1930년대 초반에는 생명을 추구하는 에로스적 충동과 함께 죽음에 대한 충동을 반복 강박과 관련해서 전제한다. 죽음에 대한 충동을 에로스적 충동과 함께 중요한 개념으로 설정하게 된 것은 결코 우연한 착상이 아니라 「쾌락 원칙을 넘어서」 이후에 그가 문화나 종교, 상징, 근친상간과 같은 문화 인류학적 현상이나 집단 심리 등을 분석한 결과, 무의식을 일방적으로 성적으로 조건 지어진 욕망의 충족을 위한 행위로 규정하기 곤란한 이론적 상황에 직면하게 되었기 때문으로 추정된다. 가령 상징은 단순한 개인의 발생사적 차원을 넘어서 종족 발생사적 무의식의 언어로 이해되어야 한다는 것이다.

마찬가지로 〈불안과 억압〉의 관계도 1926년 이후 극적으로 전도된다. 프로이트는 〈억압이 불안을 낳는다〉고 전에는 주장했으나, 1926년 「불안의 문제Das Problem der Angst」라는 글을 통해서 〈불안이 억압을 낳는다〉고 자신의 입장을 뒤집는다. 리비도적인 에너지가 해소되지 못하고 막혀 버릴 때 그 결과로 불안이 발생한다고 볼 경우, 불안은 이드의 산물인 셈이다. 그러나 1926년 이후 프로이트는 불안이 억압을 낳는다고 간주함으로써 불안이 자아에서 비롯된다고 생각을 바꾸게 된 것이다.[1] 이 점에서도 1916년에서 1917년에 간행된 『정신분석 강의』의 스물다섯 번째 강의에서 거론되는 불안 개념과 『새로운 정신분석 강의』의 서른 두 번째 강의 「불안과 본능적 삶」에서의 서술은 상반된 입장을 보여 준다. 불안 개념을 둘러싼 프로이트 자신의 입장 변경은 단순히 이론적인 흥미 이상의 중요성을 지닌다. 왜냐하면 불안이나 초조감, 정신적인 갈등을 치료해야 할 경우 어디에 초점을 맞추어야 하는가에 관한 결단을 내려야 하기 때문이다. 『새로운 정신분석 강의』에서 프로이트가 강조하고 있는 자아의 역할은, 인간의 심리적인 건강과 인격성의 회복과 관련해서 인간의 능동적인 자기 해석과 인지적인 사고의 기능에 주목해야 한다는 견해를 뒷받침해 준다.

당연히 예상할 수 있는 일이지만, 정신분석학의 혁명적인 주장이나 가설들이 당시의 일반인들에게는 물론 학자들에게도 충격으로 받아들여진 것이 사실이다. 어떤 주장들은 지속적인 검토의 대상이 된 것도 있으나 그렇지 못한 경우들도 발견된다. 예컨대 많은 심리학자들에게 방어 기제와 같은 개념들은 상당히 쓸모 있는 개념으로 간주되는 경향이 있으나, 인간이 일종의 폐쇄된 에너지 체계이며 인간에게 원천적으로 죽음의 충동이 존재한다는 가설들은 별로 환영받지 못했다. 반복 강박을 죽음과 관련해서 해석하고 있는 〈쾌락 원칙〉은 이미 1920년대 정신분석학 운동의 분파 작용을 불러일으키기까지 한다. 〈죽음의 충동〉이나 반복 강박은 오히려 철학이나 문학 혹은 광범위한 의미에서의 문화 이론

---

1 프로이트가 「불안의 문제」를 발표한 해인 1926년에 흥미롭게도 하이데거는 『존재와 시간』에서 〈불안〉이 인간이라는 현존재를 특징짓는 가장 중요하고도 근본적인 정서라고 말한다. 불안에 대한 철학적, 심리학적 분석은 아직 완결되지 않은 미완의 매력적인 주제이다.

가들에 의해서 더욱 주목받아 왔는데, 현대 프랑스 철학자 들뢰즈Deleuze는 이 개념을 그의 주저(主著)인 『차이와 반복Différence et répétition』(P.U.F., 1962)에서 나름대로 천착했다. 실제로 〈죽음의 충동〉과 같은 가설을 경험 심리학의 실증적인 관점에서 비판하고 이론 체계로부터 제거해 버리는 것은 쉽다. 그러나 『새로운 정신분석 강의』를 읽어 보면 프로이트 자신이 이 같은 개념들이 빚어낼 수밖에 없는 세인들의 당혹감을 잘 인식하고 있었음이 드러난다. 정신분석학의 개념들이나 이론적 전제들이 그야말로 모호하고 경험적인 검증의 한계를 넘어선 것들임에도 불구하고, 프로이트는 과감한 실험 정신으로 인간의 영혼 세계에 대한 모험을 감행한다.

정신분석학의 많은 주장은 논리 실증주의자들이 과학적 명제의 기준으로 설정한 소위 〈의미 기준〉을 넘어선 주장들인 셈이다. 따라서 그의 이론은 실증적으로 검증 가능한 부분들과 검증 가능성을 넘어서서 인문적인 해석을 요구하는 부분들이 혼재되어 있다. 이런 불투명성에도 불구하고 그가 인간의 마음과 인류의 문화에 대해 근본적으로 새로운 이해의 지평을 열어 갔다는 사실은 누구도 부인하기 어렵다. 대개 많은 고전들은 그 이론적인 완벽성과 논리적 일관성에 의해서보다는 창의적이며 미래 지향적인 물음의 돌파구를 열어 갔다는 점에서 높이 평가되기도 하는데, 프로이트의 『새로운 정신분석 강의』가 그렇다고 볼 수 있다.

그렇다면 어떤 점에서 프로이트는 우리에게 여전히 새로운가? 그리고 서구의 지성사에서 혁명적인 작업으로 평가되는 이유는 무엇인가? 흔히 사람들은 프로이트를 서구 계몽주의의 합리적인 인간관을 포기하고 비이성적인 인간관을 주장한 심리학자로 평가하는 경향이 없지 않다. 그러나 그 같은 주장은 천박하기 짝이 없다. 그는 종래에 계몽주의자들이나 합리주의자들이 불합리한 것으로 간주해 버린 심리적 동기와 현상들 속에 나름대로의 이유와 질서, 문법과 같은 형식들이 발견된다는 사실을 강조하려 했다. 프로이트가 꿈의 해석이나 신경증 같은 현상들에 대한 경험적인 분석에 기대어 인간의 합리적인 차원과 불합리한 차원 간의 관계를 새롭게 설정했다고 해서, 그를 에로스적 충동의 해방을 주창한 성 해방론자나 비합리주의자로 분류할 수는 없다. 다만 이성의 투명성이나 자기 확실성이 해체되고, 우리가 어두운 세계로만 치부해 왔던 무의식의 활동 방식이 어느 정도 밝혀졌다는 사실에 주목해야 한다.

또 흔히 거론되는 프로이트의 한계는 정신분석학에 내재하는 모순에서 비롯되었다기보다는 상당 부분 이론적 확장의 의도에서 나타난 것이다. 실제로 프로이트는 인간의 행위나 인격성, 동기, 신경증과 같은 정신적 질병의 원인을 탐구하는 과정에서 내면적인 심리의 차원을 중점적으로 평가했다. 가령 공격성이나 불안, 신경증 등은 내면적인 심리 작용과 함께 인간이 존재하는 사회적 공간에서 파생되는 압박과 같은 환경적 요인이나 생리학적인 요인들에 의해서도 설명되어야 하며, 프로이트는 그 가능성을 부정하지 않는다. 마찬가지로 마르크스주의적으로 경도된 학자들은 정신분석학의 개인 심리학적 경향을 주로 시비 삼기도 한다. 또 관념론적 철학의 관점에서는 인간이 자기와 자신의 행위 등에 대해서 어떻게 해석하는가에 따라서 인격성이 양상이 달라진다고 보기 때문에 정신분석학과의 대화가 용이하지 않은 것도 사실이다. 꿈 역시 심리적인 충동의 한 계기가 시공의 법칙이 미치지 못하는 무의식을 통해서 표출되는 것일 수도 있으나, 포괄적인 의미에서의 인지적 과정으로 볼 수도 있다는 반론이 제기될 수 있다.[2] 만약 꿈이 인지적 과정이 아니라 전적으로 정서적인 충동의 결과라면, 왜 종종 깨어 있는 순간에는 풀리지 않던 문제들이 꿈을 통해서 해결의 순간을 맞게 되고 창조적인 가설들이 도출되는지 알 수 없다는 반론이다. 이러한 인지 심리학적 반론은 프로이트의 꿈-이론을 전면적으로 부정한다기보다는 꿈 자체의 중첩성을 가리키며, 정신분석학이 이론적으로 확장되어야 할 필요성을 의미한다. 꿈은 물리적이며 생물학적인 차원과 함께 생명체의 감정과 사고 등을 복합적으로 처리하는 과정이며, 프로이트는 다만 신경증과 같은 현상을 이해하는 데 꿈이 일종의 단서를 제공해 준다고 보았을 뿐이다.

대개 서구의 지성사적 전통에서 인간의 마음은 이성적인 차원과 비이성적인 차원으로 구성되어 있는 것으로 간주되어 왔다. 이성에 근거해서 세계는 투명하게 분석될 수 있으며, 이성 중심주의적인 세계 해석은 역사의 진보에 대한 인간의 신뢰와 맞물려 진행된다. 반면에 인간의 파괴성, 공격성, 불합리한 정서나 성적 충동과 같은 어두운 힘들은 온전한 방식으로 주목받지 못했을 뿐만 아니라, 학문적인 논의 대상에서 제외되거나 심지어 터부시되어 왔다. 이 같은 상황에서 프로이트는 니체 등과 함께 인간의 불합리하고 어두운 충동들이 보다 근원적인 인간학적 동기를 의미한다고 주장하게 된다. 데리다에 따르면, 프로이트와 니체, 하이데거, 레비나스 등은 한결같이 인간 자의식의 확실성에 대한 근본적인 회의를 제기했다는 것이다.[3] 물론 근세에도 라이프니츠나 홉스 등은 인간의 어두운 무의식적 충동이 존재한다는 사실을 인정했으나, 이에 대한 본격적인 탐색은 〈정신분석학〉에 의해 비로

---

2  B. Weiner, *Motivationspsychologie*, Weinheim und Basel, 1984, 57.

3  Derrida, *Marges de la philosophie*, Paris, 1972, 18.

소 가능해진 것이다.

그런데 역자가 보기에 프로이트 자신은 결코 인간의 합리성이
나 자기 계몽의 가능성을 포기하지 않았다. 그렇지 않다면 프로
이트 자신의 일생에 걸친 작업 자체가 설명되지 않는다. 이 『새로
운 정신분석 강의』의 앞부분에서 다루어진 텔레파시나 예언 등에
대한 프로이트의 비판과 함께, 마지막 장에 실린 〈종교〉, 〈마르크
스주의〉, 형이상학적 〈철학〉 등에 대한 그의 입장을 눈여겨본다
면 프로이트는 실로 급진적인 의미에서의 합리주의자이다. 바로
이 점에서 『새로운 정신분석 강의』는 인간의 불합리한 충동을 최
종적인 인간학적 규정으로 표방하고, 여기에 안주하는 사이비 프
로이트주의와 프로이트 자신의 견해를 구별할 수 있는 기회를 제
공해 주기도 한다.

심지어 일부 탈근대론자들*Postmodernist*은 프로이트를 니체의
시각에서 독해하면서, 마치 그가 합리성과 불합리성의 경계를 무
너뜨리고 성적인 에너지의 해방을 주장한 급진주의자인 것처럼
포장하는 경향이 있다. 포스트모던과 유사한 왜곡은 대표적으로
마르쿠제의 『에로스와 문명』이란 저서에서 발견된다. 또 프로이
트의 정신분석학은 바로 그 이론 자체의 혁명적 성격으로 인해서
기존의 사회적 질서와 규범이 지니는 허구성을 고발하고 해체할
수 있는 사회주의적 이념의 도구로도 사용되었다. 『새로운 정신
분석 강의』의 마지막 강의 「세계관에 대하여」에서 프로이트는 마
르크스주의와 같은 거시적인 이데올로기 자체를 인류의 환상으
로 질타한다. 그가 초기 자본주의의 문제점을 외면한 것은 아니
지만, 인간의 본성이 사회 혁명으로 인해서 바뀔 수 있다는 견해
는 소박하기 짝이 없다는 주장이다. 따라서 서른다섯 번째 강의
인 「세계관에 대하여」는 정신분석학과 마르크스주의를 섣부르게

종합하려고 하는 자신의 일부 제자들에 대한 준열한 반론으로도 읽힌다. 이 점에서 광신적인 종교 집단이나 이데올로기 등에서 비롯되는 폭력과 무지가 아직 사라지지 않은 한국 사회에서도 프로이트의 〈분석〉은 나름대로의 설득력을 지닌다고 볼 수 있다. 역자들은 뒤늦게 번역된 이 고전이 우리 사회의 질병을 치유하는 데 일조하기를 희망할 뿐이다.

끝으로 이 책의 번역 대본은 독일의 피셔S. Fischer 출판사의 프로이트 전집 중 *Neue Folge Vorlesungen zur Einführung in die Psychoanalyse*(1940)를 사용했다.

1996년 가을

임홍빈·홍혜경

# 참고 문헌

프로이트의 저술은 『표준판 전집』에 있는 논문 제목과 권수를 표시하고 열린책 들 프로이트 전집의 권수를 병기했다.

Abraham, K. (1922) "Die Spinne als Traumsymbol", *Int. Z. Psychoanal.*, 8, 470.

(1924) Versuch einer Entwicklungsgeschichte der Libido, Leipzig, Wien, Zürich.

Alexander, F. (1925) "Über Traumpaare und Traumreihen", *Int. Z. Psychoanal.*, II, 80.

Andreas-Salomé, L. (1916) "'Anal' und 'Sexual'", *Imago*, 4, 249.

Betlheim, S. and Hartmann, H. (1924) "Über Fehlreaktionen des Gedächtnisses bei der Korsakoffschen Psychose", *Arch. Psychiat. Nerv Krankh.*, 72, 278.

Brunswick, R, Mack (1928) "Die Analyse eines Eifersuchtswahnes", *Int. Z. Psychoanal.*, 14, 458.

Bullitt, W. C. (1966) *Thomas Woodrow Wilson, Twenty-Eighth President of the United States: A Psychological Study*, Boston and London, 1967(Freud의 서문수록).

Burlingham, D. (1932) "Kinderanalyse und Mutter", *Z. psychoanal, Pädag.*, 6, 269.

Deutsch, H. (1926) "Okkulte Vorgänge während der Psychoanalyse", *Imago*, 12, 418.

(1932) "Über die weibliche Homosexualität", *Int. Z. Psychoanal.*, 18, 219.

Eisler, M. J. (1919) "Beiträge zur Traumdeutung: I. Das Hermesmotif imTraume, II, Das Labyrinth", *Int. Z. ärztl. Psychoanal.*, 5, 295.

Eisler, R. (1910) *Weltenmantel und Himmelszelt* (2 vols), München.

Ferenczi, S. (1921) "Die Symbolik der Brücke," *Int. Z. Psychoanal.*, 7. 211.

(1922) "Die Brückensymbolik und die Don Juan-Legende", *Int. Z. Psychoanal.*, 8, 77.

(1925) "Zur Psychoanalyse von Sexualgewohnheiten", *Int. Z. Psychoanal.* II, 6.

Freud, M. (1957) *Glory Reflected*, London.

Freud, S. (1891b) *On Aphasia*, London and New York, 1953.

(1895d) & Breuer. J., *Studies on Hysteria*, London, 1956; *Standard Ed.*, 2; 열린책들 3.

(1900a) *The Interpretation of Dreams*, London and New York, 1955; *Standard Ed.*, 4-5; 열린책들 4.

(1901b) *The Psychopathology of Everyday Life*, *Standard Ed.*, 6; 열린책들 5.

(1905c) *Jokes and their Relation to the Unconscious*, London, 1960; *Standard Ed.*, 8; 열린책들 6.

(1905d) *Three Essays on the Theory of Sexuality*, London, 1962; *Standard Ed.*, 7; 열린책들 7.

(1907b) "Obsessive Actions and Religious Practices", *Standard Ed.*, 9, 116; 열린책들 13.

(1907c) "The Sexual Enlightenment of Children", *Standard Ed.*, 9 131; 열린책들 7.

(1908b) "Character and Anal Erotism", *Standard Ed.*, 9, 169; 열린책들 7.

(1908c) "On the Sexual Theories of Children", *Standard Ed.*, 9, 207; 열린책들 7.

(1909b) "Analysis of a Phobia in a Five-Year-Old Boy", *Standard Ed.*, 10, 3; 열린책들 8.

(1911c [1910]) "Psycho-Analytic Notes on an Autobiographical Account of a Case of Paranoia (Dementia Paranoides)", *Standard Ed.*, 12, 3; 열린책들 9.

(1912-13) *Totem and Taboo*, London, 1950; New York, 1952; *Standard Ed.*, 13, 1; 열린책들 13.

(1913i) "The Disposition to Obsessional Neurosis", *Standard Ed.*, 1, 313; 열린책들 10.

(1914c) "On Narcissism: an Introduction", *Standard Ed.*, 14, 69; 열린책들 11.

(1914d) "On the History of the Psycho-Analytic Movement", *Standard Ed.*, 14, 3; 열린책들 15.

(1915c) "Instincts and their Vicissitudes", *Standard Ed.*, 14, 111; 열린책들 11.

(1915e) "The Unconscious", *Standard Ed.*, 14, 161; 열린책들 11.

(1916-17 [1915-17]) *Introductory Lectures on Psycho-Analysis*, New York, 1966; London, 1971; *Standard Ed.*, 15-16; 열린책들 1.

(1917c) "On Transformations of Instinct as Exemplified in Anal Erotism", *Standard Ed.*, 17, 127; 열린책들 7.

(1917d [1915]) "A Metapsychological Supplement to the Theory of Dreams"

*Standard Ed.*, 14, 219; 열린책들 11.

(1918b [1914]) "From the History of an Infantile Neurosis", *Standard Ed.*, 17, 3; 열린책들 9.

(1920g) *Beyond the Pleasure Principle*, London, 1961; *Standard Ed.*, 18, 7; 열린책들 11.

(1921c) *Group Psychology and the Analysis of the Ego*, London and New York, 1959; *Standard Ed.*, 18, 69; 열린책들 12.

(1922a) "Dreams and Telepathy", *Standard Ed.*, 18, 197.

(1923b) *The Ego and the Id*, London and New York, 1962; *Standard Ed.*, 19, 3; 열린책들 11.

(1923e) "The Infantile Genital Organization", *Standard Ed.*, 19, 141; 열린책들 7.

(1924c) "The Economic Problem of Masochism", *Standard Ed.*, 19, 157; 열린책들 11.

(1924d) "The Dissolution of the Oedipus Complex", *Standard Ed.*, 19, 173; 열린책들 7.

(1925a [1924]) "A Note upon the 'Mystic Writing-Pad'", *Standard Ed.*, 19, 227; 열린책들 11.

(1925d [1924]) *An Autobiographical Study*, *Standard Ed.*, 20, 3; 열린책들 15.

(1925j) "Some Psychical Consequences of the Anatomical Distinction between the Sexes", *Standard Ed.*, 19, 243; 열린책들 7.

(1926d [1925]) *Inhibitions, Symptoms and Anxiety*, London, 1960; *Standard Ed.*, 20, 77; 열린책들 10.

(1927a) "Postscript to *The Question of Lay Analysis*", *Standard Ed.*, 20, 251; 열린책들 15.

(1927c) *The Future of an Illusion*, London, 1962; *Standard Ed.*, 21, 3; 열린책들 12.

(1930a) *Civilization and its Discontents*, New York, 1961; London, 1963; *Standard Ed.*, 21, 59; 열린책들 12.

(1931b) "Female Sexuality", *Standard Ed.*, 21, 223; 열린책들 7.

(1932a) "The Acquisition and Control of Fire", *Standard Ed.*, 22, 185; 열린책들 11.

(1933a [1932]) *New Introductory Lectures on Psycho-Analysis*, New York, 1966; London, 197; *Standard Ed.*, 22, 3; 열린책들 2.

(1933b [1932]) *Why War?*, Paris, 1933; *Standard Ed.*, 22, 197; 열린책들 12.

(1935a) Postscript (1935) to *An Autobiographical Study*, new edition, London and New York; *Standard Ed.*, 20, 71; 열린책들 15.

(1939a [1934-8]) *Moses and Monotheism, Standard Ed.*, 23, 3; 열린책들 13.

(1940a [1938]) *An Outline of Psycho-Analysis*, New York, 1968; London, 1969; *Standard Ed.*, 23, 141; 열린책들 15.

(1950a [1887-1902]) *The Origins of Psycho-Analysis*, London and New York, 1954.

(1960a) *Letters 1873-1939* (ed. E. L. Freud), New York, 1960; London, 1961.

(1963a [1909-39]) *Psycho-Analysis and Faith. The Letters of Sigmund Freud and Oskar Pfister* (ed. H. Meng and E. L. Freud), London and New York, 1963.

(1965a [1907-26]) *A Psycho-Analytic Dialogue. The Letters of Sigmund Freud and Karl Abraham* (ed. H. C. Abraham and E. L. Freud), London and New York, 1965.

(1966a [1912-36]) *Sigmund Freud and Lou Andreas-Salomé: Letters* (ed. E. Pfeiffer), London and New York, 1972.

(1966b [1938]) W. C. Bullitt, *Thomas Woodrow-Wilson, Twenty-Eighth President of the United States: A Psychological Study*, Boston and London, 1967의 서문.

(1968a [1927-39]) *The Letters of Sigmund Freud and Arnold Zweig* (ed. E. L. Freud), London and New York, 1970.

(1970a [1919-1935]) *Sigmund Freud as a Consultant. Recollections of a Pioneer in Psychoanalysis* (Freud가 Edoardo Weiss에게 보낸 편지, Weiss의 회고와 주석, Martin Grotjahn의 서문과 해설 포함), New York, 1970.

(1974a [1960-23]) *The Freud / Jung Letters* (ed. W. McGuire), London and Princeton, N.J., 1974.

Groddeck, G. (1923) *Das Buch vom Es*, Wien.

Jones, E. (1912) *Der Alptraum in seiner Beziehung zu gewissen Formendes mittelalterlichen Aberglaubens*, Leipzig und Wien.

(1953) *Sigmund Freud: Life and Work*, Vol. 1, London and New York.

(1955) *Sigmund Freud: Life and Work*, Vol. 2, London and New York.

(1957) *Sigmund Freud: Life and Work*, Vol. 3, London and New York.

Lampl-de Groot, J. (1927) "Zur Entwicklungsgeschichte des Ödipuskomplexes der Frau", *Int. Z. Psychoanal.*, 13, 269.

Rank, O. (1924) *Das Trauma der Geburt*, Wien

Reik, T. (1920) "Völkerpsychologische Parallelen zum Traumsymbol des Mantels", *Int. Z. Psychoanal.*, 6, 350.

Schrötter, K. (1912) "Experimentelle Träume", *Zentbl. Psychoanal.*, 2, 638.

Silberer, H. (1909) "Bericht über eine Methode, gewisse symbolishce Halluzinations-Erscheinungen hervorzurufen und zu beobachten", *Jb. psychoanalyt. psychopath. Forsch.*, 1, 513.

(1912) "Symbolik des Erwachens und Schwellensymbolik überhaupt", *Jb. psychoanalyt. psychopath. Forsch.*, 3, 621.

# 찾아보기

리비도Libido / libido 93, 107, 111, 112, 119~124, 130~132, 135~137, 139, 141, 142, 145~147, 149, 167, 170, 175, 187, 190, 192
리비도 총량Libidobetrag / libido-quota 120

### ⬤

마르크스Marx, Karl 254, 256, 258, 259
마조히즘Masochismus / masochism 148~150, 154, 157, 165, 204
망상Wahnidee / delusion 26, 27, 86, 87, 229
모방Imitation / imitation 92, 136, 189
무의식das Unbewußte / unconscious 25~30, 33, 44, 48, 56, 61, 67, 80, 83, 99~104, 108, 112, 114, 144, 154~157, 178, 189, 199, 200, 204, 219, 228

### ⬤

반동-형성Reaktionsbildung / reaction-formation 130, 146
반복 강박Wiederholungszwang / repetition compulsion 151, 152, 190, 205
발렌슈타인Wallenstein 205
방어 행동Abwehrreaktion / defence behavior 130, 182
베넷Bennett, E. A. 70
보상Restitution / restitution 66, 92, 93, 95, 96, 173, 188, 203, 211, 233, 235, 240, 250, 259
본능Trieb / instinct 29~31, 33, 41, 83, 84, 106~108, 110, 111, 117, 124, 128, 129, 131, 133, 136~140, 143, 145,~154, 156, 158, 164, 166, 167, 179, 182, 191, 204, 206, 212, 214, 215, 222, 235, 251, 257, 259
본능 위험Triebgefahr / instinctual danger 124
본능 충동Triebregung / instinct impulse 30, 31, 33, 41, 108, 129, 131, 133, 138, 139, 149, 150, 182, 204, 257
볼셰비즘Bolshevism 258, 259
불안Angst / anxiety 27, 37, 41, 43, 44, 48, 59, 72, 79, 81, 110, 112~114, 117, 122~128, 134, 135, 139, 170, 171, 174, 177, 184, 206, 214, 227, 232
불안 발작Angstanfall / anxiety attack 121, 130
불안 신경증Angstneurose / anxiety-neurosis 119~121, 135
불안 신호Angstsignal / signal of anxiety 130~133
불안 예기Angstbereitschaft / anxiety-anticipation 118, 119
불안 히스테리Angsthysterie / anxiety hysteria 124
브라네스Brandes, G. 200

옮긴이 **임홍빈** 고려대학교 철학과를 졸업한 후 독일 프랑크푸르트 대학교에서 철학, 사회학, 교육학 등을 연구하고 동 대학에서 철학 석사와 철학 박사 학위를 받았다. 영남대학교를 거쳐 고려대학교 철학과 교수를 역임했다. 주요 저서로는 *Absoluter Unterschied und Begriff in der Philosophie Hegels* (Frankfurt, 1990),『기술 문명과 철학』(1995),『근대적 이성과 헤겔 철학』(1996),『세계화의 철학적 담론』(2002) 등이 있으며 실천 철학, 기술 철학, 독일 고전 철학 등에 관한 수십 편의 논문을 발표했다. 공역서로『정신분석 강의』(프로이트)가 있다.

**홍혜경** 고려대학교 독어독문학과를 졸업한 후 독일 프랑크푸르트 대학교에서 독문학과 심리학을 수학했으며, 전곡고등학교 및 숙명여자고등학교, 중앙고등학교 교사를 역임했다. 공역서로『정신분석 강의』(프로이트)가 있다.

프로이트 전집 2

# 새로운 정신분석 강의

발행일  1996년 10월 15일 초판  1쇄
2002년  2월 10일 초판  5쇄
2003년  9월 30일 2판  1쇄
2020년  7월  1일 2판 13쇄
2020년 10월 30일 신판  1쇄
2023년  1월 10일 신판  2쇄

지은이  **지크문트 프로이트**
옮긴이  **임홍빈·홍혜경**
발행인  **홍예빈·홍유진**
발행처  **주식회사 열린책들**

경기도 파주시 문발로 253 파주출판도시
전화 031-955-4000  팩스 031-955-4004
**www.openbooks.co.kr**

Copyright (C) 주식회사 열린책들, 1996, 2020, *Printed in Korea.*
ISBN 978-89-329-2050-4 94180
ISBN 978-89-329-2048-1 (세트)

이 도서의 국립중앙도서관 출판예정도서목록(CIP)은 서지정보유통지원시스템 홈페이지(http://seoji.nl.go.kr)와 국가자료공동목록시스템(http://www.nl.go.kr/kolisnet)에서 이용하실 수 있습니다.(CIP제어번호 : CIP2020039852)